Jana Wiesner/Andrea Garibaldi
SWINGING VIENNA

Jana Wiesner
Andrea Garibaldi

SWINGING VIENNA

Willkommen im
Pärchenclub

ullstein extra

Die Namen der meisten Personen und Lokalitäten
wurden aus Gründen der Diskretion geändert.

Ullstein Extra ist ein Verlag der Ullstein Buchverlage GmbH
www.ullstein-extra.de
ISBN 978-3-86439-005-8
© 2012 by Ullstein Buchverlage GmbH, Berlin
Alle Rechte vorbehalten
Gesetzt aus der Scala und Optima
Satz: Pinkuin Satz und Datentechnik, Berlin
Druck- und Bindearbeiten: CPI – Ebner & Spiegel, Ulm
Printed in Germany

Inhalt

Prolog
Zwei Frauen

Jana, die Frau mir gegenüber, trägt eine weiße Hemdbluse, einen beigefarbenen Bleistiftrock, passende Pumps, Perlenohrstecker. Die blonden Haare fallen ihr in weichen Wellen über die Schultern. Eine Geschäftsfrau wie aus dem Bilderbuch, die im schicken Museumsquartier einer Journalistin ein Interview gibt.

Die Journalistin bin ich. Ich heiße Andrea.

Ich bin Janas stilistisches Pendant – gekleidet in einen schwarzen Hosenanzug aus Leinen und eine fliederfarbene Seidenbluse, die rötlichen Haare zu einem Knoten gebunden.

Wir bieten das Bild zweier bürgerlicher Frauen um die vierzig beim entspannten Nachmittagstalk. Wenn sich jemand von den Tischen rundherum für uns interessiert, dann sicherlich nur, weil wir beide ziemlich attraktiv sind, weniger wegen unseres Gesprächsthemas. Denn sie vermuten wohl, wir plaudern über Zuwachszahlen, den Aktienmarkt oder Steuerprobleme. Oder über Betriebsgeheimnisse, denn wir haben uns etwas abseits gesetzt.

Sie alle würden näher rücken, wüssten sie, was tatsächlich unser Thema ist: Sex. Genau genommen reden wir über eine Leidenschaft, die wir zwar mit Tausenden Menschen im deutschsprachigen Raum teilen – und mit noch vielen mehr außerhalb davon –, die aber dennoch in einer Welt neben der Welt ausgelebt wird.

Wir reden übers Swingen.

Die Geschäftsfrau mir gegenüber betreibt gemeinsam mit ihrem Lebensgefährten Bernhard in der Freizeit ein ganz besonderes Business: einen der nobelsten Swingerclubs von Wien, in dem ich mit meinem Mann Stefan oft zu Gast bin. Seit mehreren Jahren leben wir dort die Lust am Wechsel der Geschlechtspartner aus, am respektvollen erotischen Spiel mit mehr oder weniger fremden Menschen.

Von diesem Spiel handelt unser Buch. Und auch davon, dass Swingen nichts mit Beziehungsfrust oder verbrämter Prostitution zu tun hat und nicht unbedingt eine primitive, stillose Angelegenheit sein muss. Es erzählt die Geschichte von zwei konservativ erzogenen Mädchen, die sich zu selbstbewussten swingenden Ladys entwickelt haben, von einem perfekten Clubabend und von Frauen und Männern, die es geschafft haben, sich jenseits von Hippiephantasien auf hohem Niveau sexuell zu befreien.

Und Jana beginnt ...

Ein perfekter Clubabend

Hinein ins Vergnügen

23.15 Uhr. Ich genehmige mir einen großen Espresso, denn die Nacht wird lang. Das hat sich in der letzten Viertelstunde herauskristallisiert. Jetzt erst ist die Mischung an Gästen perfekt, denn soeben sind zwei mir gut bekannte, talentierte Solomänner (also Männer ohne weibliche Begleitung) angekommen, sowie Andrea und Stefan, die seit längerem wieder einmal mit ihren Freunden aus dem Burgenland angereist sind, einer dunkelhaarigen Frau mit üppigen Kurven namens Karin und einem Mann, der dem jungen de Niro ähnlich sieht und Chris heißt.

Andrea und Stefan gehören zu den Stammgästen und animieren gern auch andere Gäste zum Mitmachen. Und auch ihre Begleiter sind üblicherweise sehr unternehmenslustig. Eigentlich kein Wunder, denn in Österreichs östlichstem Bundesland gibt es keinen einzigen Club dieser Art. Und auch wenn es zwischen dem Neusiedlersee und Güssing sicher genug Swinger gibt, mit denen man Privatpartys veranstalten kann, so kennt man einander doch nach gewisser Zeit. Da ist es eine willkommene Abwechslung, in die Anonymität von Wien oder Graz abzutauchen, um wieder einmal jemand Fremden auf der Haut zu spüren.

Insgesamt sind nun über fünfzig Menschen im Club. Die meisten sitzen hier im vorderen Barbereich, einige sind auch schon in den hinteren Räumen wie dem Séparée, wo es langsam zur Sache geht. Noch ist die Stimmung verspielt und von Reden geprägt, aber bald schon werden die Anwesenden eher bloße Laute als zusammenhängende Worte von sich geben. Und sie werden sich bis vier oder fünf Uhr morgens amüsieren, vielleicht sogar bis sieben oder acht.

Ja, die Stimmung ist angeheizt, doch der Siedepunkt ist noch nicht erreicht. Allerdings spüre ich, dass der Tisch mit dem Quartett und der große Tisch daneben demnächst die Stimmung überkippen lassen. Denn am Nebentisch sitzen Thomas, der Frauenbeglücker, Richard, der schüchterne Beobachter, Agnes und Harald, die Wählerischen, Lisbeth und Jan, die Tänzer, sowie Sylvia und Martin, die sich gern präsentieren – allesamt erfahrene Stammgäste und sehr aktive Swinger.

»Erfahren« ist das Zauberwort. Denn fast an jedem Abend kommen Neulinge in den Club, die wenig bis gar keine Ahnung von dem haben, was hier geschieht. Ihre Vorstellung vom Swingen schwankt zwischen öffentlicher Schweinerei und verschämter Zwinker-Erotik, die sich bereits mit dem Hochschieben des Rocksaums einstellt. Vor allem mein Lebensgefährte Bernhard, mit dem ich mir die Dienste hier teile und der die besucherstarken Tage Freitag und Samstag betreut, weiß ein Lied davon zu singen, mit welch kruden Vorstellungen Menschen unser Etablissement betreten. Denn genau an diesen Tagen kommen viele Neulinge, da sie sich in der Entspanntheit des Wochenendes gewappneter für dieses Wagnis halten – das zwar geplant, aber doch nicht einschätzbar ist.

Das Paar dort gleich neben der Go-go-Stange, an der sich manchmal mitten in der Nacht bestens gelaunte Frauen mit einem Striptease präsentieren, ist typisch dafür, obwohl heute Donnerstag ist. Die beiden sind vor ein paar Minuten angekommen. Er mit hocherhobenem Haupt und stetem Grinsen, akkurat gescheiteltem dunklen Haar sowie schwarzen Jeans und dunkelgrünem Polohemd; sie in weiß getupftem, jadegrünem Kleid mit großen braunen Augen und einem scheuen Lächeln, wenn sie angesprochen wird – etwa, als Claudia, die heutige Bardame, sie nach ihren Namen fragte, um eine Getränkeliste für die beiden anzulegen. Sie zögerte auch kurz, ihn auszusprechen; wahrscheinlich hat sie irgendwo gelesen, dass es durchaus üblich ist, in einem Etablissement dieser Art ein Pseudonym zu benutzen.

Insofern weiß ich nicht, ob die beiden wirklich Caroline und Patrick heißen, aber ich nehme es an, denn »Caroline« fällt einem als Pseudoname nicht so leicht ein.

Patrick lässt seiner Frau oder Freundin – wer weiß das schon? – keine Zeit zum Verschnaufen, sondern dirigiert sie sofort in die hinteren Räumlichkeiten zu den Spielwiesen. Sie lässt sich halb ziehen und sieht sich dabei mit schnellen Seitenblicken um, ob sie jemand beobachtet – alles unbewusst und so verräterisch, dass mir sofort klarwird: Sie ist eine »Jungfrau«, und zwar nicht nur bei uns im *Schloss,* sondern generell in der Szene.

Das ist für mich der Moment, die beiden zu begrüßen und zu fragen: »Kann ich euch irgendwie helfen?«

Sie strahlt mich an: »Ja, gerne.« Er hingegen wendet sich halb ab: »Danke nein, geht schon.«

»Aber warum denn nicht?«, insistiert sie.

Vollkommen klar: Er kann nicht zugeben, irgendetwas im erotischen Bereich nicht zu wissen oder nicht im Griff zu haben. Aber immerhin ist er wohlerzogen genug, über Carolines Begeisterung nicht einfach hinwegzugehen. Nun stehen mir die beiden also erwartungsfroh gegenüber.

»Okay«, sage ich, »wie ihr schon bemerkt habt, ist das *Schloss* eine Swingerbar, mit Betonung auf *Bar.* Ihr müsst euch also nicht ausziehen, um an der Bar sitzen zu können, wie das in manchen anderen Clubs üblich ist.«

Caroline strahlt mich erneut an. »Das habe ich auf eurer Homepage gelesen, dass es hier elegant sein soll. Toll.« Sie sieht sich um. »Ist es ja auch.«

Das kann man wohl sagen. Unsere Einrichtung ist frei von Plüsch und anzüglichem Dekor. Klare Linien und Lederpolsterung geben den Räumlichkeiten einen edlen Anstrich.

Caroline löst die verschränkten Arme und nestelt an ihrem Ausschnitt herum. Ihr gefällt es offensichtlich immer besser hier. Patricks Lächeln hingegen wirkt ein bisschen gezwungen. Wahrscheinlich sucht er mehr das Spritzige als das Elegante.

»Ich zeig euch jetzt einmal die hinteren Räumlichkeiten, wo man zur Sache gehen kann, wenn man will. Aber ihr müsst natürlich nicht. Bei uns gibt es überhaupt keinen Zwang. Ihr macht einfach das, worauf ihr Lust habt.«

Doppeltes Nicken. Wir gehen los und durchstreifen als Erstes den Actionbereich, wo bislang noch eher geflirtet als gefummelt wird. Trotzdem fassen sie einander noch fester an den Händen als zuvor. Mir sind Swingerclubs mittlerweile zu vertraut, als dass allein das Ambiente mich erregen könnte; erst recht, seitdem ich die Räumlichkeiten als Betreiberin natürlich auch bei Tageslicht kenne – dann sind es nämlich einfach nur Zimmer mit großen Betten. Erotik lebt von Schummerlicht, von animierender Hintergrundmusik und unbestimmbaren Geräuschen, von sich bewegenden Körpern und zweideutigen Blicken, von Ahnen und Nicht-genau-Wissen.

Auf die beiden Neulinge macht die Atmosphäre jetzt schon mächtig Eindruck. An einer Glasscheibe, hinter der ein großes Zimmer zu erkennen ist, bleibe ich stehen. »Wenn ihr im Barbereich mit jemandem in Kontakt kommt, ist eh alles klar. Dann sucht ihr euch zusammen einfach einen Raum aus, der euch angenehm ist. Falls ihr am Beginn noch etwas schüchtern seid und nicht zu viele Zuschauer wollt, könnt ihr hier hinein« – ich deute auf die offenstehende Tür. »Die ist zu versperren, und dieses Schaufenster kann man von innen mit einem Vorhang verschließen.«

Jetzt nickt Patrick eifrig, während Caroline mich nicht einmal gehört zu haben scheint. Ihr Blick ruht auf dem großen, offenen Zimmer gegenüber.

Dass Patrick über die Aussicht, sich zu verbarrikadieren, offenbar so erfreut ist, kann mehrere Gründe haben. Der erste betrifft Männer und Frauen gleichermaßen: Kann ich damit umgehen, dass mir andere Menschen (egal ob fremd oder vertraut) beim Sex zusehen? Klar, wir leben nun einmal in einer Gesellschaft, in der wir ständig bewertet werden – im Beruf, im Kaffeehaus, beim

Friseur, überall. Wir sind so sehr daran gewöhnt, dass viele von uns es als selbstverständlich nehmen und nicht einmal auf den Gedanken kommen, sich gegen solche Beurteilungen zu wehren oder sie zu ignorieren. Und so fragen wir uns auch an einem Ort wie diesem: *Machen sich die Leute, die gerade zusehen, über meinen dicken Hintern lustig? Schreiben sie mich ab, weil mein Schwanz nicht richtig steht? Finden sie mich hässlich, weil meine Wimperntusche verrinnt? Lachen sie, weil sie finden, dass es grundsätzlich lächerlich ausschaut, wenn ein Mann rammelt wie ein Kaninchen?*

Wenn das Gespräch auf dieses Thema kommt, frage ich üblicherweise: »Und? Findest du denn selbst das alles lächerlich oder peinlich?«

Wenn jemand das bejaht, ist er für öffentlichen Sex wie beim Swingen sowieso nicht geeignet und muss über seine Ängste auch nicht weiter nachdenken. Wenn jemand nein sagt, dann frage ich: »Gut, und warum sollten andere, die auch nur Erotik wollen wie du, es lächerlich finden?« Das leuchtet den meisten dann ein. Es ist nämlich glücklicherweise in der Regel egal, ob jemand Modelmaße besitzt oder nicht. Es kommt auf ganz andere Dinge an: auf Selbstbewusstsein und Ausstrahlung – auf das Feuer und die Lust, die ein Mensch versprüht.

Jenseits von Eitelkeit und der Frage, ob man der körperlichen Norm entspricht, besteht bei Männern oft auch Unsicherheit, was ihre Männlichkeit betrifft, wie mir Bernhard vor zwölf Jahren am Beginn unseres »Schlossherrendaseins« erklärt hat (wir tauschten uns damals über Ängste und Bedürfnisse der Geschlechter aus, um für die Einführungen vorbereitet zu sein). Männer müssen bei Zuschauern noch mehr also sonst beweisen, dass sie wirklich der Hengst sind, als der sie sich ausgeben – und schon funktioniert es oft nicht mehr. Diesem Risiko wollen sie sich ungern aussetzen.

Caroline indes scheinen solche Ängste nicht zu plagen, obwohl sie für den allgemeinen Geschmack sicher einen zu kleinen Busen hat. Sie nestelt an einer Kordel, die am Eingang zum gegenüberliegenden großen Raum anstelle einer Tür montiert ist: »Und für was ist die?«

»Wenn ihr euch zurückzieht und eure Ruhe haben wollt, dann legt ihr die vor. Damit weiß jeder, dass er zwar zuschauen, aber nicht mitmachen darf.«

»Und wenn sie nicht davorhängt …« Caroline bemüht sich um einen neutralen Gesichtsausdruck, aber für das verschüchterte Angsthäschen, als das sie zu Beginn aufgetreten ist, hat sie mir mittlerweile zu viel Glanz in den Augen.

»Dann dürfen andere dazukommen.«

»Einfach so?« Patrick kreischt beinahe. Er ist sicher nicht blöd und kann sich ausrechnen, dass garantiert mehr Männer als Frauen hier mitspielen wollen – es gehen nun mal mehr Männer als Frauen in Swingerclubs. Wahrscheinlich sieht er sich schon wild um sich schlagend die Horden vertreiben, die über seine Angebetete herfallen wollen.

Ich lächle ihm beruhigend zu. »Nein, natürlich nicht. Man muss immer erst fragen, wenn man zu jemandem dazukommen will. Speziell in einem abgetrennten Raum. Wenn hier im Gang allerdings eine Massenfummelei stattfindet, was öfter vorkommt, kann es schon sein, dass sich Interessierte langsam zu einem Pärchen hinbewegen und mit beiläufigen Berührungen und Blicken Kontakt aufnehmen. Aber selbst wenn das Pärchen anspringt und dann aber vielleicht nur mit Gesten andeutet, dass es sich in ein Zimmer zurückziehen will, fragt der Interessent, ob es in Ordnung ist, dass er mitgeht.«

Patrick scheint noch immer nicht beruhigt, denn seine Kiefer arbeiten sichtbar. »Und wenn einer trotzdem reinkommt, ohne zu fragen oder obwohl wir nein sagen?«

»Dann schmeißt ihr ihn einfach raus. Wenn es jemand überhaupt nicht kapiert, sagt ihr mir oder jemand anderem vom Club Bescheid. Wir sorgen dann dafür, dass ihr Ruhe habt. Das ist aber selten notwendig. Alle hier kennen die Regeln.«

Die beiden atmen tief durch. Zur Entspannung zeige ich

ihnen nun die Dusche und die Toiletten sowie den Aufbewahrungsraum für die Handtücher und die verschließbaren Fächer für Wertsachen. Zurück an der Bar weise ich sie noch auf die Schüssel mit Kondomen hin, die am anderen Ende des Tresens steht. Schließlich bugsiere ich sie sanft zu einem Ecktisch, von dem aus man den ganzen Eingangsbereich überblickt und wo man auch im Fall eines Gedränges nicht auf Tuchfühlung gehen muss. Diese Ruhe benötigen die beiden auf jeden Fall, ebenso den Prosecco, den sie sich sofort bestellen.

Ich kann mich noch gut genug an mein erstes Mal in einem Club erinnern, um dafür volles Verständnis zu haben. Zunächst hielt ich einen Swingerclub gar für ein Tanzlokal (was mehr Leuten passiert, als man glaubt), und als ich dann endlich drinnen war, kam ich mir in diesem ganzen Plüsch und Rot unheimlich verrucht vor, als sei ich in einem Nobelpuff gelandet. Dass das Treiben hier im *Schloss* nichts mit Unter- oder Halbwelt zu tun hat, sondern einfach nur mit dem Ausleben von Lust von Leuten wie dir und mir, muss ein Neuling erst einmal verarbeiten. *So viele Leute sind pervers?* Dieser Satz muss geruhsam verwandelt werden in: *Toll, so viele lustbetonte Menschen wie ich.*

Nach ein paar Minuten holen mich die beiden nochmals zu sich. Patrick wendet sich an mich: »Äh … noch eine Frage … ist es eigentlich okay, wenn ich ein bissel am Ausschnitt von der Caro herumtu?«

»Ja, natürlich.« Ich lächle ihm beinahe mütterlich zu. »Deswegen sind doch alle hier – eben weil man hier ungezwungen sein kann.«

Caroline beugt sich zu mir. »Und wenn es … also theoretisch nur natürlich …«

»Natürlich.«

»Also, wenn dann ein Mann mit uns da nach hinten … und wir tun was, und er fragt mich, ob ich ihm seinen … na ja, lutsche – muss ich das dann?«

Ich verkneife mir jeden Kommentar zu dem Umstand, dass

sie in Gedanken offensichtlich schon viel weiter ist als er, und erkläre: »Jede erotische Handlung ist bei uns erlaubt, solange sie freiwillig geschieht. Wenn du also einen Mann oder seinen Schwanz nicht willst, dann sagst du einfach nein.«

Sie lächelt scheu, mit leichter Röte auf den Wangen und mit einem Glanz in den Augen, der sicher nicht nur vom zweiten Prosecco herrührt, den sie bereits trinkt.

Ich ahne, dass ich die beiden beobachten muss. Ihr Verhalten vor der Führung sowie ihre Fragen danach zeigen sehr deutlich, dass die Idee zum Besuch eines Swingerclubs von ihm gekommen ist – wie es meistens die Männer sind, die die Frauen überreden. In der Zwischenzeit ist allerdings auch deutlich geworden, dass Caroline mittlerweile angespitzter ist als ihr Partner, der offenbar noch nicht realisiert hat, dass sie es ernst meint. Vielleicht haben sie an einem betrunkenen Abend einmal von ihren Phantasien geredet, vielleicht hat sie ihm sogar ihren Masturbationstraum, es mit zwei Männern gleichzeitig zu treiben, gebeichtet, und er mag das als reizvoll empfunden haben – Gedanken sind schließlich frei. Aber er hat nicht die hemmungslose Lustgöttin in ihr erkannt, die wahrhaftig zur Tat schreiten will. Vielleicht hatte er sich ein wenig Stimulanz erhofft (an ihrem Ausschnitt herumfummeln, vielleicht dann auch an einem fremden), mehr aber auch nicht. Sie hingegen sucht hier die Befriedigung ihrer Wünsche – jetzt, an Ort und Stelle, mit einem Mitspieler oder gar mehreren.

Ob Patrick das verkraftet? Denn jenseits der Benimmregeln gibt es noch sehr viel Emotionales und geradezu Philosophisches, das beim Swingen bedacht sein muss. Und er hat daran offensichtlich noch keinen Gedanken verschwendet. Sie vielleicht schon. In einem solchen Fall sind Probleme vorgezeichnet …

Aus dem Leben einer Swingerin
Kindheit auf dem Lande

Mein Elternhaus steht in einer kleinen Gemeinde in Niederöster-reich, dem Bundesland rund um Wien, und meine Kindheit war in die Welt von etwa fünftausend Katholiken eingebettet. Der Ort war damals von seiner Struktur her klassisch: eine Fabrik (Beton), zwei Großbetriebe (Hühnerzucht und Sägewerk), mit-telständische Betriebe in nahezu jedem Dienstleistungs- und Handwerksbereich, Nahversorger, Allgemein-, Zahn- und Tier-arzt, Kindergarten, Volks- und Hauptschule, zwei Kaffeehäuser, eine Kegelbahn, drei Wirtshäuser, zwei Restaurants, Weinbetrie-be mit entsprechenden Heurigen – und eine Mühle.

Ich bin heute in den Vierzigern. Das bedeutet, ich war ein Kind der frühen 70er, einer Zeit, in der zumindest in meinem ländlichen Umfeld Frauen noch Hausfrauen, bestenfalls Friseu-rinnen oder Sekretärinnen waren und ihre Männer um Erlaub-nis fragen mussten, wenn sie arbeiten gehen wollten (tatsäch-lich wurde das entsprechende Gesetz in Österreich erst 1976 abgeschafft). Am Sonntagvormittag trafen sich die Männer beim Kirchenwirt, während die Frauen das Mittagessen koch-ten. Pro Familie gab es höchstens ein Auto, der Rest der Wege wurde mit Moped oder Fahrrad erledigt. Als Telefon gab es nur das Festnetz, und das manchmal nur als Halb- oder gar Viertel-anschluss. Dann musste man warten, bis der Mitbesitzer, der unbekannterweise irgendwo am Apparat saß, mit seinem Ge-spräch fertig war, oder aber zur Telefonzelle gehen.

Wir hatten allerdings einen alleinigen Anschluss, und die Nachbarn kamen zu uns, um die Nachrichten zu sehen, denn wir waren in der Siedlung zudem die Ersten, die sich einen

Schwarzweißfernseher leisten konnten. Ja, uns ging es ganz gut. Mein Vater bekleidete schon damals eine leitende Position in der Fabrik. Zum Familienbudget trugen außerdem mein Großvater (Arbeiter) und meine Großmutter (Sekretärin) väterlicherseits bei, denn wir wohnten zu fünft im Haus, das im typischen ostösterreichischen Stil der 50er Jahre erbaut war: Spitzdach, extra Garage für den Stolz meines Großvaters, einen riesigen Ford in Hellblau, sowie ein großer Garten voller Obstbäume und Gemüsebeete.

Ich genoss eine wohlbehütete Kindheit. Meine Mutter blieb zuerst bei mir zu Hause, begann aber, als ich acht Jahre alt war, als Verkäuferin zu arbeiten, und zwar in einer zirka zehn Kilometer entfernten Stadt. Ab diesem Zeitpunkt kochte meine mittlerweile pensionierte Großmutter für mich, wenn ich aus der Schule kam, zu der ich jeden Tag eine halbe Stunde mit dem Bus pendeln musste. Selbstverständlich fuhr ich vom ersten Tag an allein ins Gymnasium. Der Bus war ja voll mit Schülern aller Altersklassen, da hatte man keinerlei Bedenken.

Ich war ein Einzelkind, jedoch nie allein oder gar einsam. Schon in der Kindergartenzeit hatte ich regen Kontakt zu den anderen Kindern der Siedlung. In der Volksschulzeit ging es dann richtig los. Heim von der Schule, essen und dann raus zum Spielen. Damals genossen Kinder am Land noch kaum Einschränkungen; niemand kontrollierte etwa, ob wir schon zwölf Jahre alt waren, wenn wir mit dem Fahrrad allein herumfuhren – wir taten es ganz einfach. Wir streunten in den Wäldern und in den Auen am Fluss herum, bauten Baumhäuser und rauchten Lianen. Wir veranstalteten Fahrradrallyes, Verfolgungsjagden und Fußballmatches, bei denen wir Mädchen allerdings zum Jubeln abkommandiert waren, denn Fußball war damals nur eine Sache für Buben.

Und wir zeigten uns die Pornohefte, die wir in den hintersten Winkeln der elterlichen Schränke gefunden hatten. Ich weiß noch, dass ich – wir waren alle im Volksschulalter – mich wunderte, als Harry das erste Heft dieser Art mitbrachte. Es zeigte nur nackte Frauen. Ich wusste natürlich, wie eine Frau nackt aussah, denn meine Eltern waren begeisterte Saunabesucher und ich immer mit dabei, also warum gab es überhaupt so ein Heft voller Nackter? Erst Jahre später sollte ich realisieren, dass sich damals die Mehrheit der Eltern ihren Kindern *nie* nackt zeigte. Und Dessous- und Autowerbungen waren zu jener Zeit ja auch noch züchtig gehalten. So gesehen war das Pornoheft für Harry und seinen Freund Peter quasi eine Aufklärungsbroschüre.

Bei einem der nächsten Hefte wurde allerdings auch mir heiß. Es hieß: *Tabulose Hausfrauen*. Ein Bild brannte sich mir ein: eine Frau, auf Hände und Knie gestützt, ein Mann hinter ihr, der ihren Hintern umklammert hielt, ein anderer, der sein Ding in der Hand hielt, ein dritter vor ihr. Und dessen Ding hatte sie im Mund. »Pipi«, wie Harry gackernd bemerkte. Peter meinte großspurig, es heiße »Stange«. Meine Freundin Babsi murmelte etwas von »Schwanz« und kletterte schnell vom Baumhaus hinunter, in das wir uns mit dem Heft zurückgezogen hatten. Irgendwie kam mir dieser Ausdruck am vertrautesten vor, auch wenn ich nicht wusste, warum. Wenn ich heute darüber nachdenke, kann ich es mir nur damit erklären, dass ich ihn wohl irgendwann als noch viel kleineres Kind von meinen Eltern erlauscht haben muss, als die sich unbeobachtet fühlten.

Während sich Harry und Peter noch gegenseitig mit Ausdrücken für Brüste zu übertrumpfen suchten, kletterte ich zu Babsi hinunter, die auf der Wiese aus langen Grashalmen einen Kranz flocht.

»Warum weißt du das?«, fragte ich sie.

Sie sah mich nicht an. »Was?«

»Na, das mit dem … Ding?«

Sie zuckte mit den Schultern und knickte einen Halm so lang, bis er weich und bearbeitbar wurde.

Ich reichte ihr einen weiteren. »Ich sag's eh nicht.«

Sie hielt mir die Hand hin. Wir verhakten die Mittelfinger.

Dann sah sie zum Baumhaus hinauf, wo es polterte. Unsere Freunde schienen zu raufen. Obwohl uns die beiden nicht hören konnten, rückte sie nah an mein Ohr. »Meine Tante. Die war da. Auf Besuch. Mit dem Hansi. Die werden heiraten. Und gestern haben wir Gulasch bekommen. Das mag ich nicht.«

Ich nickte groß. Das mochte ich auch nicht.

»Ich bin runter in den Keller«, fuhr sie fort. Dort stand bei Babsis Familie die Marmelade, die sie sich einverleibte, wenn sie das Mittagessen nicht mochte. »Und da hat wer so gestöhnt. So.« Babsi machte es nach.

Das Poltern im Baumhaus stoppte. Wir erschraken und beugten uns über den Graskranz.

Als es wieder polterte, fuhr Babsi fort: »Ich hab mich total gefürchtet. Aber dann hab ich meine Tante gehört. Und die hat gesagt ...« Sie schaute mich an. Ihre Wangen waren rot, ihre Augen glänzten. » ... ›steck ihn rein, deinen geilen Schwanz!‹.«

Wir schwiegen.

»Und dann?«

»Ich bin ganz leise zu der Ecke und hab geschaut.«

»Echt?« In dem Augenblick bewunderte ich meine Freundin unendlich. Ich selbst hatte schon Angst, überhaupt in den Keller zu gehen.

Babsi nickte mit großen Augen.

»Und? Haben sie dich erwischt?«

Sie schüttelte den Kopf und rückte noch näher. »Tante Grete ist auf der Kühltruhe gesessen. Mit gar nichts an, unten herum. Die Füß hat sie in der Luft g'habt. Und der Hansi ... der war auch nackig. Da unten. So wie die da im Heft.« Sie nickte in Richtung Baumhaus.

»Ma, arg.«

Babsi nickte erneut. »Und er ist zwischen ihr ... also ganz eng bei ihr, und hat immer da unten gegen sie gestoßen. So wie auf dem Bild da. Und dann ist er weg von ihr, und sein Pipi war sooo groß.« Sie breitete die gestreckten Arme aus.

Dann widmete sie sich wieder dem Graskranz.

»Und? Erzähl schon.«

Sie zuckte mit den Schultern. »Gar nix. Ich bin wieder rauf.«

Ich weiß noch, dass ich mich in dem Moment so fühlte wie zwei Jahre zuvor, als ich heimlich in das Zimmer geschlichen war, wo gerade das Christkind seine Geschenke abgeladen hatte, und dort zu meinem Erstaunen meinen Vater vorfand. Ich war einem großen Geheimnis auf der Spur.

An diesem Tag konnte ich nicht einschlafen. Ständig sah ich die Frau mit den drei Männern vor mir. Erst als ich begann, die Männer den Platz wechseln zu lassen und die Frau auf einer Kühltruhe zu platzieren, fiel ich in einen unruhigen Schlaf.

Hatten meine Eltern auch solche Hefte? Taten Mama und Papa auch so etwas wie Babsis Tante und deren Freund? Wieso war das geheim? Es musste etwas Böses sein. Oder war es so etwas wie der selbstgebrannte Birnenschnaps – nach dem Motto: Wenn du einmal groß bist, darfst du das auch haben?

Am nächsten Tag holte ich Ken aus dem Barbiehaus und zog ihn aus. An der Stelle zwischen seinen Beinen sah man eine kaum merkbare Ausbuchtung ohne jegliche Konturen. Nachdem mein Vater und die anderen Männer in der Sauna aber sehr wohl ihr Pipi an dieser Stelle hatten, war ich nun sicher, einer echten Verschwörung auf der Spur zu sein.

Ein perfekter Clubabend

Philosophischer Exkurs

Caroline und Patrick sind ein typisches Einsteigerpärchen: neugierig, jedoch ohne viel darüber geredet zu haben. Das Muster beobachten mein Lebensgefährte und ich oft: Mann animiert Frau zu einem Clubbesuch, sie findet Gefallen daran, und dann beginnen die Probleme. Warum ist das so?

Ein Grund dafür liegt darin, dass die meisten Männer beim Wort »Swingerclub« ihre eigenen Pornophantasien von der Leine lassen. *Da tut jeder mit jedem? Fein, ich wollte schon immer einmal mit zwei Frauen gleichzeitig.* Oder: *Ich wollte schon immer einmal zusehen, wie meine Frau von einem anderen hergenommen wird* (zumeist mit dem Zusatz: »*und sie dann nach mir lechzt*«). Oder: *Ich wollte schon immer einmal zusehen, wenn es ganz viele miteinander treiben, und anschließend meine Frau vögeln.* Männer mit diesen irgendwie doch recht üblichen Phantasien sind häufig mit den sensationsarmen Plots handelsüblicher Sexfilme vertraut und stellen sich vor, dass sie sich in einer erotischen Realsituation genauso sicher und ungezwungen bewegen werden wie die entsprechenden Pornodarsteller.

Die meisten Frauen hingegen bekommen beim Gedanken an das potentielle Rudelbumsen im Swingerclub zuerst einmal Angst, denn sie wollen sich nicht zu Gebrauchsfleisch degradieren lassen wie ihre Geschlechtsgenossinnen in den Pornos. Also informieren sie sich vorab, was dort tatsächlich stattfindet. Alle Frauen, die das erste Mal bei uns auftauchen (mit Ausnahme der Betrunkenen, die nach einer Feier gar nicht recht wissen, wo sie gelandet sind), haben sich zuvor ausgiebig auf unserer Homepage über den Club und auf einschlägigen Seiten über das

Swingen im Allgemeinen informiert. Denn sie ahnen im Gegensatz zu den Männern, dass Sexphantasien zu haben und sie auszuleben zwei Paar Schuhe sind. Und ihnen ist, wenn auch unausgesprochen, klar, dass es Grundregeln geben muss: Da darf kein Egoismus herrschen, die Beziehung sollte auf festem Grund stehen, und Verlustängste dürfen kein Thema sein.

Tatsache ist aber, dass in unserer Gesellschaft der Sexualakt weitgehend Ausschließlichkeit bedeutet und einen Besitzanspruch begründet, nach dem Motto: *Du gehörst mir, und zwar nur mir* – manche würden am liebsten sogar die Vergangenheit des Partners auslöschen, nur um dessen *one and only* zu sein. Nicht zufällig wird Vergewaltigung im Krieg auch zur Erniedrigung der männlichen Gegner eingesetzt. (*Wir nehmen uns eure Frauen, wie es uns gefällt, sie gehören nun uns, und ihr seid nichts; sie gebären unsere Kinder, und euer Volk löst sich auf*). Und nicht umsonst sind immer wieder Mord und Totschlag oder zumindest die sofortige Scheidung Folgen eines Seitensprungs.

Dabei ist nur für einen geringen Prozentsatz der Menschen Monogamie kein Problem. Meist sind das Leute, denen Sex an sich nicht wichtig ist und die mit sexuellen Phantasien daher grundsätzlich nicht viel anfangen können. Alle anderen werden im Lauf ihres Lebens zumindest einmal schwach. Die Hormone schlagen zu, und wir taumeln in eine Affäre oder einen One-Night-Stand, ehe wir es uns versehen.

Nun kann man verlangen, dass sich der Mensch über das Tier erhebt und seine niederen Gelüste unterdrückt – so wie ich es versucht habe, bevor ich Bernhard kennenlernte. Die Frage ist, ob man nicht der Natur des Menschen zuwiderhandelt, wenn man dabei allzu rigoros vorgeht. Ein Rattenschwanz an soziologischen, gesellschaftspolitischen und religiösen Überlegungen würde bei genauerer Betrachtung dieser Frage folgen; ich möchte aber nur kurz auf ein Grundproblem der weiblichen Polygamie eingehen, nämlich, dass eine Frau immer weiß, dass sie die Mutter eines Kindes ist – wenn auch vielleicht nicht mehr so genau, wer der Samenspender war. Männer hingegen können erst seit kurzem, seit Erfindung des DNS-Tests, sicherstellen, dass sie tatsächlich der Vater des Nachwuchses sind. Patriarchale Gesellschaften waren daher von jeher bestrebt, weibliche Lust zu unterbinden oder zu tabuisieren, denn wo keine Lust, da auch keine Gefahr, dass eine Gelegenheit zum außerehelichen Beischlaf ergriffen wird. Nur wenige Männer waren willens, die eigene sexuelle Lust auch ihrer Ehefrau zuzugestehen.

Mittlerweile leben wir allerdings im 21. Jahrhundert, stolze vier Jahrzehnte nach der sogenannten »sexuellen Revolution« und dem Beginn der feministischen Emanzipationsbewegung. Gleichberechtigung und Individualisierung sind Teil unseres Denkens geworden. Heute dürfen Frauen Lust auf Sex haben – so wie Männer. Und sexuelles Besitzdenken sollte mittlerweile obsolet sein. Sind nicht ganz andere Werte in einer Beziehung wichtig?

Theoretisch ja. Praktisch aber setzen wir in Gedanken den Geschlechtsakt noch immer mit der größten Intimität gleich, die ein Paar erleben kann. Dafür kann es verschiedene – auch unbewusste – Gründe geben:

- Man könnte beim Sex ein Kind bekommen, das einen aneinanderfesselt (das will man nicht mit jedem).
- Man fühlt sich im Augenblick des Orgasmus absolut hingegeben, ja geradezu ausgeliefert (will man auch nicht bei jedem).
- Vielleicht haben wir viel Kontakt mit anderen Menschen, sogar seelisch intimen (manches Geschäftsprojekt bindet zwei Menschen emotional stärker aneinander als ein eheliches Abendessen vor dem Fernseher), so dass wir wenigstens ein Alleinstellungsmerkmal für die Beziehung brauchen zum Beispiel den Beischlaf.
- Solange mein Partner niemand anderen anschaut, geschweige denn begehrt, fühlen wir uns als die Besten und Größten, weil wir ihn/sie ja vollkommen befriedigen – umso größer wäre die Delle, die ein außerpartnerschaftlicher Geschlechtsakt in unserem Ego verursachen würde.

○ Das Fremdgehen ist geheim geschehen, der andere hat uns an-gelogen, und alles Vertrauen ist weg. Es ist allerdings problema-tisch, den Geschlechtsakt mit Vertrauensverlust gleichzusetzen, denn uns verletzen ja hauptsächlich die Geheimnistuerei und die Lügen – als wichtigster Mensch im Leben, der man ja an-geblich ist, möchte man schlichtweg nicht belogen werden.

Wahrscheinlich gibt es noch etliche Gründe mehr, die einen da-von abhalten, Sexualität als etwas zu sehen, das den emotiona-len und moralischen Bereich in einer Partnerschaft nicht tangiert. Jedenfalls begibt man sich beim ersten Mal von freiem, fremdem und dennoch gemeinsamem Sex auf sehr dünnes Eis. Ein Paar muss sich im Klaren darüber sein, was es wirklich miteinander verbindet und ob dieses seelische Band auch fest genug geknüpft ist. Schaffe ich es mitanzusehen, wenn meine Frau vor Lust stöhnt, weil sie von einem anderen Typen richtig fest gevögelt wird? Oder wenn jemand sie zu vier Orgasmen hintereinander schleckt? Halte ich es aus, meinen Mann dabei zu beobachten, wie er in eine andere Frau hineinspritzt (wenn auch tatsächlich nur in ein Kondom)? Kann ich damit umgehen, wenn mich mein Partner für Momente vergisst, weil er vollkommen in seiner Lust aufgeht?

Wenn ich diese und andere Fragen mit Ja beantworten kann, dann habe ich die Chance, etwas Wunderbares zu erleben: zum Beispiel Freude darüber, dass es meinem Partner so richtig gut-geht. Ich gönne dem anderen im wahrsten Sinne des Wortes Lust am Leben, weil ich ihn liebe. Dadurch entsteht – wie bei Bernhard und mir – eine Intimität auf seelischer Ebene, die eine körperliche Vereinigung nie zustande bringen kann.

Dazu kommt, dass ich mich beim Hinterfragen und Über-schreiten gesellschaftlicher *Dos and Don'ts* selbst kennenlerne: Welche Normen habe ich nur übernommen? Welche ethischen Werte gelten wirklich für mich? Und diese Analyse endet für ge-wöhnlich nicht beim Sex.

Ich habe in den letzten Jahren beobachtet, dass Swinger-Pärchen häufig selbstbewusster auftreten als »normale Paare«; wobei Selbstbewusstsein hier fast wörtlich zu verstehen ist: als die Fähigkeit, sich seiner selbst bewusst zu sein. Sie bewegen sich als Einzelpersonen auf sicherem Terrain, weil sie viel hinterfragt haben, und sie tun es als Pärchen aus demselben Grund. Sie haben weniger Verlustängste, müssen sich nicht ständig fragen: *Betrügt mich der andere? An wen denkt er beim Sex? Ist er nur noch aus Bequemlichkeit bei mir?* Und sie sind höchstwahrscheinlich befriedigter als die meisten anderen Menschen ...

Und die beiden am Ecktisch wagen also nun diesen Schritt, wobei sie offensichtlich kaum über die Konsequenzen gesprochen haben. Patrick wird irgendwann entweder ausflippen oder sich in sich zurückziehen, wenn er merkt, dass Caroline genauso einen Porno im Kopf hat wie er und er darin maximal eine Nebenrolle spielt. Er wird vielleicht begreifen müssen, dass er gar nicht die Kraft hat, sich wieder aktiv in ihren Film zurückzuspielen, dass er seinen eigenen Porno ohne sie realisieren muss. Und Caroline wird möglicherweise enttäuscht sein, wenn Patrick an fremden Brüsten herumtatscht, anstatt wie ein Gentleman auf sie aufzupassen, während sie sich fremden Menschen und ungeahnter Lust hingibt. Vor allem Frauen brauchen eine Weile, bis sie verinnerlicht haben, dass in einem solchen Club absolut nichts geschehen kann, was sie nicht wollen, und dass sie keinen Aufpasser benötigen. Vorausgesetzt, sie lernen, eine Ablehnung deutlich auszusprechen, was gar nicht so einfach ist, wenn man es, wie sonst im Leben, möglichst allen recht machen will. Wenn das bei dem einen oder anderen männlichen Idioten nichts nutzt, weil er ein klares Nein nicht versteht, greift auf jeden Fall der Betreiber ein.

Die beiden Neulinge sind also gierig, aufgeregt, aber auch ängstlich; das bevorstehende Abenteuer haben sie weder analysiert noch ausdiskutiert. Unter solchen Umständen ist es gut, wenn die beiden das erste Mal zusammen mit erfahrenen Swingern erleben, die bereit sind, sie an der Hand zu nehmen und, wenn nötig, ihre eigene Lust hintanzustellen, um ihnen Sicherheit zu geben. Ich muss sie also beim nächsten Prosecco mit jemandem zusammenbringen. Vielleicht vom großen Tisch? Wen hätten wir denn da?

Aus dem Leben einer Swingerin
Das große Geheimnis
wird gelüftet

Ungefähr vier Jahre, nachdem mir Babsi von der Begebenheit mit ihrer Tante im Keller erzählt hatte – ich war inzwischen dreizehn Jahre alt –, brachte mir mein Vater bei, den Super-8-Projektor zu bedienen. Im vordigitalen Zeitalter musste man noch umständlich einen Film einspannen, es reichte nicht, einfach eine DVD einzulegen oder in Google irgendwelche Begriffe einzugeben, um etwas »Verbotenes« zu sehen.

Mein Vater brachte mir die Handhabung des Apparates natürlich nicht für etwas Verbotenes bei, sondern damit ich mir den Urlaubsfilm aus Kroatien, das damals noch ein Teil Jugoslawiens war, auch ohne seine Hilfe zum hundertsten Mal anschauen konnte. Er freute sich mächtig, dass mir der Urlaub so gut gefallen hatte. Er dachte, es läge daran, dass er mir Wasserskifahren beigebracht und ich gleich den Kinderclubwettbewerb gewonnen hatte. Tatsächlich ging es mir aber nur um die Strandszene vom letzten Tag. Denn dort hüpfte im Hintergrund Miroslav herum, und der hatte mich geküsst. Das wusste mein Vater natürlich nicht.

Nun war mir durchaus geläufig, was es mit dem Küssen auf sich hatte. Die älteren Schüler schmusten im Bus oder am Bahnhof der Schulstadt, wo alle Schüler zusammenkamen, ständig herum. Ich hatte außerdem schon das eine oder andere Gespräch älterer Mädchen im Bus oder auf dem Pausenhof belauscht: ob man beim ersten Mal schon die Zunge reinstecken dürfe; dass es gut gewesen sei, wie der oder der an den Lippen gesaugt habe, der andere aber fürchterlich schmecke, weil er sich die Zähne nie richtig putze. Insgesamt gesehen musste es sich beim Küssen um eine gute Sache handeln, die Probleme lagen wohl eher im Detail.

Doch Theorie und Praxis sind bekanntlich zwei Paar Schuhe. Miro hatte mir zum Abschied in den nahe gelegenen Klippen feierlich ein Nest mit Jungvögeln gezeigt und mir dabei ansatzlos ein Bussi auf die Wange gegeben. Das kannte ich schon, denn in der Volksschule hatte ich einen Verehrer gehabt. Doch Miro sah mich anders an als der Schulkollege, was sicherlich daran lag, dass er bereits fünfzehn Jahre alt war – für mich schon fast ein Mann. Kurzum: Ich hielt seinem Blick stand, und er küsste mich daraufhin auf die Lippen. Das war noch nicht besonders aufregend, doch dann steckte er die Zunge in meinen Mund. Das fühlte sich unangenehm an, so fremd und störend. Aber ich hielt ruhig. Wenn die älteren Schülerinnen sagten, dass es etwas Tolles sei, musste was dran sein. Als Miro dann mit der Zunge meinen Mund erforschte, wusste ich, dass die anderen die Wahrheit gesprochen hatten. Mir wurde heiß und schwindlig. Ich weiß noch, dass ich das Gefühl hatte, mich nicht mehr bewegen zu können, die Kontrolle über meinen Körper zu verlieren. Miro griff mir an die Brust oder das, was damals davon schon da war. Ich bekam keine Luft mehr und gleichzeitig Angst. Blitzartig drehte ich mich weg und lief davon. Den Rest des Tages klebte ich eisern an der Seite meiner Eltern, obwohl Miro mich aus geringer Entfernung anglotzte – wie der Hund unserer Nachbarin, wenn er den Fettrand von meinem Grillkotelett wollte – und obwohl mich irgendetwas in meiner Brust und in meinem Bauch zu ihm zog. Meine Vagina tat mir weh; den Ausdruck für das weibliche Geschlecht kannte ich inzwischen immerhin schon – aus dem Jugendblatt *Bravo*, das mir und meinen Freunden als Aufklärungsheft diente. Als ich mich im Schneidersitz hinsetzte, um mit meiner Mutter Karten zu spielen, sah ich plötzlich einen nassen Fleck auf meiner Bikinihose. Er drang von innen durch den Stoff. Entsetzt rannte ich ins Wasser.

Die ganze Heimreise, die Tage danach, die Wochen danach war ich völlig durcheinander. Einerseits fand ich das Erlebnis furchtbar, weil mein Körper einfach getan hatte, was er wollte, andererseits war ich süchtig nach diesem Gefühl, das sich jedes Mal einstellte, wenn ich Miroslav auf dem Super-8-Film sah, den mein Vater uns arglos vorspielte.

Wohlweislich achtete ich darauf, dass meine Eltern noch nicht so schnell von der Arbeit zurückkamen und meine Großmutter im Garten beschäftigt war, wenn ich den Film selbst einspannte. Eines Tages kam ich dann auf die Idee, mir andere Urlaubsfilme anzuschauen, um das kribbelige Gefühl in meinem Körper loszuwerden. Ich kramte im Kasten mit den Filmrollen und stieß auf einen Koffer mit Schloss. Zwar wusste ich nicht, was mich erwartete, aber ich ahnte, dass es sich lohnen würde, ihn zu öffnen. Also durchkramte ich sämtliche Schubladen in der Wohnung, ständig mit einem Ohr beim Treppenhaus, ob jemand kam (wir wohnten im ersten Stock). Ich durchsuchte auch die Laden im Schlafzimmer meiner Eltern. Und da wurde ich fündig, zwischen den Manschettenknöpfen meines Vaters.

Der Schlüssel passte. Ich öffnete die Kiste und stieß auf jede Menge Filme, die ich noch nie gesehen hatte. Auf den Hüllen waren nackte Menschen in ziemlich eindeutigen Positionen zu sehen. Ich zupfte schon an *Schneeflittchen und die sieben Zwerge*, als im Erdgeschoss die Großmutter nach mir rief. Ohne meine Antwort abzuwarten, kam sie die Treppe herauf. In Windeseile verschloss ich die Kiste, legte die anderen, harmlosen Filme darüber, setzte mich an den Projektor und startete ihn. Zum ersten Mal seit langem war mir Miro vollkommen egal – denn in der Kiste steckte ja noch der Schlüssel. Meine Großmutter schüttelte den Kopf, als sie mich zum x-ten Mal vor dem Urlaubsfilm sitzen sah, erinnerte mich an die Klavierstunde und ging zurück in den Garten. Ich konnte den Schlüssel wieder ins Versteck bringen.

Zwei Wochen später sah ich mir in einer stillen Stunde den

ersten dieser Filme an. Ein »Zwerg« – ein normal großer Mann mit Zipfelmütze – kroch Schneewittchen, oder eben *Schneeflittchen*, unter den Rock. Ein anderer sogenannter Zwerg streifte ihr das Kleid von den Schultern. Sie streichelte die Beule in seiner Hose, woraufhin die restlichen Zwerge aufsprangen, die Hosenlätze herunterklappten und ihre Penisse, wie *Bravo* es genannt hätte, präsentierten. Sie waren zwar nicht so lang wie Babsis ausgestreckte Arme, aber dennoch beeindruckend. Schneewittchen zeigte auf einen der Zwerge, woraufhin der zu ihr kam und seinen Schwanz in ihren Mund steckte. Vom Rest des Films bekam ich kaum etwas mit, denn ich zitterte von Beginn an vor Erregung. Und mir tat schon wieder der ganze Unterleib weh. Sicherheitshalber zischte ich immer wieder zum obersten Plateau des Treppenhauses, aber das war wohl mehr Abkühlung als Absicherung.

Der Stummfilm ratterte und ratterte, die Menschen darin stöhnten und schwitzten, ja, schrien sogar, das konnte ich ganz genau erkennen. Doch irgendwann fing er an, mich zu langweilen, weil es immer dasselbe zu sehen gab. Außerdem beschäftigte mich zunehmend die Frage, ob ich all das auch einmal tun würde. Wobei die Antwort auf der Hand lag, denn offensichtlich taten es meine Eltern und Babsis Tante, also wahrscheinlich alle, und *Bravo* erklärte uns ständig, dass es etwas ganz Natürliches sei, wenn ein Mann und eine Frau einander liebten. Liebte aber Schneewittchen all die sieben Männer?

Ein perfekter Clubabend
Eine bunte Mischung

Der große Tisch bestellt bei Claudia eine Runde Sekt. Das passt – ich habe also recht mit meiner Vermutung, dass das Stimmungsbarometer in Richtung langer Nacht und Action weist. Während Claudia einschenkt, streichelt ihr einer der beiden Solomänner, die zuletzt gekommen sind, anerkennend über den Hintern. Spielerisch zupft er am Saum ihres schwarzen Stretchminis, denn er weiß, was sich darunter verbirgt. Fred ist ebenfalls Stammgast und war damals dabei, als Claudia uns beim Chill-out um fünf Uhr früh ihre neue Dessous-Errungenschaft gezeigt hat: einen durchsichtigen Ganzkörperbody, der rund um Scham und Hintern wie eine Cowboyhose ausgeschnitten ist. Das ist ein praktisches Teil, denn man kann es mit Rock und Bluse ins Theater anziehen, also ganz brav und züchtig wirken, und dennoch jederzeit einsatzbereit sein.

Claudia schlägt ihm lachend auf die Finger – unsere Kellnerinnen beteiligen sich während des Dienstes am Geschehen genauso wenig wie Bernhard und ich. Abgesehen von der notwendigen Distanz, die das bringt, wäre Mitspielen auch praktisch ein Ding der Unmöglichkeit. Denn als Person hinter dem Tresen ist man ein klassisches Eroberungsziel – nach dem Motto: *Die Barfrau wird so oft angebaggert; wenn sie mich erwählt, weiß ich, dass ich besser bin als die anderen.*

Claudia ist mit ihren langen blonden Haaren und ihrer Intelligenz (sie ist im Zivilberuf Bibliothekarin) ein besonders beliebtes Flirtziel. Daher ist sie sogar mittlerweile auch nicht mehr in anderen Clubs umtriebig, sondern nur mehr auf Privatpartys, bei denen sie sich die Beteiligten aussuchen kann.

Fred nimmt die Abfuhr mit Humor und wendet sich wieder seiner heutigen Favoritin zu: Agnes am großen Tisch. Sie hat an diesem Abend ein weinrotes Lackkleid mit einem einzigen durchgehenden Reißverschluss an, passend zu ihrer Rolle als wählerische Königin. Denn das Kleid ist wadenlang und signalisiert: *Ich habe es nicht nötig, mich wie eine Prostituierte mit kurzem Rock und Overknee-Stiefeln oder Plateauschuhen aufzubrezeln.* Zugleich ist es sehr, sehr figurbetont. Man kann bei ihren Brüsten nicht einfach hingreifen, sondern muss um Erlaubnis fragen, weiter vordringen zu dürfen. An ihr, der großen Schlanken mit dem Schwanenhals und den kastanienbraunen kurzen Haaren, sieht das Kleid auch nicht aus wie ein Fetischartikel, sondern wie eine extravagante Abendrobe. Es ist vollkommen klar, dass sich eine Frau mit so viel Geschmack nicht von einem schlurfigen Typen in Bermudas und Mokassins angesprochen fühlt (abgesehen davon, dass wir derart bekleidete Menschen ohnehin kaum in den Club lassen; in eine Bar käme man so schließlich auch nicht rein). Daher stammt ihr Beiname, *Die Wählerische*. Agnes ist mit Mitte vierzig in einem Alter, in dem sie genug erlebt hat, um abwarten zu können. Als stellvertretende Direktorin eines großen Hotels wirkt sie insgesamt sehr distinguiert. Und ihr Mann Harald drängelt ebenfalls nicht. Manchmal, wenn er da so neben ihr sitzt, mit seinen angegrauten Koteletten, den teuren Jeans und den immer in Pastellfarben gehaltenen Hemden, kommt er mir ohnehin mehr wie ein Soziologe vor, der das bunte Treiben Paarungswilliger studiert.

Aber heute ist Agnes in frühlingshafter Gnadenstimmung. Jan, der neben ihr sitzt, darf ihr zentimeterweise den Reißverschluss öffnen. Er zelebriert Millimeter um Millimeter und bedeckt jedes Stück befreiter Haut mit Küssen. Ihre Brustspitzen sind knapp davor, den Lackstoff zu durchstechen. Sie lehnt mit ausgestreckten Armen an der Bank, den Kopf im Nacken. Ihre Augen sind geschlossen, ihre Lippen geöffnet. Pure Hingabe.

Jan darf sich nicht nur der Gunst von Agnes erfreuen, weil sie einander lange kennen und schon gute Erfahrungen miteinander gemacht haben, sondern auch, weil er mit Lisbeth zusammen ist. Die beiden sind, wie erwähnt, als *Die Tänzer* bekannt. Ursprünglich wurde den beiden dieser Beiname verpasst, da sie leidenschaftliche Turniertänzer sind (wohl ein harmonisierender Ausgleich zu ihrem Alltag als Polizisten). Doch auch auf sinnbildlicher Ebene werden Jan und Lisbeth der Bezeichnung gerecht, denn sie lieben das Vorspiel. Diese Balance zwischen Nähe und Ferne, zwischen Aufgeilen und Entspannung beherrschen sie perfekt. Und so wirkt eine Anmache der beiden oft wie ein Balztanz. Sie passen mit ihrer Auffassung von Erotik also ausgesprochen gut zu Agnes und Harald.

Nicht so das dritte Pärchen am Tisch, Sylvia und Martin. Sylvia trägt mit Vorliebe kurze, enge Röcke und ausladende Mieder oder Lack-Stretchhosen, er Leder- und Lackteile, die seinen Schwanz betonen. Sie sind Fetischisten der Ganzkörperenthaarung. Und jenseits von dauerhaftem Epilieren sind sie auch Schönheitsoperationen nicht abgeneigt. Natürlich hat sich Sylvia Busen, Po, Hüften und Lippen machen lassen – Martin nur den Bauch –, die Liebe zu Botox teilen sie beide. Und in dieser »Perfektion« präsentieren sie sich gern. Sie fummeln und grapschen am jeweils anderen oder auch an sich selbst herum, genießen es, wenn sie in den hinteren Räumlichkeiten bei Acts zuschauen und selber begafft werden. Und erst dann, wenn sie sich an den Blicken der anderen so richtig erhitzt haben, treiben sie es miteinander, in über neunzig Prozent der Fälle zu zweit. Aber sie lassen sich immerhin gern dabei zuschauen. Manchmal ficken sie auch im Barbereich, wenn zwar eine geile Stimmung herrscht, aber einfach nichts passiert – was dann oft die anderen dazu inspiriert, selbst aktiv zu werden. Dafür war ich ihnen schon mehr als einmal dankbar.

Abgesehen davon, dass sie sowieso kaum in körperlichen Kontakt mit anderen treten, sind die beiden Agnes auch zu eindimensional, zu wenig verspielt. Gleiches gilt für Thomas, den

Frauenbeglücker. Er ist Mitte vierzig, zweimal geschieden und betreibt mit seinem Bruder eine Glasschleiferei. Sein enormer sexueller Hunger nach abwechslungsreichem Körperkontakt war mit dafür verantwortlich, dass seine beiden monogam eingestellten Frauen das Weite gesucht haben. Doch er ist deswegen nicht verbittert. »Weißt du, Jana«, sagt er manchmal zu mir, wenn er verliebte Pärchen beobachtet, »irgendwo gibt es eine, die es mit mir aushält. Und ich hab ja noch Zeit.«

Und die nützt er weidlich, um so viele Frauen wie möglich mit seiner Ausdauer zu beglücken. Ich hab ihm schon ein paarmal zugesehen, daher wundert es mich nicht, dass er immer genügend Frauen findet, die es gern ein viertes oder fünftes Mal mit ihm machen, denn er beherrscht zwar nicht die hohe Kunst des Aufreizens, doch er liebt Frauen und ihre Körper – egal, wie sie gestaltet sind – und behandelt sie liebevoll. Und er ist, wie gesagt, ausdauernd. Manche brauchen ja genau das.

Auch ein viertes oder fünftes Mal? Ja, Wiederholungen sind ein eigenes Kapitel beim Swingen. Denn im Grunde geht es ja darum, dass man Sex mit fremden Menschen hat. Natürlich gibt es auch die Unterkategorie von Pärchen, die seit Jahren miteinander befreundet sind und häufig Partnertausch betreiben, Freunde fürs Leben und Ficken sozusagen. Doch das ist weder die Norm noch der Ansatz des Swingens. Es geht mehr um Abwechslung – fremde Haut, ein anderer Geruch, noch nie gehörtes Stöhnen, überraschende Berührungen.

Nun sind die einschlägigen Szenen in Österreich und auch in den anderen Ländern annehmbar groß – wir sprechen von einigen Tausend in Österreich und etwa zehnmal so vielen in Deutschland; hinzu kommen Gelegenheitsswinger. Doch besucht zum Beispiel ein Wiener nicht unbedingt regelmäßig die Clubs in den anderen Bundesländern, zumal es in Wien zirka ein Dutzend davon gibt. Und so sieht man einander in der Clubszene unweigerlich öfter, erst recht, wenn man regelmäßig einen bestimmten Club besucht, so wie den unseren. Die anderen

Stammgäste werden einem zunehmend vertraut. Zuerst entsteht dadurch ein heimeliges Gefühl, das die Menschen stark an einen Club bindet, die anderen werden für einen fast so etwas wie Stammtischfreunde. Wenn man einander allerdings zu oft sieht, verliert der sexuelle Akt miteinander an Reiz.

So gesehen spricht es für Thomas, dass sich Frauen gern mehrmals mit ihm zurückziehen, und sie schätzen es auch, dass er keine Berührungsängste gegenüber anderen Männern hat. Die meisten Pornos verklickern uns ja, dass es für Männer nichts Schöneres gibt als einen Rudelbums mit einer Frau – oder sogar einen sogenannten *Gangbang,* bei dem eine Frau gleichzeitig oder hintereinander möglichst viele Männer oral bedient, während sie gevögelt wird, was das Zeug hält. Das scheint mir jedoch eine Männerphantasie zu sein, die der Realität nicht im passenden Ausmaß entspricht. Natürlich gibt es sie, die Gangbangs und Rudelfickereien in privatem Rahmen – neben den professionell organisierten für Männer, die nichts als zum Stich kommen wollen, was ein sehr einträgliches Geschäft für die Veranstalter ist. Aber die spontanen, privaten Gangbangs sind in der Unterzahl, und das hat mit den Männern zu tun (erstaunlich viele Frauen träumen von so etwas und würden sich gar nicht dagegen wehren). Denn jeder von ihnen will der König sein, der es geschafft hat, es einer Frau so zu besorgen, dass sie befriedigt vor sich hin schnurrt. Wenn er nun diese Aufgabe mit anderen teilt, fällt nur ein kleiner Strahl des Glanzes auf ihn. Dazu kommt, dass viele Männer gesellschaftsbedingt an Homophobie leiden. Das wird für die meisten zum Problem, wenn sie gebeten werden, mit ihrer Partnerin und einem anderen Mann einen *Sandwich* oder *Doppeldecker* zu machen (die Frau wird dabei gleichzeitig vaginal und anal penetriert). Im Porno sieht das ganz leicht aus, aber in der Wirklichkeit müssen die beiden fickenden Männer in dieser Stellung eine körperliche Nähe vertragen, die sie als Heteros sonst eher nicht lieben. Und sie müssen es auch noch schaffen, einen gemeinsamen Rhythmus zu finden. Eine Seltenheit.

Thomas kann das. Und er ist sich auch nicht zu schade, manchmal nur als Aufwärmer zu fungieren, wie er es soeben bei Lisbeth tut. Denn die zierliche Echt-Blondine hat noch eine andere Vorliebe als das ausgedehnte Vorspiel: maximal zwei Männer gleichzeitig, aber in dieser Konstellation so viele wie möglich hintereinander in einer Nacht. Heute scheint sie in dieser Stimmung zu sein, das erkenne ich auch an ihrer Kleidung. Denn wenn sie, wie man so schön sagt, »die Sau rauslassen« will, zieht sie sich besonders züchtig an, und heute trägt sie ein champagnerfarbenes Leinenkleid mit kurzen Ärmeln und einem sehr harmlosen Rundausschnitt, was auf ihrer gebräunten Haut entzückend aussieht. Wenn sie hingegen nur zum Balzen aufgelegt ist, trägt sie ein kleines Schwarzes mit enormem Rückenausschnitt oder einen kurzen Rock und eine Bluse mit Dekolleté.

Ich habe sie nie gefragt, warum sie sich züchtig wie eine Jungfrau gibt, wenn sie dauergefickt werden will. Vielleicht kommt sie sich so weniger wie eine Nutte vor, sondern ist dann einfach eine durchschnittliche Frau, die einmal ihre Phantasien auslebt. Aber das ist Küchenpsychologie. Und ich frage nicht, es soll ihr Geheimnis bleiben.

Jedenfalls deuten bei Lisbeth heute alle Kleidungsvorzeichen auf eine Orgie. Ihr Blick wandert unverkennbar immer wieder zu Fred und dem zweiten Solomann, der am Beginn des Tresens sitzt und durch seinen ausgeprägten, modischen Ziegenbart auffällt. Ich kenne *Goatee* noch nicht. Auf Claudias Getränkeliste steht »Michael«, was der mit Abstand beliebteste Pseudoname ist. Also werde ich bei seinem Spitznamen bleiben. Goatee entspricht mit seinen sehnigen sechzig Kilo genau Lisbeths Typ, denn sie zieht junge, dünne Männer vor. Er steht auch schon bald in ihrer Nähe und beobachtet sie bei einem weißen Gespritzten mit Argusaugen. Und er bekommt etwas geboten, denn Lisbeth hat ein Bein über den Schoß von Thomas gelegt und lässt sich von ihm fingern. Unter dem Leinenkleid trägt sie wie üblich kein Höschen.

Das erregt auch Richard, den Beobachter. Er ist seit Jahren Single, weil er sich selbst für unerträglich hält (»Welche Frau mag schon einen Mann, der viermal pro Woche den Boden aufwischt?«), und arbeitet bei einem Mobilfunkcallcenter in der Abendschicht. Vier von sieben Tagen in der Woche kommt er nach dem Dienst zu uns und sucht das Gespräch mit den anderen Stammgästen. Ich habe ihn erst ein einziges Mal aktiv erlebt: als er zu seinem fünfunddreißigsten Geburtstag zu viel Whiskey-Cola getrunken hatte und seinem Traumtyp (dunkelhaarig, groß, mächtiger Busen) in der Gestalt einer slowenischen Touristin nicht widerstehen konnte. Es war ihm zutiefst unangenehm. »Wenn ich einmal mit einer anfange«, meinte er, »muss ich jeder anderen erklären, warum ich mit ihr nicht will. Das kann ich nicht, weil die dann traurig ist. Oder böse. Und ich mag sie doch alle!«

Er genießt lieber die fleischgewordenen Phantasien, die ihn Abend für Abend umgeben. Vielleicht erregt es ihn auch gar nicht mehr so sehr, denn er sieht es ja ständig. So geht es zumindest uns Betreibern meistens. Wenn du jeden Tag Sex siehst, kühlt das Interesse daran merklich ab; auch Bernhard und ich sehen uns mittlerweile mehr als Wirte eines »etwas anderen« Lokals denn als Gleiche unter Gleichen in einer Gesinnungsgenossenschaft, die Freunden einen entsprechenden Raum zur Verfügung stellen, wie wir es damals noch nach der Übernahme des *Schlosses* gesehen haben.

Doch die allgemein aufgeheizte Stimmung und Lisbeth, die sich unter gutturalen Lauten vor ihm windet, lassen Richard ausnahmsweise an seinen Schwanz greifen. Natürlich wird er ihn nie herausnehmen, denn dann könnte er ja in die Verlegenheit kommen, zum Mitmachen aufgefordert zu werden. Aber ihn zu streicheln gestattet er sich zumindest. Und jetzt – ja, jetzt wirft er sogar ein Auge auf den Nebentisch. Denn Karin, die burgenländische Freundin von Andrea, entspricht genau seinem Typus: Sie ist extrem groß, hat einen Megabusen und dunkle Haare. Wird er heute vielleicht doch einmal aktiv werden?

Erste Erfahrungen

In meiner Jugendzeit, als Aids noch eine relativ geringe Rolle in den Medien spielte, galten Kondome als eher unsexy. Natürlich wurden sie benutzt, aber nur bei Prostituierten gehörten sie zur Standardausrüstung. Die Pille wiederum war ein extrem starkes Medikament, von dem man munkelte, es könne unfruchtbar machen, vor allem, wenn man es in zu jungen Jahren nahm. Und so kam es, dass man als Jugendliche oft genug darauf vertraute, dass an bestimmten Tagen einfach nichts passierte, wenn man mit einem Burschen ins Bett ging.

Und dann passierte es doch: Eine Mitschülerin wurde mit fünfzehn Jahren Mutter. Dies auch noch sehr überraschend, denn sie hatte es geschafft, die Schwangerschaft vor ihren Eltern, ihrem Freund und uns anderen gleichermaßen zu verheimlichen. Wir hatten sie nur gehänselt, dass sie, die einst Gertenschlanke, immer molliger geworden war. Oder hatten wir es nur nicht wahrhaben wollen, weil nicht sein kann, was nicht sein darf?

Ihr Sohn wurde unser Klassenbaby, wir waren alle ganz vernarrt in ihn. Unsere Mitschülerin hatte Glück mit ihrer Familie. Schwester, Mutter und Großmutter kümmerten sich oft um den Kleinen, so dass sie die Schule fertigmachen konnte.

Doch bei mir saß der Schock tief. Ich wollte später einmal Germanistik studieren, die Welt sehen, eine berühmte Journalistin werden, die man um ihre Meinung fragt und die den anderen aus dem Fernseher heraus die Welt erklärt. Jedenfalls wollte ich nicht gezwungen sein, irgendeinen Verkäuferinnenjob anzunehmen, nur weil *es* passiert war wie bei meiner gleichaltrigen Schulkollegin.

Also was tun? Doch die Pille? Die war nicht nur sehr stark, sondern auch noch dreiphasisch. Sie musste extrem pünktlich eingenommen werden, sonst wirkte sie nicht sicher. Wenn mir nur ein einziges Mal etwas dazwischenkam? Ein ausgefallener Linienbus, ein geplatzter Reifen? Außerdem hatte ich auch nicht die Absicht, nur wegen der Pille dauerhaft auf Kinder zu verzichten. Ich entschied mich also für die sicherste Verhütung: Ich bumste nicht.

Das heißt aber nicht, dass ich keinen Sex hatte. Beim »Rummachen« oder »Petting« war ich bald Meisterin. Die meisten von uns Schülern durften zwar nur einmal pro Woche – samstags – am Abend weggehen und auch dann nur zu Treffen in elterlichen Weinkellern oder Partyräumen. Doch das hinderte uns nicht am exzessiven Experimentieren.

Den Anfang machte mein erster offizieller Freund Klaus. Er war siebzehn, ich fünfzehn Jahre alt. Als Schwimmer hatte er eine athletische Figur. Mit ihm erlebte ich meinen ersten Orgasmus, und zwar unter romantischen und zugleich widrigsten Umständen. Schuld daran war das Problem des *Wo*. Denn er stammte aus einem anderen Ort als ich, und wir mussten die Freistunden zwischen dem Vormittags- und dem nur einmal pro Woche stattfindenden Nachmittagsunterricht nutzen. Also gingen wir in die Weinberge unserer Schulstadt und suchten uns dort ein Plätzchen mit Blick auf die Dächer. Das war der romantische Teil. Das Unangenehme ergab sich aus der Kälte, die nun einmal üblicherweise im Jänner herrscht. Mit eisigen Nasen schmusten wir, mit klammen Fingern kämpften wir uns durch die Schichten von Daunenjacke, Pullover und T-Shirt. (Ich glaube, seitdem kann ich Eiswürfeln beim Liebesspiel etwas abgewinnen ...) Wir hielten uns lang bei meinen Brüsten auf, die inzwischen schon ganz ansehnlich waren, bis ich mich irgendwann wieder in meine Kleider verkroch. »Nur kurz«, sagte ich bibbernd. »Mir ist kalt. Und deine Hände sind auch so kalt.«

Klaus beugte sich zu mir, sein Atem kitzelte an meinem Hals. Ich bekam Gänsehaut, ob aus Erregung oder wegen der Kälte, konnte ich nicht unterscheiden. Es war mir im Grunde auch egal, Hauptsache, der Taumel, in den er mich gebracht hatte, verlor sich nicht. Dann flüsterte er: »Ich weiß was, wo meine Finger ganz schnell warm werden.«

Nun konnte man mir nicht unbedingt Unwissenheit nachsagen angesichts meiner Porno- und *Bravo*-Erfahrung. Ich wusste natürlich, was Klaus meinte. Aber das erste Mal die Grenze zu überschreiten ist immer eine Herausforderung. Wollte ich wirklich hier in der Kälte am Weinberg ...?

Klaus küsste mich aufs Ohr. Hiermit war die Entscheidung gefallen, denn nun erfasste mich nicht bloß eine Welle, sondern geradezu ein Tsunami der Erregung. Hals und Ohren sind bei mir bloß anders gestaltete Kitzler, und am liebsten hätte ich mir sofort die Kleider heruntergerissen und mich mit ausgestreckten Armen und Beinen auf den Rücken geschmissen und gebrüllt: »Nimm mich!«

Ich rutschte mit dem Kopf an seine Schulter, lehnte mich an die Bank und rückte mich so zurecht, dass Klaus an meine Muschi fassen konnte, ohne dass meine Haltung zugleich offen und fordernd gewesen wäre. Eine Frau tut so was nicht, sonst ist sie eine Hure. Ja, wir waren sehr sittsam.

Klaus streichelte meine Oberschenkel, meinen Bauch und küsste mich in einem fort. Irgendwann pfiff ich auf die Sittsamkeit, spreizte die Beine und wölbte seiner Hand mein Becken entgegen. Ganz langsam öffnete er den Jeansknopf und den Reißverschluss, fuhr dann mit der Hand unter meine Hose und zwängte sie zwischen Stoff und Nylon; ich hatte noch eine Strumpfhose und darunter natürlich ein Höschen an. Endlich spürte ich ihn direkt auf meiner Muschi.

»Ja, jetzt ist mir nicht mehr kalt«, raunte er. »Gleich hab ich eine ganz warme Hand. Und dann kann ich wieder deinen Busen streicheln.«

Scheißidee. Also rieb ich meine Muschi gegen seine Hand. Das brachte ihn zum Keuchen. Flott überwand er die nächsten beiden Kleiderschichten, bis er die Hand tief in meiner Spalte hatte. Kurz spürte ich Kälte, was wohl daran lag, dass ich dort klitschnass war, dann aber nur mehr das Ziehen und Pulsieren, das ich schon bestens kannte, das kein Zurück mehr zulässt und zum großen Erlösungsknall treibt.

Ich sollte vielleicht erwähnen, dass die Sache mit Klaus de facto nicht mein erster, sondern mein erster fremdgesteuerter Orgasmus war. Wie viele Frauen hatte ich schon lange zuvor durch den Duschstrahl den Spaß mit mir selber entdeckt. Damals war ich ungefähr dreizehn, es muss wohl mit der erregenden Erfahrung der Pornos zu tun gehabt haben. Zuerst besorgte ich es mir nur mit dem harten Strahl, irgendwann lernte ich dann, meine Finger zu gebrauchen. Es wurde mir eine liebgewonnene Einschlafhilfe.

Ich wusste in jenem Weinberg also, was ich wollte: die Welle, den Tornado, das Abheben, das sich Verlieren, das *Alles wird schwarz*. Und glücklicherweise war Klaus zwei Jahre älter und hatte halbwegs eine Ahnung davon, was er zu tun hatte. Und so rieb er mich und fuhr zärtlich mit den Fingern in mein Loch (da war ja noch ein Jungfernhäutchen – alles nicht so einfach). Es heizte mich anders auf, als wenn ich es mir selber machte. Man kann sich halt nicht selbst überraschen, sondern geht relativ zielgerichtet vor. Klaus hingegen trieb mich schier in den Wahnsinn mit seinen Rhythmusänderungen und Stopps. Es war verdammt gut – und viel zu schnell vorbei.

Eigentlich hätte ich Lust auf eine weitere Runde gehabt, aber nachdem ich keine Egoistin und zweitens nun schon einmal beim Experimentieren war, holte ich als Nächstes seinen Schwanz aus der Hose. Ich war von seiner Glätte und Härte fasziniert. Der leicht bräunliche Ton der Haut ließ den Penis wie ein Kunstwerk wirken. Zum ersten Mal bildete sich mir ein Zusammenhang zwischen den schrumpeligen Pipis aus der Sauna und den strammen Schwänzen aus den Pornos. Ich streichelte mit dem Zeigefinger über die Eichel, die unter der Vorhaut hervorlugte, und hatte das Gefühl, endlich am Birnenschnaps zu nippen. Welcome to the world of the adults. Zeit wurde es.

Klaus krächzte mir zu, dass ich ihn reiben solle. Also umklammerte ich den Schaft und versuchte, mich zu erinnern, ob die Frauen in den Filmen irgendetwas Spezielles gemacht hatten – außer den Schwanz in den Mund zu nehmen, aber so weit wollte ich noch nicht gehen. Fasziniert beobachtete ich, wie sich die Vorhaut nach unten abrollte und dann wieder über die Eichel schob, wenn ich die Hand auf und ab bewegte, spürte die Adern und die Hitze unter meinen Fingern. Ja, ich bekam überhaupt nicht mehr mit, dass rundherum Schnee lag, erst recht nicht, als ein Tropfen aus der Eichel quoll und ich das erste Mal diesen bestimmten Geruch roch – irgendwie nach Wald und Pilzen, gemischt mit dem individuellen Duft des Mannes. Schlagartig wurde es für mich Frühling. Mir war dieser nun gar nicht mehr armselige Hautfetzen zutiefst sympathisch. Hoch aufgestellt und ganz gerade, lieferte er einen beeindruckenden Anblick. Ich glaube, seit damals bin ich auf Kirchtürme, Campanile und Obelisken fixiert – und habe unzählige Fotos davon.

Zuerst war ich viel zu sanft mit Klaus und seinem besten Stück. Aus gutem Grund, schließlich wollte ich nicht beim ersten Mal gleich etwas kaputtmachen. Nun aber umfasste Klaus meine Hand und drückte zu, zugleich steigerte er die Geschwindigkeit, mit der ich ihn rieb. Er brauchte nicht lang. Als sich sein Samen auf meiner Hand ergoss und mich dessen süßlicher Duft einhüllte, als sich die Gesichtszüge von Klaus komplett entspannten und er kehlig aufstöhnte, als mich sein hingebungsvoller Blick traf – da wusste ich, dass ich ein neues Hobby hatte. Ich musste herausfinden, ob sich alle Männer beim Orgasmus gleich verhielten.

Ein perfekter Clubabend

Seelen- und andere Hygiene

Ich trinke einen weiteren Espresso und setze mich zu Andrea und Stefan, die mit ihren burgenländischen Freunden Karin und Chris ungeheuren Spaß zu haben scheinen, was auch den Menschen ringsum manchmal ein Lächeln entlockt. (Vor allem Andrea hat ein ansteckendes lautes Lachen.) Sie erzählen einander von Privattreffen mit anderen Swingern. Gerade eben schildert Karin die Begegnung mit einem Mann, dessen Unterkiefer hervorstand wie der einer Bulldogge: »Zuerst hab ich mir gedacht, bitte nein! Werde ich das merken, wenn er mich schleckt?« Sie hat es nicht gemerkt, sondern einen wundervollen Orgasmus erlebt.

Das Austauschen von Erfahrungen scheint unter langjährigen Swingern eine der liebsten Beschäftigungen zu sein. Natürlich hat es damit zu tun, dass man um das gemeinsame Thema weiß und damit einen leichten Anknüpfungspunkt hat, anhand dessen man sich zu anderen Gesprächsinhalten weiterhangeln kann. Ich denke aber, diese Plaudereien haben außerdem die Funktion einer Supervision. Wer als Swinger wirklich aktiv ist, lernt eine wesentlich größere Menge an Menschen kennen als der Durchschnittsbürger, wenn er nicht gerade Journalist, Arzt oder Ähnliches ist. Viele Eindrücke prasseln auf einen ein, und es entsteht ein natürliches Bedürfnis, die Erlebnisse und Emotionen im Gespräch mit anderen aufzuarbeiten. Es ist wie bei einem Bassena-Tratsch[1], wie wir in Wien sagen: Alles, was uns passiert ist, wird

---

1 Bassena war in Wiener Gründerzeithäusern die gemeinschaftliche Wasserstelle auf dem Gang; ein idealer Platz für die Bewohner, um Neuigkeiten auszutauschen und bei besserer Bekanntschaft auch Probleme zu besprechen.

durchgekaut, um Ärger und Freude noch einmal zu erleben und gegebenenfalls zu neutralisieren, aber auch, um Irritierendes zu bewerten und in unser Raster einbauen zu können.

Ich kann mich zum Beispiel an ein Pärchen erinnern, das mir lang und breit erzählte, wie zudringlich einige Männer waren, die ihren Act an einem kleinen See beobachteten – es gibt ein paar Outdoor-Plätze in Österreich, wo öffentlicher Sex mehr oder weniger toleriert wird, solange keine Gefahr herrscht, dass Familien damit konfrontiert werden. Dem Mann gelang es zwar, die Gaffer und Grapscher mehrmals zu vertreiben, aber es blieb ein Gefühl der Bedrängnis. Bis ein älterer Herr unter den Zuschauern den anderen die Leviten las: Sie mögen froh sein, bei so etwas Schönem und Tabulosem zusehen zu dürfen, und sollten lernen, sich zu benehmen.

Warum haben die beiden mir diese Geschichte erzählt? Wahrscheinlich, weil der Mann sich darin bestätigt wissen wollte, alles Menschenmögliche zur Sicherheit seiner Partnerin unternommen zu haben. Aber auch, weil beiden durch diese Erfahrung klargeworden war, dass gewisse Tugenden wie Respekt und Rücksichtnahme derzeit nicht sehr in Mode sind (im Gegensatz zu früher, das zeigte das Beispiel des älteren Mannes). Wir gerieten in eine Diskussion über Prinzipien des Anstands, und die beschränkte sich nicht nur auf die Swingerszene.

Ja, es fällt uns immer wieder auf, dass Phänomene, Entwicklungen und Probleme der großen Welt in unserer kleinen gespiegelt, vielleicht sogar wie durch ein Brennglas vergrößert und geschärft wahrgenommen werden. So stört es einen bei so etwas Direktem wie dem Geschlechtsakt viel mehr als sonst, wenn es an Freundlichkeit und Respekt fehlt. Wir ärgern uns zwar, wenn uns jemand die Tür vor der Nase zufallen lässt oder nicht danke sagt, wenn wir ihm etwas hinterhertragen, aber es ist im Normalfall nicht so verletzend, wie wenn sich jemand nach dem Orgasmus umdreht und ohne ein weiteres Wort geht.

Vor allem Männer erleben in Sachen Manieren in Swingerclubs oft ihr blaues Wunder, wenn sie an starke Frauen geraten. Denn ist ihnen das Hirn erst einmal in den Schwanz gerutscht, vergessen einige von ihnen ihre gute Kinderstube und glauben, Frauen wie Masturbationspuppen behandeln zu können – und sitzen bereits in der nächsten Sekunde allein an der Bar, mit einer ordentlichen Zurechtweisung im Kopf. Eine Frau hat man zu fragen, ob sie mit einem Sex will, man hat sich nachher bei ihr dafür zu bedanken, und man hat währenddessen auf ihre Bedürfnisse zu achten.

Bernhard und ich machen Neulinge immer wieder möglichst elegant auf diesen Umstand aufmerksam, wobei sich mein Lebensgefährte von Mann zu Mann natürlich leichter tut. Wir ernten dann meist ein gelächeltes, leicht gelangweiltes »Ja, ja« – um dann bald danach an der Bar ein geknicktes Ego wieder aufzubauen und eine Benimmschule durchzuführen. Das gilt natürlich alles auch umgekehrt, wobei es allerdings selten Frauen gibt, die gutes Benehmen vermissen lassen.

Es ist also ein menschliches Seelenreinigungsbedürfnis, das uns tratschen lässt. Doch die vielen Geschichten unter Swingern haben auch damit zu tun, dass sie bei einer so hohen Fluktuation an Menschen natürlich mehr schräge Wesen treffen als üblich. Zwar sind Swingerpaare um eine merkbare Nuance neurosen- und angstfreier als andere Pärchen, aber sonstige Eigenartigkeiten legen sie natürlich nicht ab. Vielleicht treten diese im Gegenteil sogar noch stärker hervor, weil sie ja ohnehin schon auf einem ganz essentiellen Gebiet mit dem Unterdrücken und Verstecken aufgehört haben. Da ist der Schritt zu weiterer Wahrhaftigkeit nicht mehr allzu groß.

Swinger können sich auch deshalb Spleens erlauben, weil so ein Club ja ein geschützter Bereich ist – man sieht die Spielpartner nicht zwingend wieder, und selbst wenn, dann in einer Welt, die mehr Freiheit für persönliche Abweichungen erlaubt als jene der gesellschaftlich angepassten Nachbarn und Bürokollegen.

»Schräg war auch der Typ mit dem Waschzwang«, kichert gerade Andrea. »Kannst dich erinnern, Stefan?«

»Und ob, und ob. Der hat doch echt so getan, als wären wir alle Schweindln.«

»Ja, der hat uns erklärt, dass man sich vorher duschen muss, und dazwischen, und nochmals dazwischen, und nachher.«

»Ist nicht gut für die Haut«, wirft Thomas ein. Unser Frauenbeglücker hat sich über die Lehne der Bank zwischen den Tischen gebeugt und streichelt über die Schulterlinie von Karin, der Burgenländerin. Klar, dass sie ihn interessiert – sie ist quasi »Frischfleisch«. »Das viele Waschen macht sie nur trocken«, gurrt er sie an.

Ich sehe mich nach seiner bisherigen Spielgefährtin Lisbeth um. Goatee darf ihr gerade die Füße und Beine massieren, wobei er sich an den Oberschenkeln in Richtung Scham entlangarbeitet. Solomann Fred ist vor dem Tisch in die Hocke gegangen und betrachtet lächelnd abwechselnd die inzwischen vor Nässe schimmernde Muschi von Lisbeth (ihr Leinenkleid ist und bleibt hochgezogen) und die inzwischen durch Jan freigelegten Brüste von Agnes. Dabei schwenkt er sein Weißweinglas abwechselnd nach links und nach rechts. Es wirkt wie: *Agnes … oder Lisbeth … oder Agnes … oder Lisbeth …?*

Unterdessen fragt Karin Thomas, der mit dem Oberkörper schon halb über der Lehne zu ihrem Tisch liegt: »Schon einmal was von Eincremen gehört?«

Sofort legt Thomas beide Hände auf ihren Schulterbereich. Sie trägt ein weit ausgeschnittenes Seiden-T-Shirt, das leicht von den Schultern rutscht und so die mit Rosen bestickten BH-Träger freigibt. »Klaro. Darf's vielleicht eine Massage sein?«

Karin gibt sich seinen Händen hin und schließt die Augen. »Darüber kann man ja einmal reden.«

Die anderen drei reißen sich von dem Anblick los, und Chris meint: »Also ich finde nicht, dass dieser Typ einen Waschzwang gehabt hat. Ich mein, wir duschen doch alle, oder?«

Stefan hebt sinnierend sein Bierglas, woraufhin die anderen ihn erwartungsvoll anschauen. Trocken meint er: »Wir wischen uns aber nicht nach jedem Schlecken und nach jedem Griff auf die Muschi die Hände mit einem Erfrischungstuch ab.«

Chris schüttelt den Kopf. »Scherz, oder?«

Jetzt schüttelt Stefan den Kopf, und Andrea nickt bestätigend. Wir brechen alle in Lachen aus.

Der Mann mit den Erfrischungstüchern ist natürlich ein Freak. Generell ist das Thema Sauberkeit aber ein wesentlicher Punkt bei uns, auch wenn es in der Hinsicht verschiedene Auffassungen und Standards gibt.

Eigentlich sollte man annehmen, dass es für jeden Menschen, der mit einem anderen intim werden will, selbstverständlich ist, sauber und gepflegt zu sein. Doch erstaunlich häufig trifft man auf Menschen, die deutlich andere Reinlichkeitsvorstellungen haben als der große Rest, und zwar gleichermaßen Männer wie Frauen – ohne hier auf die wirklich unangenehmen Geruchsdetails einzugehen.

Aber selbst wenn man diese bedauerlich unhygienische Untergruppe ausblendet, bleiben noch genügend Abstufungen in der Reinlichkeit, wobei der Spruch gilt: *chacun à son goût* – jeder nach seinem Geschmack. Sex ist etwas Tierisches und Triebhaftes, und daher ist es natürlich auch schön, wenn sich der Schweiß mischt. Bei einer wilden Orgie sind die Flüssigkeiten verschiedener Männer und Frauen trotz Safer Sex mit im Spiel, und im Normalfall wird sich keiner daran stoßen. Ob jemand sich danach gleich säubert, obwohl er oder sie vielleicht schon die nächste Runde am Köcheln hat, sei jedem unbenommen. Manche Menschen mögen den Geruch von Sex auf dem Körper des anderen, auch wenn es quasi schon *alter, fremder* Geruch ist – zumal es hier um Minuten und nicht um tagelanges Nichtwaschen geht. Und dann kommen manchmal noch spezielle Spielarten wie Natursekt und dergleichen hinzu. Sex ist schlichtweg nicht aseptisch.

Selbstverständlich sollte hingegen sein, dass man im Club die Liegewiesen und Stühle mit Handtüchern auslegt, um sich nicht mit nackten und nassen Geschlechtsteilen darauf zu fläzen, und dass man ebendort die Schuhe auszieht etc. Im Übrigen gilt dieselbe Regel wie im Alltag: *Hinterlasse den Platz so, wie du ihn vorzufinden wünschst.*

Zum Thema Hygiene gehört auch der Gebrauch von Kondomen. Natürlich ist es in der Swingerszene selbstverständlich, dass der Geschlechtsverkehr unter Fremden nur mit Kondomen erfolgt (Pärchen untereinander sind ausgenommen). Bei uns im *Schloss* steht am Ende der Bar unauffällig eine Schüssel mit Verhüterlis; in unserer Swingerbar wird zumindest im Barbereich der Sex nicht so ostentativ zum Thema gemacht wie in sogenannten Handtuchclubs. In diesen stehen in jedem Zimmer Behälter mit Kondomen sowie natürlich auch in allen anderen Bereichen wie Bar und Nasszellen.

Und das ist nicht der einzige deutliche Unterschied zwischen Handtuchclubs und Swingerbars.

Aus dem Leben einer Swingerin

Das erste Mal

Es war nicht nur die Angst vor einer Schwangerschaft, die mich mit dem ersten Mal warten ließ, es war auch ein Satz meiner Mutter. Sie hatte die Sache mit Klaus mitbekommen und mich zum Gynäkologen geschleppt – das war damals noch eine rein männliche Zunft. Ich weiß nicht mehr, wie sie mich darauf vorbereitet hat, doch offensichtlich leistete sie ganze Arbeit, denn ich hatte vor dem Mann weder Scheu noch Angst. Im Gegenteil, die Untersuchung war für mich ein erregender Nervenkitzel, wie auch später immer wieder. Doch das gestand ich mir erst ein, als ich Jahre später, bereits als Erwachsene, in einer Kurzgeschichte von einer Frau las, die sexuelle Phantasien zu ihrem Gynäkologen hegte.

Jedenfalls beschwor mich meine Mutter nach diesem Arztbesuch, dass ich mir mit dem ersten Mal Zeit lassen solle, bis ich einen Burschen gefunden hätte, dem ich am nächsten Tag noch in die Augen schauen könne – man müsse nicht beim ersten Mal denselben Mist erleben wie vielleicht bei späteren Gelegenheiten –, und dass ich sie, wenn es so weit sei, auf jeden Fall um die Pille bitten solle. Beides leuchtete mir ein.

Zum Ende meiner Schulzeit, kurz vor meiner Matura, war es dann so weit. Matthias war zwei Jahre älter als ich und schon Student in Wien. Ich schob einen Besuch bei Babsis Schwester vor, bei der wir beide übernachten sollten, denn damals war es noch eher die Ausnahme, ein Mädchen vor der Volljährigkeit mit neunzehn Jahren allein bei einem im Prinzip fremden Mann übernachten zu lassen. Denn offiziell waren Matthias und ich noch gar nicht zusammen. Und mein Vater war in diesen Dingen, im Gegensatz zu meiner Mutter, sehr streng. Aber natürlich verbrachte ich die Nacht bei ihm. Ich fühlte mich reif genug. Das jahrelange Herumgespiele nervte mich, es musste endlich zur Sache gehen. Zum Glück wusste ich nicht, was auf mich zukam, sonst hätte ich verweigert und auf ewig ein trostloses Leben geführt.

Nein, Matthias hat mich nicht vergewaltigt, er machte alles richtig, von Kerzen über Rotwein bis zum gekonnten Petting. Das Problem war, dass mein Jungfernhäutchen einfach nicht reißen wollte. Das muss man sich einmal vorstellen: Da vermeidet man jahrelang jede Penetration und ahnt gar nicht, dass es ohnehin nicht gegangen wäre. Bei jedem neuerlichen Versuch hatte ich Angst, Matthias würde sich an seinem Schwanz blaue Flecken holen. Man kann sagen, dass wir uns meine Entjungferung unter Schmerzen hart erarbeitet haben. Zum Glück ist so ein extremer Fall wie bei mir selten, sonst wären noch mehr Frauen als ohnehin schon nach dem ersten Mal vom Sex abgeschreckt, der leider in vielen Fällen eher zufällig, ungelenk, schmerzhaft und ohne jede Romantik verläuft.

Aber wie bei allem, was man wirklich und unbedingt will, war Aufgeben nicht angesagt. Irgendwann im Halbschlaf hat es dann funktioniert. Ich war so erschöpft, dass ich später gar nicht sagen konnte, ob es mir gefiel oder nicht. Ich war nur froh, dass es vorbei war und ich endlich schlafen konnte. Und dass Matthias' gutes Stück nicht abgebrochen war.

Bei den nächsten drei, vier Malen tat es dann noch weh, doch schließlich erlebte ich mit Matthias eine ganz neue Dimension von Sex. In Serie wurde ich in die schwarze Unendlichkeit katapultiert. Matthias war versiert und hingebungsvoll. Wir probierten alle möglichen Stellungen aus, ich verfeinerte meine Blastechnik und lernte, meine Vaginalmuskeln einzusetzen. Wenn ich auf ihm saß und beim langsamen Hochheben meines Körpers seinen Schwanz mit meiner Muschi immer wieder fest drückte, wurde er jedes Mal halb wahnsinnig.

Im ersten Jahr unserer – nun offiziellen – Beziehung trieben wir es ständig. Ich weiß, dass ich in dieser Zeit nach Wien gezogen war, Germanistik und Publizistik zu studieren begonnen hatte, dass wir Freunde hatten und mit ihnen etwas unternahmen – aber ich kann mich kaum daran erinnern. Da sind nur Bilder von uns beiden im Bett. Es war, als hätte man den Amazonas aufgestaut und ohne Vorwarnung die Schleusen geöffnet. Ich war endlich in meinem Element.

Doch da war noch etwas, das wurde mir mit Einsetzen des Gewöhnungseffekts klar. Eine alte Frage kam wieder in mir hoch: Wie würde es mit anderen Männern sein? Ich erlaubte mir nicht, sie mir bewusst zu stellen, aber ich begann, meine alten Masturbationsphantasien hervorzukramen, und die hatten sich schon in meiner Pubertät nicht mit dem zärtlichen Traumprinzen beschäftigt. Nein, es waren Vorstellungen von Gruppensex, die mich erregten. Ob das an den ersten Pornobildern lag – dieser Hausfrauengeschichte im Baumhaus und dem *Schneeflittchen*-Film – oder ob eine solche Neigung angeboren ist, weiß ich nicht.

Damals wagte ich als wohlerzogene Frau zwar nicht auch nur den Hauch eines Gedankens an echten Gruppensex, an mehrere Männer hintereinander aber schon. Und selbst das war für das Gros der mitteleuropäischen Frauen Mitte der 8oer noch ein nicht salonfähiges Wagnis. Männer mit viel Frauenerfahrung galten als potente Hengste, Frauen mit viel Männererfahrung hingegen waren verachtete Flittchen, daran hatte die ganze 68er-Revolution nichts geändert. Aber ich machte mir von Anfang an einen Männerspruch zu eigen und deutete ihn für mich um: *Die Lady genießt und schweigt.*

Dieses Prinzip hatte ich schon in meiner Pettingphase verfolgt. In der Schulstadt herrschte ja ein sehr reges Bäumchen-wechsle-dich-Spiel, und vielleicht lag es an meinem Einzelkinddasein, dass ich nie als Nummer auf einer Liste abgehakt werden wollte. Wenn ich also darauf angesprochen wurde, ob das Gerücht wahr sei, dass der oder derjenige etwas mit mir gehabt habe, lächelte ich nur versonnen und meinte, Burschen würden viel prahlen, wenn der Tag lang sei. Jahre später erzählte mir ein Mann, der mich in der Schulzeit angehimmelt hatte, wie dieses Verhalten auf mein Umfeld gewirkt hatte: Man ordnete mich irgendwo zwischen Heiliger und Vamp ein, jedenfalls als eine Frau mit Klasse und Stil. Wobei ich anmerken möchte, dass ich Prahlen auch bei Männern immer als degoutant empfunden habe.

Ich schwieg also in Sachen Sex und befriedigte mich zu meinen Phantasien. Matthias liebte ich wirklich und wollte ihn auch brav, dem Zeitgeist und der Tradition entsprechend, nach dem Studium heiraten und mit ihm Kinder bekommen. Doch mir wurde mulmig, wenn ich mir vorstellte, dadurch nie wieder etwas mit einem anderen Mann haben zu dürfen.

Ein Schlüsselerlebnis war der Besuch eines Schulfreundes von Matthias in seiner Wohnung. Wir aßen und tranken und alberten zu dritt herum. Dann schauten wir: zuerst Reini, der Schulfreund, zu mir, dann auch ich zu ihm. Ich fühlte den wohlbekannten Druck im Unterleib, schämte mich und trank noch mehr. Reini ebenfalls. Matthias verließ die Wohnung, um im Beisl zwei Ecken weiter noch Bier zu besorgen. Kaum war die Tür ins Schloss gefallen, stürzte sich Reini quer über den Tisch auf mich, packte meinen Kopf und küsste mich. Und er küsste verdammt gut. Ich hatte nur mehr Sausen in den Ohren. Wir wurstelten uns um den Tisch herum, fummelten ansatzlos in der Hose des anderen und kamen innerhalb kürzester Zeit. Halbnackt und nass keuchten wir uns an.

Ich fand als Erste die Sprache wieder und meinte nur: »Scheiße.«

Er starrte mich genauso fassungslos an wie ich ihn und stammelte: »Entschuldige ... bitte entschuldige.«

»Wenn du ihm jemals was davon sagst, beiß ich dir dein Ding ab.«

»Klar.«

In dem Moment wurde der Schlüssel ins Schloss gesteckt. Chance zur Restaurierung des derangierten Äußeren im Bad? Fehlanzeige, denn da kamen wir unweigerlich an Matthias vorbei. Reini packte eine Serviette und pappte sie um seinen Schwanz, ratschte die Hose zu und ließ das T-Shirt darüberhängen. Ich musste mich nur um meine Hose kümmern und konnte daher noch in Windeseile seinen Samen am Boden mit einer weiteren Serviette wegwischen. Im Umdrehen stopfte ich sie in meine Gesäßtasche.

»Was ist denn mit euch los?« Matthias musterte unsere Gesichter. Sie waren sicherlich rot und leicht verschwitzt.

»Wir haben diskutiert«, meinte Reini und ließ sich auf einen Sessel plumpsen. Schlagfertig war er, anscheinend handelte es sich nicht um seine erste peinliche Situation. Dieser Lump.

Ich zuckte mit den Schultern und setzte mich ebenfalls. »Dein Freund findet in Geschichte Seminare über Frauenemanzipation deplatziert.«

Jetzt war es an Reini, mir alarmiert den Kopf zuzuwenden.

»Wenn schon ein Macho, dann ein richtiger, gell?«, ergänzte ich.

Nun verstand er und fing sich schnell. »Ja, da steh ich zu.« Ich sah, wie er einen Lachkrampf unterdrückte. Auch in mir stieg ein hysterisches Kichern hoch.

Matthias stellte die Bierflaschen ab und meinte: »Kommt, lasst uns nicht streiten. Die wahren Herrscher sind sowieso die Frauen.« Er küsste mich – zum Glück hatte ich seinem Freund keinen geblasen. »Wir sind doch ganz in eurer Hand.«

Reini und ich prusteten los. Die kullernden Tränen waren endlich die ersehnte Ausrede, mit der wir uns beide im Bad das Gesicht und die noch nach Sex riechenden Hände waschen konnten. Dort sah er mich an und flüsterte: »Du, das war irrsinnig schön mit dir.«

Ich gebe zu, ich bin für solche Komplimente sehr empfänglich. Generell finde ich es nett, einander nach dem Sex mit Re-

spekt und wohlwollender Achtung zu begegnen, wie vorübergehend, nebensächlich und gar anonym der Akt auch gewesen
sein mag.

Ich strich ihm geschwind über den Schwanz und antwortete:
»Mit dir auch.«

»Könnten wir vielleicht ...?«

»Vergiss es.«

Reini verabschiedete sich dann relativ bald, und das war gut
so, denn ich war immer noch gierig. Matthias genoss meine
fordernde Leidenschaft zwar irritiert, aber dankbar. Nachdem
ich mir bei ihm noch drei Orgasmen geholt und ihm einen ge-
schenkt hatte, war er eingeschlafen. Und ich war endlich wieder
denkfähig. Würde ich Matthias treu bleiben können, fragte ich
mich, also mit keinem Mann außer ihm bumsen? Sosehr ich
es mir auch wünschte und es heraufbeschwor, die Antwort war
ein klares Nein. Die Moraltante in mir keifte zwar, aber mein
Körper klopfte mir aufmunternd auf die Schulter. Wie war das
Problem zu lösen?

Nun ja, Matthias musste ja nichts davon erfahren, so wenig
wie Milliarden Betrogene vor ihm. Am sichersten war es wohl,
allein auf irgendeine Party zu gehen und dort mit einem Typen
zu bumsen, der nicht einmal meinen Namen wusste. Das kam
auch meiner Masturbationsphantasie von Sex mit anonymen,
gesichtslosen Männern entgegen. Diese Phantasie war übrigens
sehr ausgeklügelt: Wenn ich mit drei Männern alle Stellungen
und Körperöffnungen durchhatte, gönnte ich mir eine ebenfalls
anonyme Frau, was zusätzliche prickelnde Variationsmöglich-
keiten versprach. Meistens achtete ich unbewusst darauf, dass
jeder sowohl aktiv als auch passiv war. So entstand in meinen
Gedanken eine Art Kreis. Jeder leckte und blies und wurde geleckt oder geblasen.

Mein Plan mit der Party sollte freilich nie in der erträumten
Form zum Einsatz kommen. Denn da gab es einen Studien-
freund von Matthias. Jörg war zwar im landläufigen Sinn nicht

besonders attraktiv oder gar schön, allerdings sehr gepflegt und intelligent, was für mich ein extremes Aphrodisiakum ist. Bereits nach den ersten Minuten unseres Kennenlernens wollte ich mit ihm ins Bett, was mir allerdings erst später klarwurde, der Gedanke erschien mir wohl zu verboten. Ihm ging es ähnlich, was ich natürlich nicht wusste, und da wir beide loyal gegenüber Matthias waren, flüchteten wir uns in eine gepflegte Antipathie. Das passte nun meinem Freund nicht, der seinen Studienkollegen sehr schätzte, weswegen ausgerechnet Matthias mich schließlich auf einen Versöhnungs- und Aussprachekaffee mit Jörg schickte. Der wiederum meinte, er wolle so etwas nicht öffentlich austragen, und lud mich zu sich nach Hause ein.

Ich ahnte nichts Böses, denn bis zu diesem Nachmittag waren wir beide fest davon überzeugt, einander nicht ausstehen zu können. Selbstbetrug ist der effizienteste Betrug von allen. Wir diskutierten auch brav in den ersten Minuten, was denn das Unbehagen zwischen uns ausgelöst haben könnte. Irgendwann sagte Jörg: »Weißt du, ich versteh das nicht. Wie ich dich gesehen habe, hab ich mir noch gedacht: Wow, was für eine Frau.«

Manchmal muss man Dinge nur laut aussprechen, um ihre wahre Bedeutung zu verstehen. Und so erging es Jörg und kurz darauf auch mir.

»Ich mag deine Intelligenz.« Der Satz entschlüpfte mir, noch bevor ich ihn gedacht hatte. Im nächsten Moment beglückwünschte ich mich dazu, weil er im Grunde unverfänglich war, ja, sogar Distanz schaffte – und die war dringend nötig, denn Jörgs Augen glänzten bereits begehrlich.

Meine schienen auch zu glänzen. Oder war mit dem Kompliment an ihn mein wahrer Gedanke als Subtext mitgerutscht? Jedenfalls kniete er sich unversehens vor die Couch, auf der ich saß, und begann, mein Gesicht zu streicheln. Das hatte Matthias schon lange nicht mehr gemacht. Dann steckte er seine Hand in meine Bluse und streichelte meine Brüste, ganz anders als Matthias, der sie mittlerweile nur mehr mechanisch knetete und zwirbelte. Dabei hatte Jörg einen Gesichtsausdruck, als betaste er eine wertvolle antike Statue.

In diesen Sekunden brach in mir das Chaos aus. Über allem, was hier geschah, lag die Konfrontation von Körper und Geist. Die Brustspitzen und meine Muschi und meine Haut kümmerten sich keinen Deut darum, dass dieser Mann nicht Matthias war, dass ich ihn nicht kannte und im Grunde auch gar nicht verliebt in ihn war. Nein, meinem Körper ging es einfach nur gut.

Worauf eine Stimme in meinem Kopf sagte: *Warum nicht? Das ist doch nicht viel anders als bei den vielen Malen Petting in Weinkellern und Partyräumen, oder? Lass uns den Mann erkunden und einfach Spaß haben.*

Doch eine andere Stimme hechelte: *Aber das ist Betrug! Du hintergehst den Mann, den du liebst!*

Tu ich nicht! Er ist ja auch nicht bei jedem Kaffee dabei, den ich trinke.

Und wieder die Moraltante: *Das ist doch etwas völlig anderes! Wer mit einem anderen Mann schläft, betrügt seinen Partner.*

Sagt wer?

Ich muss einfügen, dass ich mit ungefähr vierzehn Jahren begonnen hatte, alles zu hinterfragen. Das war typisch pubertär und doch prägend für den Rest meines Lebens, sonst wäre ich wahrscheinlich nicht Journalistin geworden. Zuerst ging es um die Frage, wer dieser ominöse *Man* ist, der einem befiehlt, gewisse Dinge zu tun oder zu lassen. Das galt zuvorderst für Frauenthemen: Mädchen pfeifen nicht, Frauen können nicht Auto fahren und mit keiner Säge umgehen, Frauen haben einen natürlichen Mutterinstinkt, Frauen können nur mit einem Mann schlafen, wenn Liebe im Spiel ist, und dergleichen mehr.

Später auf der Universität wurden Emanzipationsseminare geradezu gestürmt. *Entdecke die Göttin in dir* war das Schlagwort – das waren die achtziger Jahre. Wir Frauen sollten uns endlich den Wert zugestehen, den wir hatten. Und als ich erst einmal zu hinterfragen und nachzulesen begann, wurde der Themenkreis bald unüberschaubar groß: Kirche, Sexualität, Parteiensysteme, Geschichtsschreibung, Kleidung ... Alles nachzuprüfen, hinter die Kulissen zu schauen, das wurde eine Sucht für mich.

Insofern war es nur logisch, dass angesichts des streichelnden Jörgs diese kritische Stimme in mir fragte: *Sagt wer?* Darauf konnte ich mir noch keine schlüssige Antwort geben, die Frage war einfach aufgetaucht, und sie sollte mich noch Jahre beschäftigen.

Die schmeichelnde Stimme redete mir zu: *Jetzt hast du die Chance, zumindest mit noch einem anderen Mann als Matthias zu schlafen.*

Wenn du das jetzt tust, gibt es kein Zurück mehr, meinte die moralische Gegenstimme. *Dann hast du betrogen. Bist ein schlechter Mensch. Matthias vertraut dir!*

Halt die Klappe, ich will es wissen. Über Matthias kann ich nachher nachdenken.

Der letzte Gedanke war sicher davon beeinflusst, dass mir Jörg inzwischen den Rock hochschob und mit zittrigen Fingern meine Schenkel streichelte. Es war rührend und geil zugleich. Wenn ich so richtig begehrt werde – mit zittrigen Händen und einem Blick, der Anbetung ausdrückt und Erstaunen, wirklich ans Ziel gelangt zu sein, gemischt mit einer Gier, die einen auffressen will –, kann ich einfach nicht widerstehen. Natürlich habe ich mittlerweile gelernt, dass es noch besser ist, selbst die Göttin in sich zu suchen, weil man dann weniger verletzbar ist. Doch die Spiegelung im Gegenüber tut auch verdammt gut.

Jörg leckte mich zum Orgasmus – sehr, sehr gekonnt. Als wir danach miteinander schliefen, dachte ich mir: *Aha, so fühlt es sich also an mit einem anderen Mann.* Es war bei weitem nicht so schön und erregend wie mit Matthias. Das hatte allerdings nichts damit zu tun, dass Sex nur mit dem geliebten Partner schön ist. Nein, es lag ganz simpel daran, dass sein Schwanz und meine Muschi irgendwie nicht zusammenpassten. Ich spürte rein körperlich nichts, als er in mir drin war.

Und dennoch war ich glücklich. Matthias war nicht mehr der einzige Mann in meinem Sexualleben. Und jetzt wollte ich nicht mehr nur herausfinden, wie unterschiedlich Männer beim Orgasmus sind, sondern auch, wie ein Schwanz beschaffen sein muss, damit er mit mir harmonierte.

Ein perfekter Clubabend
Von Clubs und Bars

Bei fröhlichem, geordnetem Gruppensex denkt jeder an das Thema »Swingerclub«. Und tatsächlich fungiert dieses Wort quasi als Oberbegriff für alle Locations, an denen sich Paare und Einzelne zusammenfinden, um in (mehr oder weniger) gepflegten Räumlichkeiten und in einem einigermaßen geregelten Rahmen miteinander Sex zu haben.

Allerdings muss man streng genommen Swingerbars wie das *Schloss* von herkömmlichen Swingerclubs unterscheiden. Klar, an beiden Orten wird die Möglichkeit geboten, in intimem Rahmen mit fremden und daher auch wechselnden Personen ohne kommerziellen Vorteil Sex zu haben. Was impliziert, dass Prostitution in Swingerclubs nichts zu suchen hat. Daran halten sich manche Betreiber allerdings nicht, sondern engagieren für die Heerscharen von Solomännern, die Clubs mit Puffs verwechseln – und enttäuscht sind, wenn sie nicht innerhalb von fünf Minuten zum Stich kommen –, Prostituierte. Die tun dann so, als seien sie willige Solofrauen, worauf sich die Männer, bestätigt in ihrer Phantasie von der verschlampten Hausfrau (die wiederum genährt wird durch Kleinanzeigen in Printmedien und TV-Werbespots), nach getanem Werk befriedigt heimbegeben und treue Gäste werden.

Dieses Vorgehen ist sicherlich eine Marktnische, weil viele Männer selber den nüchternen, gefühlskalten Geschäftsabschluss mit einer Prostituierten nicht ertragen, doch mit Swingen hat es nichts zu tun. Natürlich sprechen sich solche Praktiken herum, woraufhin echte Swinger diese Lokale meiden. Es gibt mittlerweile freilich schon offen deklarierte Mischformen, also Lokale,

die sowohl Swinger als auch Prostituierte gegen einen Eintrittspreis hinein- und Letztere dann in Ruhe arbeiten lassen. Doch
das sind Randerscheinungen, die sich vom ursprünglichen Swin-
ger-Gedanken weit entfernt haben.

Das Gros der unverfälschten Swinger-Etablissements machen
die umgangssprachlich als »Handtuchclubs« bezeichneten Lokale aus. Sie verlangen vom Besucher zweierlei: Man zieht sich
bis auf die Dessous aus oder wickelt sich zumindest ein Handtuch um, bleibt aber keinesfalls in einer tages- oder abendlicht-
tauglichen Kleidung. Und man muss, jenseits vom Eintritt, Mitglied werden – sei es durch einen Obolus für den Tag, einen
Monat oder ein ganzes Jahr. Die Inneneinrichtung solcher Clubs
ist generell extrem plüschig, meist verspielt bis kitschig, manchmal auch anzüglich, sei es durch Einrichtungsgegenstände in
Form von Geschlechtsteilen, eindeutige Bilder oder in jeder Ecke
vorhandene Monitore, auf denen Pornos gezeigt werden. Dazu
kommen in den meisten Fällen ein großer Nasszellenbereich mit
Sauna (daher auch die zweite Bezeichnung »Club-Sauna«) sowie
ein im Eintrittspreis inkludiertes Buffet von je sehr unterschiedli-
cher Qualität. Die Getränke sind sowieso frei, so dass man von
einem All-inclusive-Service sprechen kann. Und obwohl es ganz
klar um das Ausüben von Sex geht, ist der Bar- und Aufenthalts-
bereich von den »Spielplätzen« räumlich getrennt.

Das hat diese Art von Clubs mit den Swingerbars gemeinsam.
Auch dort gibt es einen quasi öffentlichen Bereich für den Auf-
enthalt und einen hinteren mit verschieden gestalteten Zimmern
und Orten für sexuelle Aktivitäten. Der große Unterschied besteht darin, dass man sich beim Betreten der Bars nicht ausziehen muss, man kann in seiner Alltagskleidung bleiben. Wobei
Bernhard und ich darauf achten, dass die Kleidung nicht zu leger
ausfällt, weil Badeschlapfen und Dreiviertelhosen nun einmal
nicht besonders anregend wirken. Außerdem beweist eine einigermaßen gepflegte Kleidung Respekt gegenüber den Mitmen-
schen, und der ist uns wichtig. Viele Gäste, vor allem Frauen,

denken sich bei einem ungepflegten Äußeren: *Wenn sich dieser Mensch schon mit sich selbst keine Mühe gibt, wird er es auch mit mir nicht tun.*

Doch eine solche Kleiderregel ist auch immer eine Gratwanderung. Denn natürlich kann es vorkommen, dass ein nach einem langen Grill- und Badetag zufällig etwas nachlässig gekleideter Mann ein toller Frauenbeglücker ist. Das können wir freilich nur rausfinden, wenn wir es wagen, ihn reinzulassen. Im Vorhinein sieht man das den Herren der Schöpfung nun einmal nicht an, auch körperlich nicht ohne weiteres: Ob jemand schlank oder mollig, zierlich oder muskulös ist, sagt unmittelbar nichts über seine erotischen Qualitäten aus.

Insgesamt versuchen wir allerdings, die Atmosphäre im *Schloss* dauerhaft elegant und prickelnd zu gestalten. Das hat uns schon gefallen, als wir selbst noch Gäste dort waren, und das wollen wir auch als Betreiber beibehalten. Genau genommen war das sogar der Grund, uns diese Arbeit zusätzlich zu unseren bürgerlichen Jobs anzutun – denn eigentlich waren sowohl ich als Geschäftsfrau als auch Bernhard als IT-Marketing-Manager beruflich gut genug ausgelastet: Wir wollten, dass sich nach dem Ausstieg unseres Vorgängers nichts ändert – im Prinzip zumindest.

Der zweite große Unterschied zwischen Handtuchclubs und Swingerbars betrifft Eintritt und Clubmitgliedschaft. Letztere gibt es bei uns für Frauen und Pärchen überhaupt nicht, denn hier geht es ja nicht primär darum, sofort und zwingend Sex zu haben, damit sich die Mitgliedsgebühr auch rentiert, sondern zunächst mal, wie in jeder Bar, darum, nette Menschen kennenzulernen und zugleich die *Möglichkeit* zum Sex zu haben, falls sich beim Zusammentreffen an der Bar etwas ergibt. Notwendig ist leider ein geringfügiger Eintritt für Solomänner, weil sie uns sonst schlichtweg überschwemmen würden. Und natürlich verlangen wir Eintritt bei Specials wie der Pärchennacht, um Unkosten wie das Buffet bestreiten zu können. Daraus ergibt sich auch, dass die Getränke bei uns nicht frei sind. Man bezahlt dafür – wie in einer ganz normalen Nachtbar.

Was die Action betrifft, gibt es zu Handtuchclubs ebenfalls Ähnlichkeiten und Unterschiede. In einen Handtuchclub geht man für gewöhnlich, wenn man die feste Absicht hat, Sex zu praktizieren. Das unterstützen auch diverse Themenabende: Da gibt es Pärchenabende mit gutem Buffet (also keine Käsesemmeln und Butterkekse, sondern eher Spargel, Lungenbraten und Schokobrunnen), dem sich alle vorweg widmen; danach schlendert man zur großen Spielwiese, und im Normalfall fangen zwei, drei Pärchen an, der Rest lässt sich animieren, und bis etwa ein Uhr morgens herrscht ein buntes Treiben in mehreren Runden. Dann gehen die meisten nach Hause, weil sie am nächsten Tag arbeiten müssen. Man geht also dorthin, weiß, was man will, bekommt genau das, und das ist gut so.

In einem in Wien sehr bekannten Club gibt es zum Beispiel auch eine Travestie- und eine Gay-Nacht oder auch ein Erotik-Clubbing, bei dem das Tanzen anheizen soll. Ein anderer Club bietet einen Swingerbrunch an. Und ein weiteres Etablissement ist bei Frauen und Pärchen sehr beliebt, weil sich dort während der Woche viele willige Männer aus den Bundesländern aufhalten – einsame Arbeitsexilanten. Man setzt sich an die Bar, lässt den Blick schweifen und kann innerhalb von fünf Minuten in der schönsten Orgie landen.

In eine Swingerbar hingegen geht man, wenn man Lust auf Sex hat, dies aber nicht unbedingt in die Tat umsetzen muss, sondern lieber abwartet, was der Abend bringt. Ein bisschen ist es wie mit dem berühmten »Fluchtachterl« der österreichischen Wein- und Trinkkultur: Indem man noch ein letztes Glas Wein trinkt (vor der Flucht), lässt man dem Abend eine Chance, sich noch zu entwickeln – sei es, dass man mit einer neuen Errungenschaft nach Hause geht oder mit der Runde noch ins nächste Lokal zieht, sei es, dass man nach dem Leeren des Glases endgültig das Schlafengehen vorzieht. So ist es auch bei den Swingerbars. Man will den Abend noch nicht beenden, weil Erotik in der Luft liegt, also geht man zu uns, lässt sich hier noch mehr inspirieren – und vielleicht passiert dann auch mehr. Das gilt zumindest für das Gros der Gäste. Es gibt allerdings auch welche, die es von vornherein auf Sex anlegen.

Das sind die Unterschiede, die man vielleicht erst richtig versteht, wenn man über die Geschichte des Swingens Bescheid weiß. Organisiertes, bewusstes Fremdgehen im Sinne eines Sexabenteuers mit einer oder mehreren Personen sowie Gruppensex in wechselnder oder auch gleichbleibender Besetzung gibt es wahrscheinlich seit Anbeginn der Menschheit. Jahrhundertelang war es eine heimliche und sehr individuelle Angelegenheit. Dann kam die sexuelle Revolution: Nackte Körper wurden als etwas Natürliches propagiert, Eifersucht als bourgeois verdammt. Zugleich sah die Gesetzeslage Ende der 60er, Anfang der 70er Jahre des 20. Jahrhunderts noch massive Bestrafungen für öffentliche Nacktheit sowie für öffentlichen Sex vor. Also schloss man sich zu FKK-Vereinen zusammen und eben zu Swingerclubs; manche davon nannten sich früher ebenfalls »FKK-Clubs«, was aber nicht bedeutete, dass umgekehrt jeder FKK-Verein ein Swingerclub war. Vereine brauchen eine Lokalität und einen Clubbeitrag; vor allem Letzterer stellte sie erst außerhalb der restriktiven Gesetze. Aus einem ähnlichen Grund werden derzeit in Deutschland sogenannte »Raucherclubs« gegründet – um die gesetzliche Einschränkung des öffentlichen Rauchens zu umgehen.

Auch wenn man in Berichten über die frühen 70er stets von freizügigen Kommunen hört, so war die Anzahl der Menschen, die diesen neuen Weg des Zusammenlebens konsequent gingen, überschaubar. Und weil man keine Ausweichmöglichkeit hatte, entstand eine enge Verbindung zum eigenen Club. Dem kam entgegen, dass die Menschen damals mehr als heute von Solidarität, Gruppendenken und gesellschaftlichem Zusammenhalt geprägt waren – dazu gibt es viele wissenschaftliche Beobachtungen.

So entstanden also oft Swingergemeinschaften, die der Natürlichkeit alles Körperlichen frönten – deshalb auch das obligatorische Ausziehen. Dass dieses Konzept im Zeitalter des Individualismus nicht implodiert ist, verdankt sich dem Umstand, dass es immer neuen sexhungrigen Nachwuchs gibt. Manche der Clubs aus jener Zeit haben zwar noch immer dasselbe Publikum, das miteinander alt geworden ist – als verschworene Gemeinschaft, in die man kaum eindringen kann. Andere hingegen haben eine Vermischung von Alt und Jung geschafft, sind vom Charakter her aber dennoch mehr FKK-Betriebe mit Aufgeschlossenheit für Sex als echte Swingerclubs. Und ein paar haben sich von allen Sentimentalitäten und sexuellen Befreiungsgedanken entfernt und sehen lediglich die kommerzielle Seite: Sie behalten das Ausziehen bei, weil sie hoffen, dass die Gäste dadurch schneller zur Sache kommen und der Club somit einen guten Ruf genießt. Auf jeden Fall haben bei uns in Wien gut die Hälfte aller Handtuchclubs ihren Ursprung in der FKK- und Swingerszene der 70er und 80er Jahre, als das Swingen an sich noch Untergrundcharakter hatte.

Prägend für diese Phase, die bis in die 90er dauerte, war auch der Umstand, dass Swinger jenseits von persönlichem Kontakt, Mund-zu-Mund-Propaganda und einschlägigen Zeitschriften keine Möglichkeit hatten, einander zu finden. Man *musste* also in diese Lokale gehen, um etwas zu erleben, und nachdem das alle taten, war dort meist viel los.

Dann kam das Internet. Die Community wurde schlagartig größer, und man konnte die Kontaktaufnahme viel flexibler und individueller gestalten. Zugleich erschien eine neue Generation auf der Bildfläche, die mit den manchmal strengen Regeln eines Vereinswesens nichts am Hut hatte, auch, weil sie darin die Schrebergartenmentalität ihrer Eltern erkannte. Es wurden Partyräume geschaffen, in denen man sich ungezwungen und ohne Verpflichtungen wie einem Clubbeitrag treffen konnte – das hatte natürlich einen ganz anderen Charakter als ein Vereinshaus. Aus diesen Örtlichkeiten entstanden die Swingerbars.

Trotzdem etablierte sich zu Beginn dieser neuen Ära so etwas wie ein »Familiengefühl«, weil Swingen einfach noch immer Underground war. Wer einen Teil seiner Freizeitgestaltung heimlich absolvieren muss, um von der Gesellschaft nicht schief angeschaut oder gar geächtet zu werden, hält schlichtweg zusammen. Diese Mischung aus Wohnzimmer mit Freunden und zwanglosem Lokal hielt sich lange – bis in die zweite Hälfte der Nullerjahre. Dann gab es erstmals Medienberichte, die Swingerclubs nicht länger als etwas Schräges wie SM, Fetisch oder Travestie darstellten, sondern als interessante Variante, um das eigene Geschlechtsleben (für sich allein oder in einer Partnerschaft) spannender zu gestalten. Swingen wurde zunehmend hipper – auch wahrscheinlich deswegen, weil es oberflächlich betrachtet zum Zeitgeist passte, nach dem Motto: *Wenn ich Lust habe, hole ich mir, was ich brauche, ohne Verpflichtungen einzugehen.* Und Swingerbars ohne Zwangsmitgliedschaft passen bestens zu dieser Denkart. Nicht umsonst laufen ja auch Kirchen, Parteien und Vereinen die Mitglieder davon. Man will sich nicht mehr festlegen. Auch das Swingen entwickelt sich mehr und mehr zu einer spontanen Angelegenheit, anstatt routiniert in den Ablauf einer Woche eingeplant zu werden, weil etwa der Babysitter nur Freitag Zeit hat …

Wir vom *Schloss* haben zwar sehr wohl unsere Stammgäste, aber die »Laufkundschaft« nimmt zu. Und die hat ganz eigene Vorstellungen von einem Clubbesuch, denn sie will Entertainment. Viele vor allem der jüngeren Gäste wollen unterhalten und animiert werden, sei es durch Dance-Musik oder erotische Spielchen, mit denen sie ihre Scheu überwinden können. Sie lieben Specials – etwa, wenn ein Preis für das phantasievollste Nacktkostüm ausgelobt wird – und warten oft darauf, Unterhaltung in Form sexueller Handlungen geboten zu bekommen, bei denen sie zuschauen können.

Heute suchen die Leute also viel mehr als früher die spezielle Nachtbar mit angeschlossener Möglichkeit zum Sex, den sie praktizieren können, wenn sie wollen. Grundvoraussetzung ist, dass sie sich entspannt und/oder mit Alkohol enthemmt haben. Das alles steht im kompletten Gegensatz zum Verhalten und zur Erwartung jener Swinger, die dieser Leidenschaft oft schon seit Jahren oder Jahrzehnten frönen. Diese kommen auch heute noch definitiv, um Spielpartner für Sex oder erotische Spielereien zu finden. Doch wenn dieser Fall nicht eintritt, freuen sie sich noch immer über die Gelegenheit, nette Gespräche zu führen. Junge Besucher hingegen sind oft ziemlich unkommunikativ.

Dem traditionellen Swingerclub und der modernen Swingerbar ist gemein, dass in der noch nüchternen Phase des Abends, so bis etwa ein Uhr (das ist bei erstaunlich vielen Menschen die unbewusste Grenze des Fortgehens), die sexuellen Begegnungen großteils in den hinteren, speziell dafür gedachten Räumlichkeiten stattfinden und der Barbereich ausgeklammert bleibt. Danach, in den Stunden zwischen Nacht und Morgen, fällt zuweilen die letzte Scham, und es wird überall gevögelt.

Wobei diese Regel am heutigen Abend für Thomas, den Frauenbeglücker, nicht gilt. Denn obwohl es erst auf eins zugeht, ist er schon im Barbereich heftig zugange. Er hat inzwischen die Brüste von Karin herausgeholt, massiert sie und saugt an den Brustwarzen. Stefan hat gleichzeitig ihren Rock hochgeschoben und streichelt ihre Schenkel oberhalb der Nahtstrümpfe, fährt mit den Fingern immer wieder den Rand des Spitzenhöschens entlang. Es ist, ebenso wie der BH, mit Rosen bestickt. Andrea, heute in langem schwarzen Satinrock und goldfarbenem Strickpulli, der ihre Brüste der Größe C betont, hat sich mit hochgezogenem Rock auf den Schoß von Chris gesetzt und reibt sich an seinem Schwanz, der die Anzughose ausbeult.

Die Gäste an den anderen Tischen und an der Bar beobachten abwechselnd die Gruppe mit Thomas und die Szene rund um Elena, die am anderen Ende der Bar sitzt – sofern man ihre Haltung noch so bezeichnen kann.

Aus dem Leben einer Swingerin
Das eigene Geschlecht

Der Enthusiasmus nach der Erfahrung mit Jörg, dem Studienkollegen meines Freundes, hielt genau zwei Drittel des Nachhauseweges an. Im letzten Drittel gewannen wieder die Moralistin und liebende Frau die Oberhand. Ich hatte meinen Willen gehabt, und es würde bei diesem einen Mal bleiben – aus! Einmal ist keinmal. Ich würde heimkehren und befreit meinem Freund in die Arme fliegen.

Die Sache mit Matthias ging allerdings nicht ganz in meinem Sinne aus. Schon vor der Begegnung mit Jörg hatte ich ihm angedeutet, ich könne mir nicht vorstellen, dass er der einzige Mann in meinem Leben bleiben sollte. Ich hatte so viel Vertrauen zu ihm, dass ich hoffte, mit ihm gemeinsam eine Lösung zu finden. Und nachdem das Erlebnis mit Jörg nicht wirklich berauschend gewesen war, glaubte ich zu wissen, dass es mir ab nun nicht schwerfallen würde, nur mehr Matthias als meinen Mann zu sehen. Denn mir entging ja nichts – wie ich mir damals zumindest einredete.

Das teilte ich nun Matthias mit. Ich strahlte vor Freude, da ich ihm damit ja sagte, dass er ab nun keine Angst vor Betrug mehr haben müsse. Und er – verließ mich.

Rückblickend muss ich mir eingestehen, dass ich damals ziemlich naiv war. Doch ich war wirklich überzeugt davon, dass Ehrlichkeit immer alles zum Besseren wendet. Das glaube ich zwar auch heute noch, nur bin ich mir inzwischen bewusst, dass die Reaktionen anderer und die Konsequenzen, die sie ziehen, selten so sind, wie sie für einen selbst stimmig wären. Die wenigsten Menschen können mit totaler Ehrlichkeit umgehen.

Außerdem hat natürlich jeder seine eigenen Bedürfnisse und Befindlichkeiten, mit denen man nicht immer rechnet. Doch im Endeffekt war es ohnehin die bessere Lösung. Ich hätte meine Lust auf fremde Haut nie komplett unterdrücken können, und er hätte darunter gelitten.

Matthias verließ mich also; zunächst allerdings nur geistig – körperlich blieb er weiterhin an meiner Seite, was ich heute als Beweis dafür sehe, dass er mich wirklich geliebt hat. Um mich nicht zu verlieren, versuchte er sogar für kurze Zeit, in mein ethisches System einzusteigen. Doch letztlich konnte er meinen Sex mit seinem Freund Jörg einfach nicht als Selbsterfahrungsseminar abtun.

Und während er Tür um Tür vor mir verschloss und mich schließlich mit meiner Verwirrung alleinließ, flüchtete ich in den Klassiker: Ich gönnte mir einen Liebhaber. Dieses Mal war es ein Studienkollege von mir: Ingo ebenfalls Germanist. Wenn man nicht mehr geliebt wird, will man wenigstens begehrt werden.

Das verwechseln Menschen übrigens ständig. Wie oft habe ich schon Freundinnen und Freunden, die sich im Hormonrausch einer Affäre befanden, gesagt: *Tu deinem Partner nicht weh und sag es ihm nicht, denn Ehrlichkeit nutzt hier nichts. Und desavouiere ihn nicht im Freundeskreis, denn nichts ist schlimmer, als wenn alle Bescheid wissen, nur man selbst nicht. Lebe deinen Wahn aus und geh dann beichten – zu jemand anderem als deinem Partner! – und kehre dankbar zu dem Menschen zurück, den du liebst.* Meiner Erfahrung zufolge hält ein solcher Hormonrausch in achtzig Prozent der Fälle nicht länger an als ein halbes Jahr. Was ist schon ein halbes Jahr im Vergleich zu einem ganzen Leben, das man miteinander verbringen will?

Das mit dem Beichten meine ich natürlich nicht im wortwörtlichen Sinn. Ich bin aus der katholischen Kirche ausgetreten, als ich begriff, dass mein Geschlecht von diesem Verein ignoriert wird. Dennoch bin ich, wie die meisten in Österreich, in dieser christlichen Denkweise erzogen; sie ist mir vertraut. Tief in uns drinnen hoffen wir immer noch auf Vergebung unserer Sünden, wenn wir sie nur ehrlich genug beichten. Das ist im Prinzip nicht ganz schlecht, stellt es doch einen gesunden Kontrapunkt zu der Lustfeindlichkeit dar, die von der katholischen Kirche sonst propagiert wird. Als kleine Krücke kann ich das Beichten akzeptieren, wenn dadurch gröberer Schaden vermieden wird.

Allerdings sollte man nie zum eigenen Partner beichten gehen, denn das ist einfach feige; wer das tut, benimmt sich wie ein kleines Kind, das zu Mami läuft, um Absolution für etwas zu bekommen, was es ausgefressen hat. Entweder sollte man gar nicht fremdgehen oder aber innerlich dazu stehen, dass man es braucht – ohne sich dafür nachträglich beim Partner die Genehmigung holen zu wollen, die man dann sowieso nicht bekommt.

Es ist ohnehin ein schwieriges Unterfangen, mit dem Partner dahin zu kommen, wirklich ehrlich über alle sexuellen (und sonstigen) Bedürfnisse zu sprechen. Da steht einem vieles im Weg: die Unkenntnis der eigenen Bedürfnisse, gesellschaftliche Normen, die Angst vor Liebesverlust, vor dem Verlassenwerden, vor gesellschaftlicher Ächtung usw. Ich habe selbst eine gewisse Zeit gebraucht, um dahin zu gelangen, musste viele Erfahrungen machen und zerfleischende Selbstanalysen betreiben, um wenigstens halbwegs authentisch zu werden.

Als junge Frau von Anfang zwanzig, die bemerkte, dass sie promiskuitiv ist, fühlte ich mich doppelt schlecht und bestraft: Ich hatte betrogen und war anschließend zu ehrlich gewesen.

Die geradezu logischen weiteren Reaktionen waren Trotz (wenn ich schon böse war, wollte ich auch sexuell etwas davon haben), die Suche nach Bestätigung (solange mich jemand anderer mochte, konnte ich so schlimm nicht sein) und, dass ich mir selbst einen zweiten Schmerz zufügte, um den ersten nicht mehr so zu spüren. Denn natürlich hatte ich mir in meinem Studienkollegen Ingo unbewusst genau den Typus Mann ausgesucht, der mich in Sachen Freizügigkeit bei weitem übertraf. Wir hatten ausgemachterweise bloß eine Affäre, und er lebte seine Freiheit.

Zum ersten Mal wurde mir bewusst, dass Fremdgehen etwas völlig anderes ist, wenn es der Partner macht. Sofort war da die Frage: Was hat die andere, was ich nicht habe? Meinen eigenen Seitensprung konnte ich als momentane Befriedigung einer Lust sehen; bei meinem Lover argwöhnte ich sofort, es seien tiefe Emotionen oder sonst etwas Bedeutungsvolles im Spiel. Jeder hält sich ja zunächst für den besten Liebhaber aller Zeiten. Diese Souveränität durfte natürlich nicht in Frage gestellt werden.

Die Zeit mit Ingo war aber auch in anderer Hinsicht lehrreich: Ich setzte mich erstmals bewusst mit der Wirkung von Drogen auseinander. Lange war mir nicht bewusst gewesen, dass ich Sex sehr oft unter Drogeneinfluss konsumierte, namentlich mit Alkohol im Blut.

Natürlich kann man auch guten Sex mit dem Partner haben, nachdem Alltag in die Beziehung eingekehrt ist. Doch die meisten erlernen das erst in späteren Jahren. Wenn man mit Anfang zwanzig seinen Körper noch nicht gut kennt und nicht weiß, wie man das Chemiewerk auch ohne Verliebtheit in Schwung bringt, wird Sex bald langweilig. Sex mit einem sehr vertrauten Menschen ist wie das zwanzigste Mal dieselbe Achterbahn fahren: Du kennst jede Kurve, findest es lustig, flippst aber nicht mehr aus, weil die Überraschung fehlt. Häufig reicht das ewig selbe Rein-Raus nicht mehr aus, man möchte Neues ausprobieren: vielleicht Dinge wie Bondage, Augen verbinden, Eiswürfel, Sex in der Badewanne, mit dem Duschstrahl, auf dem Tisch, in einer Hausecke oder Analverkehr. Aber wie soll man dem anderen so etwas sagen, wenn man gerade noch übers Haushaltskonto diskutiert hat? Und wenn man doch *eigentlich* über so etwas gar nicht spricht? Da hilft üblicherweise Alkohol, der allseits beliebte Grenzenverschieber. Und wenn man dann wirklich einmal etwas macht, das man sich am nächsten Tag nicht mehr als Teil seiner selbst zugestehen möchte, kann man immer noch sagen: Ich war es nicht, das war der Alkohol. Nicht umsonst ist er die Volksdroge Nummer eins.

Doch nun machte ich eine neue Erfahrung. Ich rauchte Gras. Wenn man Cannabis verträgt, kann das eine wunderbare Stimulation sein. Die Haut wird dabei um einiges empfindlicher, man nimmt alles leicht und lustig und wird auf eine träge, vollkommen entspannte Art unglaublich geil. Mein Lover und ich hatten auf diese Weise jeden Tag guten Sex. Das Gras entspannte Körper und Geist, Unangenehmes war plötzlich nicht mehr wichtig, Gedanken und Überlegungen, Angst vor dem Unbekannten, Angst, sich zu blamieren, all das verflog. Ich gab mich dem Moment hin, und das ist wohl die beste Voraussetzung, um beim Orgasmus wirklich abzuheben – wenn nichts anderes mehr da ist als das Fühlen im Hier und Jetzt.

Nach etwa vier Wochen fragte ich mich allerdings, ob ich überhaupt noch guten Sex haben konnte, ohne unter Drogen zu stehen. Im Nachhinein betrachtet, waren es Fragen wie diese, die mich dorthin gebracht haben, wo ich heute bin. Mit ihnen systematisierte ich meinen Erfahrungshunger: probierte Neues aus und überprüfte, ob es meinen innersten Bedürfnissen entsprach, um es dann entweder anzunehmen oder als ungeeignet abzuhaken. Ich wog also ab – und entschied, den Cannabiskonsum komplett einzustellen.

Leider konnte ich das Experiment »Drogenfreier Sex« mit Ingo nicht mehr durchführen, denn er ging ins Ausland, um seinen eigenen Horizont zu erweitern. Ich erweiterte meinen in Wien, und dazu gab es genügend Gelegenheit. Im Nachhinein betrachtet waren die Schlussjahre der 8oer eine ausgesprochen glückliche Zeit: Die Spätfolgen der 68er-Revolution brachen die Krusten auf und ließen Menschen experimentieren; die Pille war inzwischen eine Selbstverständlichkeit. Wir konnten also ohne Hemmungen und Ängste unseren Gelüsten nachgehen. Vor allem Männer trauern manchmal noch heute dieser Zeit nach, weil Kondome damals tatsächlich etwas Seltenes waren, das man hauptsächlich mit Prostitution und billigen Witzen in Verbindung brachte.

Ich gönnte mir also ein paar One-Night-Stands nach Partys – und war einige Male danach sehr frustriert. Denn wenn die Burschen nicht in mich verliebt waren und so wie ich einfach nur Sex wollten, agierten sie oft ohne jedes Talent und Gefühl. Sie betrachteten mich nicht als Liebhaberin, sondern als bequemes Loch. Ganz wenige kamen über das monotone Brustzwirbeln und Rein-und-Raus hinaus, und kaum einer gab sich dem lustvollen und respektvollen Experimentieren hin. Sie betranken sich, hielten sich daraufhin für die größten Hengste aller Zeiten und staksten so breitbeinig durch die Gegend, als erwarteten sie, dass jede Frau sofort in die Knie gehen und lutschend ihrer Gottheit Tribut zollen würde.

Als ich wieder einmal von einer solchen Party geflüchtet war und noch nicht nach Hause gehen wollte, wagte ich das Experiment, allein in ein Lokal zu gehen. Das kostete mich immense Überwindung, denn Männer gingen zwar allein fort, Frauen hingegen waren üblicherweise immer mit Freundinnen unterwegs. Und wieder wurde ich mit demselben Muster konfrontiert: dreckige, billige und dumme Anmache, besoffenes Beule-in-der-Hose-Präsentieren. Das machte mich geradezu verzweifelt und wütend; ich wollte ja jemanden kennenlernen und körperliche Begegnungen, aber nicht auf diesem Niveau.

Also flüchtete ich wieder und stolperte über ein sogenanntes »Frauencafé«. Ende der 8oer lagen Frauensolidarität und Emanzipation in der Luft, daher nahm ich an, es handle sich schlicht um ein Café, zu dem eben nur Frauen Zutritt hätten, um ohne störende Männer lachend und kämpferisch die Rückeroberung der Welt zu planen.

Gleich nach dem Betreten des Lokals hatte ich das Gefühl, vom Regen in die Traufe geraten zu sein. Faktisch war es tatsächlich ein Café nur für Frauen: Überall standen und saßen welche. Doch es lag dieselbe sexuelle Aufgeladenheit in der Luft, wie ich sie bereits kannte. Ich war in einem Lesbenlokal gelandet. Und obwohl ich mich damals für schon sehr erfahren hielt, war das für mich neu und auch ein bisschen verbotenes Terrain, eine Art Unterwelt. Trotzdem blieb ich und piepste an der Bar nach einem Bier.

Dass ich blieb, hatte zwei Gründe. Zum einen gehörte zur ganzen Frauendiskussion auch die gesellschaftliche Anerkennung der Homosexualität, frei nach dem Motto: »Unterdrückte aller Länder, vereinigt euch.« Es war demnach eine Frage der Ehre für mich, so zu tun, als sei es das Selbstverständlichste auf der Welt, mit ein paar Lesben ein Bier zu trinken. Freilich, akademisch die Akzeptanz gleichgeschlechtlicher Liebe zu fordern und neben zwei einander heftig küssenden und begrapschenden Frauen an der Theke zu stehen, ist ganz und gar nicht dasselbe. Ich fühlte mich wie in einem Live-Porno, weniger, weil so viel Action geherrscht hätte, sondern weil ich mich plötzlich in der Schmuddelecke sah – unter Geächteten und Unanständigen.

Zum anderen fühlte ich mich angetörnt, und das war überraschend und beängstigend zugleich. Natürlich hatte ich, wie viele Frauen, einmal als Teenager mit einer Freundin herumgefummelt. Das gleichgeschlechtliche Erkunden in der erwachenden Sexualität scheint mir nichts mit Internaten oder dergleichen zu tun zu haben, sondern einfach nur dem Kennenlernen des eigenen Ichs zu dienen. Man küsst einen Buben und dann ein Mädchen, um einen Vergleich zu haben. Man betatscht die männlichen Muskeln und die weichen Brüste – schließt von dem, wie sich die Freundin anfühlt, ein wenig darauf, wie man selbst wohl aufs andere Geschlecht wirkt. Es ist ein Akt der Selbstfindung. Für die meisten Frauen war es das auch schon. Nur ein paar entdecken ihre Homosexualität, einige andere ihre Bisexualität – so wie ich. Nur war mir das als junges Mädchen noch nicht bewusst. Ich kann mich lediglich erinnern, dass ich es sehr schade fand, als meine Freundin kein weiteres Mal experimentieren wollte. Ich hatte ihre Küsse als höchst angenehm empfunden: Keine Bartstoppeln hatten gestochen, und ihre Lippen und ihre Zunge forderten und pressten nicht, sondern spielten. Alles war weich und zärtlich. Doch ich kam damals nicht auf die Idee, mich deswegen für bisexuell zu halten, sondern dachte, ich sei eben so gespannt und gierig auf Sexualität, dass ich nahm, was sich bot. Alles in allem war es eine unschuldige Erfahrung.

Das hier im Frauencafé war eine andere Dimension. Diese Frauen experimentierten nicht, sondern wussten, was sie wollten: unter sich sein, ihre Lust nicht verstecken, die Welt verändern – und mich, das Frischfleisch. Natürlich warfen sie sich nicht alle gleichzeitig auf mich, dem Gros der Pärchen oder Freundinnen war ich de facto vollkommen egal. Doch an einem Tisch saß eine Runde beisammen, die bester Stimmung war und offensichtlich nichts gegen einen Aufriss hatte. Fünf Frauen, von denen vier dem absoluten Klischee der Kampflesbe entsprachen: grimmiger Ausdruck im Gesicht, als seien sie mit dem Rest der Welt, insbesondere den Männern, tatsächlich verfeindet, bullige Erscheinung, Jeans und T-Shirt, kurze Haare, ungeschminkt. Mannfrauen. Und sie benahmen sich auch so. Eine ungepflegte Blondgefärbte kam breitbeinig auf mich zu und nickte mir mit dem Kinn zu wie ein Bauarbeitermacho. Sie streichelte mir beiläufig über die Haare und meinte: »Bist a süßer Has.«

Ich glaubte, in einer Zeitschleife zu sein: Fast dasselbe hatte ein Typ im Lokal zuvor zu mir gesagt. Nur ihr großer Busen gab mir die Gewissheit, eine Wiederholung unter geänderten Vorzeichen zu erleben.

Dann orderte sie bei der Barfrau ein Bier für mich. Ich protestierte, in der Attitüde eines Mädchens, das einen aufdringlichen Mann abwehren will: Schultern nach vorn, gesenkter Kopf, trotzdem Augenaufschlag, man will das Gegenüber ja nicht wütend machen, wahrscheinlich Rehaugen, Lächeln.

Sie zwinkerte mir zu und meinte: »Kommst halt, wennst mit dem da fertig bist.« Sie wies auf mein Bier. »Meine Freundin will dich kennenlernen.«

War ich im falschen Film? So baggerten doch sonst nur Männer. Ich lugte zum Tisch hinüber. Wie auf Befehl hoben die anderen vier Frauen das Glas in meine Richtung. Ich nickte und lächelte.

Ihre Freundin wollte mich also kennenlernen. Inständig hoffte ich, es handle sich dabei um die einzige Frauliche der Runde, ein Farah-Fawcett-Majors-Duplikat mit blonder Löwenmähne, Rock und Bluse sowie hochhackigen Schuhen. Wenn es stimmt, dass sich Gegensätze anziehen, hätte ich als äußerst weibliche junge Frau zwar auf den burschikosen Typ Lesbe stehen müssen, doch genau das, nämlich eine andere Art Mann, wollte ich ja im Moment nicht. Mein Körper erinnerte sich an die Zartheit meiner Freundin und an den behutsamen, respektvollen Umgang miteinander. Nein, ich wollte eine richtige Frau.

Natürlich war das damals zu kurz gedacht: Auch burschikose Frauen sind weich und zart, wenn sie sich nicht im Fitnessstudio zu Stahlplatten trainiert haben, und auch sie können liebevoll und zärtlich sein. Aber dies war ja meine erste echte Erfahrung in diesem Bereich, da war ich über die Klischees noch nicht hinausgekommen.

Ich klammerte mich also an mein großes Bier und musterte die Frauen rings um mich möglichst unauffällig, rauchte dabei eine Zigarette nach der anderen, so dass mich eine Rauchwolke beruhigend einhüllte. Mein erster Eindruck der pulsierenden Sexualität relativierte sich ziemlich schnell, denn die meisten Frauen redeten tatsächlich nur miteinander. Da lag keine Sexorgie in der Luft, die jeden Moment auf mich überzugreifen drohte. Wahrscheinlich war dieses Gefühl beim Betreten des Lokals entstanden, da ich bei einer Ansammlung von Frauen einen distanzierten, freundschaftlichen Umgang erwartet hatte und so gesehen bereits die hier stattfindenden harmlosen Berührungen, etwa ein Streicheln des Unterarms oder ein Küsschen, ausreichten, um die Situation als außergewöhnlich und sexuell aufgeladen zu empfinden. Doch je länger ich die sich in der Öffentlichkeit küssenden Frauen betrachtete, umso normaler wurden sie für mich. Ich begann, mich zu entspannen.

Der Blondgefärbten und ihrer Freundin – bei der es sich übrigens nicht um das Farah-Fawcett-Double handelte, sondern um eine mausgraue Burschikose – kam das allerdings nicht zugute. Denn ich fühlte mich schlicht überfordert. Das Neue interessierte und erregte mich, ja, ich gestand mir ein, dass ich seit dem Erlebnis mit meiner Freundin auf eine Wiederholung gehofft hatte. Aber ich sah mich nicht als Lesbe. Ohne zu wissen, wovor genau ich Angst hatte, verspürte ich einen Widerstand, mich mit den fünfen einzulassen und mich von einer gestandenen Lesbe in die Kunst der Frauenliebe einführen zu lassen. Jahre später war ich reif dafür – damals nicht.

Nein, zu jenem Zeitpunkt, mit knapp über zwanzig, gab ich dem unschuldigen Herumexperimentieren unter gleichermaßen Unwissenden den Vorzug. Dazu ergab sich kurze Zeit später eine wunderbare Gelegenheit. Ich spielte damals in einer Studententheatergruppe mit, die aus Politikwissenschaftlern, Theaterwissenschaftlern und Germanisten bestand. Wir hatten einen hohen gesellschaftlichen Anspruch und machten daher »Unsichtbares Theater«, was bedeutet, dass wir uns in Alltagssituationen unter die Menschen mischten, mit dem Ziel, sie durch Provokation zum Nachdenken zu bringen. Im Zuge eines solchen Projekts stellten wir an einer U-Bahn-Station den Streit zwischen einer Frau und einem Mann nach – inklusive Prügelei und Einmischung der Passanten. Das Thema war: *Ist häusliche Gewalt Privatsache oder nicht?* Es wurde ein voller Erfolg, denn echte Passanten mischten sich ein und ergriffen Partei für die verprügelte Frau. Wir gingen daraufhin mit der Gruppenleiterin und Regisseurin in das Extrazimmer eines Studentenlokals unweit des Flakturms im sechsten Bezirk feiern.

Bier und der Tequila flossen in Strömen, wir fühlten uns wie Weltrevolutionäre und verschworen wie die Musketiere, obwohl wir an die zwanzig Akteure waren. Die Probenzeit (wir studierten damals gleichzeitig ein umgeschriebenes Ibsen-Stück ein) hatte uns einander nahegebracht, und da wir Amateure waren, gab es einen starken emotionalen Austausch. Um unsere Figuren zu erarbeiten, blätterten wir voreinander unsere Seelen auf, denn wir konnten ja auf kein Handwerkszeug zurückgreifen wie Profis.

Im Rausch des Gemeinschaftsgefühls kam plötzlich jemand auf die Idee, dass wir einen Kuss weitergeben sollten, und zwar der Reihe nach und unabhängig vom Geschlecht. Ein paar der Burschen verkrampften sich sofort, denn sie saßen neben Geschlechtsgenossen. Doch der Gruppenzwang war übermächtig, und wahrscheinlich trieb uns alle die Neugier an. Unter viel Gekicher und Applaus wurde also reihum geküsst. Wenn einer sich mit einem Busserl aus der Situation retten wollte, wurde so lange protestiert, bis auch er einen Zungenkuss absolvierte – wohlgemerkt: *er*, denn keine der Frauen weigerte sich.

Es wundert Männer immer wieder, dass die Welt nicht einstürzt und man nicht gleich schwul wird, wenn man gelegentlich gleichgeschlechtlichen sexuellen Kontakt hat. Die wenigsten Männer können sich vorstellen, dass Sex am schönsten ist, wenn man ihn vorurteilsfrei mit jedem auf der Spielwiese teilt. Unter Frauen bestehen weniger Vorurteile dieser Art.

Ich empfing also den Kuss von dem Mann, der neben mir saß, und gab ihn an Kathi weiter, eine sehr hübsche und liebe Frau, die später Fernsehjournalistin in Deutschland wurde. Und dieser Kuss gefiel nicht nur mir, sondern auch ihr. Auch als das Spiel schon vorbei war und die anderen sich wieder studentischen und weltrevolutionären Fragen widmeten, berührten wir uns unter dem Tisch weiterhin zärtlich. Mein Herz pochte heftig, ich spürte es im Kopf und in meiner Muschi. Und ich sah, dass Kathis Brustspitzen ebenso erigiert waren wie meine.

War sie untenrum genauso klitschnass wie ich? Dass wir gierig aufeinander waren, hätten wir uns zu dem Zeitpunkt nie offen eingestanden.

Endlich, wir waren schon auf dem Heimweg, fielen wir hinter einer Häuserecke übereinander her und betatschten gierig unsere Körper. Kathi war kleiner und sehniger als ich, und sie hatte einen durchtrainierten Apfel-Popo, der mich total aufgeilte. Ich wunderte mich über mich selbst, als ich mit forderndem Griff in ihre Hose fuhr. Aber Kathi war um nichts weniger forsch, sie zog mir in aller Öffentlichkeit das T-Shirt hoch und nuckelte an meinen Brüsten. Schließlich landeten wir in meiner nahe gelegenen Studentenwohnung.

In dieser Nacht schlief ich das erste Mal richtig mit einer Frau. Wir hatten beide davon keine Ahnung, aber jede Menge Talent für Sex. Und so schalteten wir einfach das Denken ab und ließen unsere Körper machen, was sie wollten. Denn muss man überhaupt *Ahnung* haben, um mit irgendjemandem zu schlafen? Nein, alles, was man braucht, sind Hingabe, Phantasie und das Bedürfnis, dem anderen was Gutes zu tun. Man muss seinen Instinkten vertrauen und ein paar Tabus ausblenden. Und zu egoistisch darf man natürlich auch nicht sein. Denn wenn jeder nur auf seinen Vorteil – sprich: Orgasmus – bedacht ist und den anderen nicht in seiner Persönlichkeit wahrnimmt, kann Sex kein schönes Gemeinschaftserlebnis werden. Wenn hingegen jeder dem anderen Freude bereiten und dessen Körper erkunden will, entfaltet sich die Blume der Erotik in voller Pracht.

Wir erkundeten einander also. Ich küsste ihr Gesicht, den Hals, den Busen, leckte ihren Bauch und reizte die Haut mit kleinen Bissen. Kathi bog sich vor Lust. Sie wiederum fand heraus, wie sie mich mit Berührungen am Rücken wahnsinnig machen konnte, und kitzelte meine Arschfalte so gekonnt, dass ich ihr mit einer unkontrollierten Bewegung einen Kinnhaken verpasste. Wir lachten – und widmeten uns unseren Muschis.

Das erste Mal sah ich eine Klitoris aus der Nähe – meine eigene kannte ich ja nur aus dem Spiegel. Wie ein kleiner Penis ragte Kathis Kitzler steif in die Höhe, sogar so etwas Ähnliches wie eine Vorhaut hatte sie, was mich gleichermaßen amüsierte und faszinierte (erst später erfuhr ich von der evolutionären Verwandtschaft von Penis und Klitoris). Ich umstrich mit meiner Zunge erst die gesamte Klit, dann stupste ich nur ihre Spitze an. Ich stieß mit der Zunge in die Vagina, knabberte an den Schamlippen, hauchte über die zarte Haut, die den Übergang zu den Schenkeln bildete. Ich fuhr mit dem Finger ins Loch, sog ihren Geruch ein, ich ertastete sie und suchte den Punkt, der uns Frauen zum Schreien bringt. Bei Kathi war er weiter vorn als bei mir. Als sie kam, wölbte sie sich mir entgegen und starrte mich mit weit aufgerissenen Augen an. Ich umarmte sie.

Kathis Keuchen hatte sich noch nicht beruhigt, als sie mich auf den Rücken warf und sich nun mit derselben Intensität um meine Muschi kümmerte. Ich schloss die Augen und öffnete sie wieder, denn ich wollte sehen, dass es eine Frau war, die mich da gerade ziemlich gekonnt leckte. Ich begann zu stöhnen, versuchte aber wie gewöhnlich, die Lautstärke dabei möglichst gering zu halten. Doch Kathi meinte: »Lass es raus.« Kurz dachte ich an die Nachbarin, die freilich alt und taub war. An die Nachbarn über mir und an das offene Fenster dachte ich nicht mehr. Ich schrie aus vollem Hals – und das tat verdammt gut. Ich hatte mich beim Orgasmus immer schon ordentlich gehen lassen können, mich aber bei der Lautstärke stets beherrscht. Das hatte die Intensität vermindert, wie ich nun feststellte.

Kathi und ich kuschelten uns aneinander und starteten kurz darauf die zweite Runde, weil sie wieder meinen Rücken streichelte. Ich war jetzt so erregt, dass sich jede Berührung wie ein elektrischer Schlag anfühlte. Dieses Mal erkundeten wir auch unsere Beine und stellten fest, dass Kniekehlen und Zehen stark erogene Zonen sind. Kurz blitzte in mir die Frage auf, warum ich bislang nur mit sehr wenigen Männern derart phantasievolle Sessions erlebt hatte – aber nur kurz, denn das Spiel mit Kathi nahm mich voll in Beschlag.

Irgendwann lagen wir erschöpft nebeneinander und hielten uns an der Hand. Plötzlich sagte Kathi: »Ich bin eigentlich keine Lesbe.«

Ich grinste und antwortete: »Ich auch nicht.«

Das klang allerdings nicht wie eine peinlich berührte nachträgliche Entschuldigung voreinander. Nein, wir schämten uns nicht für unser Interesse am eigenen Geschlecht, ließen uns sogar die Option auf eine Wiederholung offen, das spürte ich bei diesen Sätzen genau. Wir wollten einander nur sagen, dass dies nicht der Beginn einer Beziehung war. Leider hatten wir dafür keine anderen Worte.

Und ich war glücklich, denn ich hatte das Gefühl, mich ein Stück weit besser selbst kennengelernt zu haben. Ich wusste nun, dass ich Sex mit Frauen mochte. Während ich langsam in den Schlaf kippte, wurde mir noch etwas anderes bewusst: Ich hatte auch das Kussspiel im Lokal gemocht. Was wäre gewesen, wenn wir alle an Ort und Stelle miteinander zu vögeln begonnen hätten? So wie in meinen Masturbationsträumen? Das Blut schoss mir sofort wieder in die Klit. Ich versuchte, mich möglichst unauffällig zu befriedigen. Ohne Erfolg, denn Kathi begann, mir dabei zu helfen. Woraufhin ich mich revanchierte ...

Ein perfekter Clubabend
Von der Lust der Solofrauen

Ich lehne mich an die Bar und zünde mir genüsslich eine Zigarette an –, denn Elena zuzuschauen, ist eine wahre Freude. Sie hat heute ein Brokatmieder in Rottönen und glatte, schwarze Seidenstrümpfe an, dazu klassische Lackpumps – sehr zum Vorteil ihrer kleinen, barocken Statur. Ursprünglich befand sich darüber noch ein Mantelkleid, doch das liegt jetzt achtlos über die Theke geworfen neben ihr. Die Stimmung hat sich in der letzten Viertelstunde spürbar aufgeheizt, jeden Moment wird die Erregung wie eine Welle durchs Lokal rauschen und die meisten hier erfassen.

Exquisite Dessous sind Elenas Leidenschaft, und die kann sie sich leisten, denn sie arbeitet im oberen Management einer großen Internetfirma. Sie war bei ihrem ersten Besuch bei uns sehr erstaunt, Bernhard hier anzutreffen, den sie bereits von einschlägigen Geschäftsterminen kannte. Zugleich gab es ihr ein Gefühl von Sicherheit, denn sie hatte bislang ja nichts von seiner Leidenschaft mitbekommen. Daraus schloss sie, dass auch ihr Zweitleben geheim bleiben würde.

Die Falten an Elenas Hals verraten, dass sie gute fünfzig ist, ebenso die etwas schlaffe Haut an Oberarmen und Beinen. Aber in ihrer Lust wirkt sie wie dreißig. Sie lehnt mit dem Rücken an der Brust von Wolfgang, der sicherstellt, dass sie nicht vom Hocker rutscht, und immer wieder in ihren schwarzen, schulterlangen Haaren wühlt.

Wolfgang, Ende vierzig, mit Glatzkopf und Bierbauch unter den modischen Hosenträgern, ist eine Art Lebenskünstler. Nachtbars und Clubs ziehen solche Typen an, weil sie ihnen eine Plattform für ihre Auftritte bieten. Er präsentiert sich als lässiger Mann, der nicht aufs Geld schauen muss und unendlich viel Erfahrung in der großen weiten Welt gesammelt hat. Tatsächlich weiß ich, dass er sich mit nicht ganz korrekten Geschäften über Wasser hält. Ich würde ihn nicht direkt als Gauner bezeichnen –, so wie ich andere, die vom Geld ihrer wechselnden Lebensgefährtinnen leben, nicht gleich Gigolos nenne. Doch er ist kein seriöser Typ, und man darf nicht alles glauben, was er sagt. Trotzdem sind Männer wie er meist gern gesehen, weil sie charmant ganze Runden unterhalten können und immer wieder interessante, attraktive Frauen mitbringen. Zugleich geben sie aber oft mehr sexuelle Potenz vor, als sie aufzuweisen haben – was sie insgeheim natürlich wissen. Und so gefallen sie sich in der Rolle der Gentlemen, die Frauen hilfreich zur Seite stehen oder mit Spielchen und Getränkeeinladungen für Stimmung sorgen.

Heute zeigt sich Wolfgang als Gönner, der seine Frau jungen Hengsten darbietet und dabei auf ihr Wohlbefinden achtet – obwohl Elena natürlich nicht seine Frau ist, die beiden haben ja nur ein paar Worte miteinander gewechselt. Aber ihr kann es nur recht sein, denn so kann sie sich ganz ihrer Lust hingeben. In jeweils einer Hand hält sie gerade den Schwanz eines Solomannes, ein Dritter kniet vor ihr und leckt sie. Sie atmet bereits heftig, wie kurz vor dem Orgasmus.

Elena verkörpert jenen Typ Frau, der sich in letzter Zeit als Stammkundschaft zu etablieren beginnt: die emanzipierte Solofrau. In vergangenen Jahren kam der Großteil der weiblichen Gäste gemeinsam mit einem Mann in den Club – als Pärchen oder Interessengemeinschaft (beide solo, beide auf Befriedigung aus, doch eben nur Freunde). Nur eine kleine Minderheit kam allein; diese Frauen waren sehr selbstbewusst (im ursprünglichen Sinn des Wortes, den ich schon angesprochen habe), unabhängig von gesellschaftlichen Konventionen und überaus sexhungrig. Manch ein Kleingeist würde sie als notgeile Frauen bezeichnen, denen gar nichts anderes übrigbleibt, als sich jenseits der freien Wildbahn Frischfleisch zu besorgen, weil der Freundeskreis bald abgegrast ist und Aufrisse in Lokalen nicht immer funktionieren. Ich finde hingegen, diese Damen waren Vorreiterinnen des aktuellen Typus Solofrau. Deren Eigenschaften sind: finanzielle Unabhängigkeit, meist sogar eine erfolgreiche Karriere, ein gesundes Verhältnis zum eigenen Körper und zur Lust, eine gescheiterte Beziehung und kein Druck, sofort eine neue zu suchen, und die Unwilligkeit, sich in normalen Bars oder Lokalen mit stundenlangem Gerede aufzuhalten. Sie wollen sexuelle Befriedigung und wissen, dass sie an einem Ort wie dem *Schloss* sehr wahrscheinlich einen Mann finden, der ihnen gefällt. Darüber hinaus müssen sie keine Komplikationen befürchten – etwa, dass sie an einen Spinner geraten oder den Mann nach dem Geschlechtsakt nicht loswerden und er sich in ihrem Bett breitmacht. Sie suchen und finden bei uns den One-Night-Stand im geschützten Rahmen. Diese Frauen sind zwischen Ende dreißig und Anfang sechzig und meist sehr gepflegt und attraktiv. Mag sein, dass sie wie fast jeder alleinstehende Mensch im sonstigen Leben unbewusst auf der Suche nach der großen Liebe sind – hier aber wollen sie nur Spaß und Entspannung. Und die holen sie sich großteils mit jungen Männern. Was Studentinnen und Models für saturierte Männer, sind hier Studenten und Jungunternehmer für die etablierten Frauen.

Warum junge Männer? Wir Frauen wissen ja, dass oft die jungen Typen noch nicht so versiert in ausgeklügelten sexuellen Praktiken sind wie ältere Semester.

Nun, warum suchen sich ältere Männer junge Frauen, obwohl sie wissen, dass eine echte, tiefgehende Beziehung mit ihnen höchstwahrscheinlich unmöglich ist? In beiden Fällen gilt die Antwort: Man sonnt sich in der Bewunderung der Jüngeren für das, was man geschafft hat; man holt sich über sie ein wenig Jugend zurück; man testet seinen Marktwert – wenn jemand als Vierzigjähriger für einen Endzwanziger noch interessant ist, kann er oder sie ja noch nicht gar so alt oder unattraktiv wirken. Das ist ein wichtiger Punkt in unserer Gesellschaft, die vom Jugendkult geprägt ist. Manche fühlen sich auch als Gönner, wenn sie dem anderen etwas beibringen können.

Im Gegenzug finden junge Menschen im Swingerclub bei älteren Sexualpartnern zuweilen genau die Erfüllung ihrer Phantasien, die sie mit jüngeren (noch) nicht erlebt haben. Junge Männer etwa erhoffen sich von einer reiferen Frau Finessen, derer ihre ebenfalls junge Freundin noch nicht mächtig ist. Ich empfinde das als wunderbaren Ausgleich der Generationen. Wobei es ältere Frauen definitiv leichter haben als ältere Männer, denn die werden oft als aufdringlich und hässlich empfunden. Das mag daran liegen, dass viele von ihnen die schiere Verzweiflung des Wunsches verströmen, vor dem Gang ins Altersheim noch einmal zum Schuss zu kommen. Und auch daran, dass unser Kopfbild durch die Medien beeinflusst ist und wir alte Männer im Zusammenhang mit Sex lediglich als sabbernde Lustmolche sehen, auch wenn das unfair sein mag.

Jenseits von Frauen wie Elena gibt es auch jene Damen, die betrunken bei uns landen. Oft handelt es sich um junge Mädchen, die irgendwann im Netz auf uns gestoßen sind und dann in schwer angeheitertem Zustand nach einer Party oder einem Discobesuch all ihren Mut zusammennehmen und bei uns auftauchen. Zu ihnen fällt mir die Bezeichnung »Nymphchen« ein. Sie sind extrem aufgestylt, oft im Manga- oder Collegestil, mit äußerst knappen Minis um die Hüften und zu viel Make-up im Gesicht (wobei sie sich nicht für das *Schloss*, sondern schon für normale Partys so herrichten). Ganz dem Klischee entsprechend, kichern sie ständig und wackeln mehr als notwendig auf ihren Stilettos durch die Räumlichkeiten. Für sie ist so ein Clubbesuch meist nicht mehr als eine Mutprobe und ein Austesten ihres Sexappeals. *Werde ich als volle Frau wahrgenommen? Schaffe ich es, auch dem geilen Mittvierziger dort den Kopf zu verdrehen?*

Ob die Nymphchen sexuell aktiv werden oder nicht, kommt auf ihren Betrunkenheitsgrad an. Denn sie stecken noch mitten in der Phase des Selbstexperiments. Sofern die Hemmschwelle erst einmal gefallen ist, besteht für sie zwischen einer Vögelei in einem Club oder im Badezimmer auf einer Party kein Unterschied. Die Nymphchen kommen meist nur einmal und dann nie wieder – oder aber mit einer Gruppe Burschen und Mädchen, mit denen das Experiment dann ernsthafter fortgesetzt wird.

Aber es gibt auch ältere Betrunkene, die zufällig bei uns landen. Wenn diese Frauen in einer Gruppe erscheinen, haben sie eine ähnliche Motivation wie Männer, die eine Go-go-Bar besuchen: Sie gönnen sich einmal etwas Anzügliches, harmlos beginnend beim Besuch einer Chippendales-Aufführung und endend bei uns. Und sie wissen, dass keine wirkliche Gefahr herrscht – man muss sich ja nicht einmal ausziehen. In letzter Zeit war unser Club zum Beispiel des Öfteren Schauplatz eines Polterabends. In der Mehrzahl genießen diese Gruppenbesucherinnen nur die prickelnde Atmosphäre, kaum eine macht mit, wenn sie, beinahe so kichernd wie ihre jugendlichen Pendants, bei Vögeleien zuschauen. Wenn es eine von ihnen wirklich interessiert, wird sie irgendwann allein wiederkommen, vielleicht zusammen mit einer aufgeschlossenen Freundin. Damit zählen sie dann zu den Solofrauen, die wissen, was sie wollen.

Es gibt aber auch Frauen, die allein *und* betrunken hereintaumeln. Das sind dann jene, die meist in einer handfesten Krise stecken, und zwar nicht nur bezüglich ihrer Beziehung, sondern oft in einer regelrechten Lebenskrise. Sissi, mittlerweile Stammgast, war einmal eine von ihnen. Ich weiß noch, wie sie sich am ersten Abend kaum auf dem Barhocker halten konnte. Sie trank beinahe jedes Glas Rotwein auf ex, blieb allerdings erstaunlich kommunikationsfähig und wirkte deshalb nicht abstoßend.

Als eine Runde am Ecktisch mit drei Männern und einer Frau genüsslich zum Blasen und Schlecken überging, meinte sie lapidar: »Endlich einmal keine blöden Spießer.«

»Hast du sonst so viel mit Spießern zu tun?«, fragte ich sie.

»Nur. Dauernd.« Und nach einer kurzen Pause: »Ich schau ja

jeden Tag in den Spiegel.« Das klang nach der klassischen Selbsterkenntnisfähigkeit unter Alkoholeinfluss.

»Na, dann bist du ja bei uns richtig.«

»Wieso?«

»Du klingst so, als wolltest du keine Spießerin mehr sein.«

Sissi bekräftigte diese Vermutung mit dem Leeren ihres Weinglases. Dann stakste sie nach hinten, um erst zwei Stunden später mit zerzaustem Haar wieder aufzutauchen – Arm in Arm mit Thomas, unserem Frauenbeglücker, und einen jungen Solomann im Schlepptau.

Fast wäre der Befreiungsschlag von Sissi in die Hose gegangen. Ihr Werdegang zur verkappten, frustrierten Beinahe- beziehungsweise Kurzzeit-Swingerin schien nämlich vorgezeichnet: Sie kam wieder, und beim ersten Blickkontakt an der Tür wusste ich, sie schämte sich und wollte nicht wiedererkannt werden. Doch die Lust an der Lust und der Drang, sich zu verändern, waren zu groß, um fernzubleiben. Also fragte ich sie erneut brav nach ihrem Namen. Dieses Spiel spielten wir noch einige Male. Bei jedem Besuch tat sie so, als sei sie das erste Mal oder zufällig oder gerade einmal so nebenbei da, gab aber anschließend Gas, als sei es das letzte Mal.

So ging es gut ein halbes Jahr lang. Eines Abends jedoch war nichts los, und da erzählte sie mir von ihrem ganz normalen Leben zwischen Beruf (Bankfilialleiterin), Familie (Exmann und neuer Lebensgefährte, der zwei Kinder mitbrachte und beim Sex, vorzugsweise samstags, immer die Vorhänge schloss), Freunden (kein Sex-in-the-City-Getratsche in der Frauenrunde) und den feuchten Träumen, die sie seit der Jugend begleiteten. Sie erzählte auch von ihrer katholischen Erziehung und ihren Schuldgefühlen, weil ihre Muschi mehr als einmal im Monat Sex wollte und sie sich beinahe jeden Tag selbst befriedigte. Ich erzählte ihr, dass es mir früher nicht anders ergangen war, denn auch ich wurde als Landkind katholisch erzogen, so wie die Mehrheit der Österreicher in unserem Alter. Und ich erklärte ihr, dass man seine Sexualität sehr wohl ausleben und dennoch weiterhin ein normales Leben führen könne. Ich sei dafür das beste Beispiel, denn ich habe ja auch noch einen bürgerlichen Beruf und Freunde außerhalb der Swingerszene. Sie müsse nur lernen, zu ihrer Lust zu stehen und sie in ihr Leben zu integrieren.

Ich sah Sissi acht Monate nicht mehr. Dann kam sie eines Abends, begrüßte mich wie eine alte Freundin und ließ ihren echten Namen, eben Sissi, auf die Bestellliste eintragen.

»Lange nicht gesehen. Rotwein?«

»Nein, Sekt bitte. Ich will feiern.«

»Hast du Geburtstag?«

»Kann man so sagen.«

Ich sah sie fragend an, während ich einschenkte.

»Ich steh jetzt dazu, dass ich eine Nutte bin.«

Ich unterbrach das Einschenken und musterte sie.

Sie lachte auf, wahrscheinlich, weil es ihr gelungen war, mich zu irritieren, und zündete sich eine Zigarette an. Ich nahm mir selbst einen Schluck Sekt und setzte mich zu ihr. Es war noch nicht viel los, und Claudia, die an diesem Abend Dienst hatte, würde den Laden schon schmeißen.

Nachdem wir miteinander angestoßen hatten, erläuterte Sissi: »Damals, nach unserem Gespräch, da habe ich einer Freundin erzählt, dass ich in Clubs gehe. Ich wollte mich nicht mehr verstecken.«

»Verstehe. Und sie …«

»Hat mich als Nutte beschimpft.«

Wer solche Freunde hat, braucht keine Feinde mehr – verkniff ich mir zu sagen und nickte ihr aufmunternd zu.

»Ich war echt verzweifelt, weil ich mich gar nicht so gefühlt habe. Eigentlich, ganz tief drin. Aber natürlich habe ich ihr recht gegeben. Eine Frau, die sich einen Abend lang mehr oder weniger gleichzeitig von mehreren Männern ficken lässt, was ist die schon anderes?« Sissi lachte nochmals auf. »Und dabei habe ich ihr das nicht einmal erzählt. Sie hätte mir wahrscheinlich ein Kreuz in die Brust gerammt, um den Dämon zu vertreiben.«

»Na ja, vielleicht war es nicht gut, so einer streng religiösen …«

»Ist sie gar nicht. Trotzdem war sie geschockt.«

»Und deswegen bist du nicht mehr gekommen?«

Sissi schüttelte den Kopf. »Ich wollte es ganz genau wissen und hab es noch einer anderen Freundin erzählt, einer, die ständig irgendwelche Lover hat.«

»Und?«

»Sie war angewidert. ›Notgeil‹ hat sie mich genannt. Einen Rest von Stolz müsse eine Frau sich doch bewahren. Sich da einfach irgendwelchen grauslichen Typen in irgendwelchen grauslichen Lokalen hingeben … entschuldige.« Mit einem Seitenblick auf mich nahm Sissi einen Schluck. »Und ich hab ihr geglaubt – dass es edler ist, in der freien Wildbahn jemanden zu erlegen, als sich an einem Futtertrog mit sogenannten Übriggebliebenen satt zu fressen.«

Wir schwiegen.

Sissi fuhr mit dem Mittelfinger über den Rand des Glases. »Abgesehen davon solle ich mich nicht mehr so kindisch aufführen, hat sie gesagt, es sei Zeit für eine feste Beziehung und ein eigenes Kind.«

»Dein Lebensgefährte hat doch eh schon zwei«, warf ich ein.

»Exlebensgefährte. Mir ist sein Dienstplan beim Sex auf die Nerven gegangen. Und mit so einem Menschen will ich schon gar kein Kind.«

»Und jetzt?«

Sie lachte mich an und hob das Glas: »Bin ich so, wie ich bin. Irgendwann habe ich das Gefühl gehabt, ich ersticke. Dann habe ich mir gedacht, die können mich alle mal. Was sind das für Freunde, die mich wegen ein bisschen Sex verurteilen? Ich tu ja niemandem Gewalt an. Und weißt du, was passiert ist?«

Ich schüttelte den Kopf, obwohl ich es ganz genau wusste. Die Freunde hatten es akzeptiert. Denn man wird für etwas vermeintlich Amoralisches nur dann vehement verurteilt, wenn man nicht dazu steht, weil man durch die eigene Unsicherheit eine Angriffsfläche bietet.

»Meine Freundin will demnächst mitgehen, weil ihr das Herumgesülze bei den Aufrissen auf die Nerven geht.«

Sissi grinste, und wir stießen auf die selbstbestimmten Frauen an. Seitdem ist sie Stammgast bei uns, gelegentlich begleitet von ihrer Freundin Silke. Bei ihr ist der Kampf mit den Selbstzweifeln und gegen die Verachtung durch die angeblich moralische Gesellschaft noch einmal gut ausgegangen. Aber ich habe auch schon beobachtet, dass Frauen von der lustbetonten Seite ihrer selbst regelrecht angeekelt waren und diese nur im Vollrausch ertragen konnten. Meist sind sie nicht nur mit ihrem Körper nicht im Einklang, sondern auch nicht mit ihrem restlichen Ich. Solche Menschen müssen sich generell Gedanken über ihr Leben machen, da helfen keine Bargespräche und Grenzüberschreitungen mit Hilfe von Alkohol.

Unsere Elena da vorn auf dem Barhocker ist mit sich im Reinen. Sie braucht, um in Aktion zu treten, kaum Hemmschwellensenker oder Stimulanzien. Gerade ist sie zum Orgasmus gekommen. Sie hat sich in ihren Beschützer Wolfgang verkrallt und den Lustschrei in seinem Oberarm erstickt. Das ist die einzige kleine Hemmung, die an ihr zu beobachten ist: Wenn nichts anderes vorhanden ist, um ihren Schrei abzudämpfen, beißt sie sich sogar notfalls in den gekrümmten Zeigefinger, als sei er ein Stück Holz. Seltsam bei einer Frau, die öffentlichen Sex liebt. Aber vielleicht ist es gar nicht Ausdruck irgendeiner Scham, sondern von zusätzlicher Lust. Vielleicht war sie als Jugendliche gezwungen, es sich heimlich unter der Bettdecke neben ihren Geschwistern zu machen, und der Schrei nach innen löst erst die vollendete Eruption in ihr aus. Jedenfalls hat der Abend für Elena damit erst so richtig begonnen, denn schon nestelt sie an der Hose des Junghengstes links neben ihr, der daraufhin sofort bereitwillig den Reißverschluss öffnet. Zum Vorschein kommt ein mittelgroßer, aber stahlharter Schwanz mit leichter Links-krümmung. Er hat sich die Schamhaare nur gekürzt, nicht ab-rasiert, was Elena, wie ich weiß, ungeheuer antörnt. Sie massiert seine Stange und beobachtet mit halbem Auge, wie der Mann, der sie zuvor geleckt hat, nun ebenfalls seine Hose öffnet, aber vom jungen Mann rechts neben ihr beiseitegeschoben wird. Der streichelt ihr nun über die Muschi und formt mit leuchtenden Augen irgendwelche Wörter. Wahrscheinlich sagt er ihr, dass er noch nie so eine schöne Muschi gesehen hat. Braver Junge.

Das Paar neben Elena und ihren Männern betrachtet die Sze-nerie mit scheelem Blick. Die beiden sind Mitte dreißig und erst drei- oder viermal bei uns gewesen, ohne jemals irgendetwas zu unternehmen. Bernhard hat mir von einem Gespräch mit ihnen erzählt, dessen Resümee lautete, dass sie sich unter Swingern total unter Druck gesetzt fühlten. Für sie muss Elenas Freizügig-keit puren Stress bedeuten. Soll ich eingreifen und Elena bitten, nach hinten zu wandern? Nein, das könnte und würde ich nie, denn das hier ist eine Swinger-Location, die Gäste müssen mit Sex auch an der Bar rechnen. Wir sind kein Spießerverein, der alles, was über den üblichen Rahmen hinausgeht, nach hinten ins Dunkel abschiebt.

Dennoch, ich muss die beiden ablenken, mich um sie küm-mern. Denn sie wollen ja offensichtlich etwas anstellen hier, sonst wären sie nicht wieder hergekommen. Irgendetwas hemmt sie.

Ich dämpfe also meine Zigarette aus und schiebe mich durch die Menschen. Gerade flüstert Wolfgang Elena etwas ins Ohr. Sie lässt sich daraufhin von ihm in die Senkrechte helfen. Während sie mit Hilfe des Stangenburschen vom Hocker gleitet, höre ich, wie sie sagt: »Ist wirklich eng.«

Wolfgang hat sie also überredet, aus Platzmangel auf eine der Spielwiesen auszuweichen. Ein Mann von einem anderen Tisch streicht ihr beim Vorbeigehen über die Brust und zieht eine Schnute. »Jetzt, wo's spannend wird«, meint er bedauernd.

Sie knufft ihn und meint: »Kannst ja hinten auch schauen.«

»Hier ist's bequemer.« – Klar, hier kann er sitzen und gleichzeitig etwas trinken und rauchen. Im Spielbereich sind Getränke und Zigaretten verboten.

Jetzt mischt sich Wolfgang ein: »Wenn dir unsere Elena nicht etwas Unbequemlichkeit wert ist …« Dabei hebt er die Handflächen, was so viel heißt wie *selber schuld*.

Da gebe ich ihm recht. Dieser Mann, ungefähr Anfang dreißig, gehört eindeutig in die Kategorie derer, die feuriges Entertainment suchen – nach Möglichkeit, ohne selbst etwas dazu beizutragen.

Elena, Wolfgang und die drei Solomänner ziehen nach hinten ab. Es wird nur ein bis zwei Minuten dauern, bis auch die drei Solomänner am Eck der Bar und zwei weitere, die im Gang nach hinten herumschleichen, ihnen nachgehen und sie beobachten. Wahrscheinlich gesellt sich auch das Pärchen vom Nebentisch hinzu, denn die beiden haben schon heftig geschmust, und ihre umherschweifenden Blicke zeigen, dass sie auf der Suche nach Spielpartnern sind. Wahrscheinlich hoffen sie, dass ihnen jemand nach hinten folgt, mit dem sie im Schummerlicht des Ganges zwischen den Zimmern fummeln können.

Ich konzentriere mich jetzt aber einmal auf das Paar an der Bar – nennen wir es »das Widerstandspärchen« –, das wirkt, als sei es zum wiederholten Male in den falschen Film geraten.

Aus dem Leben einer Swingerin

Sein statt Schein

Recht bald nach der Trennung von Matthias lernte ich meinen nächsten langjährigen Freund kennen. Er war Künstler. Peter umgab sich mit einem großen Kreis von Künstlern aus allen Bereichen. Und in dem Klischee, dass Künstler etwas von einem fahrenden, unmoralischen Volk an sich haben, steckt durchaus ein Körnchen Wahrheit, vor allem, solange sie jung und auf der Suche nach sich selbst sind. Vielleicht hat es damit zu tun, dass man im Kunstbereich viel mehr als in anderen Branchen die eigene Seele erkunden muss, um produktiv sein zu können. Künstler sind gezwungen, aus sich selbst zu schöpfen – anders als Menschen, die Zahlenkolonnen addieren oder Paragraphen interpretieren. Wer künstlerisch arbeitet, muss herausfinden, was alles in ihm steckt, und lässt dabei oft gesellschaftliche Normen hinter sich, klopft Doktrinen auf ihre Sinnhaftigkeit ab und schafft sich ein erlebtes statt eines nachgebeteten Wertesystems. Solche Menschen werden oft unbequem – eine Eigenschaft, die auch in anderen Berufsgruppen nicht schaden würde.

Wenn man älter wird, löst sich diese Gegensätzlichkeit etwas auf. Überraschend viele Künstler werden, wenn sie etabliert sind, seriös beziehungsweise konservativ im gesellschaftspolitischen Sinn, während viele Menschen in »Normalberufen« sich, wenn sie ihren Platz in der Gesellschaft gefunden haben, auf die Suche nach sich selbst begeben. Dann hinterfragen sie plötzlich geläufige Normen und Grenzen und stellen zuweilen fest, dass ihnen diese lediglich von anderen aufgezwungen wurden und nicht ihren eigenen Moralvorstellungen entsprechen.

Aber als ich Peter kennenlernte, waren wir noch jung. Und

wir erlebten eine regelrechte Amour fou, was wahrscheinlich an unserer Gegensätzlichkeit lag. Ich, die Bürgerliche, die kurz vor dem Abschluss des Studiums stand und schon brav einer Geldarbeit nachging (ich begann damals, für ein kleines Blatt zu schreiben), traf auf den wilden Künstler, der selbst einen höheren Schulabschluss als unnötige spießbürgerliche Vorgabe verweigert hatte. Er prahlte, schon mit über hundert Frauen geschlafen und sogar schon Dreier erlebt zu haben; ich hingegen konnte meine sexuellen Begegnungen noch immer leicht zählen. Ich bewunderte ihn unendlich, und später habe ich erfahren, dass er von mir ebenso fasziniert war. Gleichwohl: Er war ein Macho, ich eine emanzipierte Frau, und wir führten den klassischen Geschlechterkrieg, bei dem einer den Fuß auf den anderen stellen und ihn demütig im Staub kriechen sehen will. Wir hinterfragten alles, kritisierten gegenseitig unsere Arbeiten, ließen nichts gelten. Endlich hatte ich meinen geistigen Sparringspartner gefunden. Wir waren intellektuell süchtig nacheinander.

Um das Ende vorwegzunehmen: Wir gewannen beide den Krieg. Er brachte mich mit seiner offensiven Art, seiner Eloquenz und seiner kompromisslosen, meist harschen Kritik zum Verstummen, ich meinerseits stürzte ihn mit Blicken und Subtext von seinem hohen Sockel. Wir spürten beide, dass wir ebenbürtige Gegner waren. Wir lernten viel von- und aneinander. Und wir waren körperlich verrückt nacheinander, waren einander die Verkörperung unseres jeweiligen Traumbilds. Allgemein gesprochen waren wir beide im landläufigen Sinn ziemlich hübsch, wie alte Fotos beweisen, außerdem sehr schlank (auch damals hämmerten einem die Medien schon diesen Wahn ein). Im Speziellen war er ein feingliedriger Mann mit griechisch-klassischen Gesichtszügen, kleinem Po und schlanken Beinen. Und so spielte das Sexuelle in unserer Partnerschaft eine große Rolle.

Wie schon bei meinem ersten Freund meinte ich, die große

Liebe gefunden zu haben, der ich treu sein wollte. Doch dem standen gleich zwei Probleme entgegen: Ich empfand Neid auf Peters immense Erfahrung und wollte mit ihm gleichziehen, und ich war extrem eifersüchtig.

Was ist Eifersucht? Die Angst, nicht mehr die Nummer eins beim anderen zu sein, ihn zu verlieren – geboren aus dem irrtümlichen Glauben, einen Menschen besitzen zu können, oder aus mangelndem Selbstwertgefühl, aus dem ein Gefühl der Ohnmacht entsteht. Die meisten Menschen machen Eifersucht spontan an körperlicher Untreue fest, manche Menschen entdecken aber bei erfahrener Untreue zu ihrem Glück, dass es im Grunde nur um die Angst geht, eine Monopolstellung zu verlieren. Und dieses Problem kann man weit leichter verstehen und in den Griff bekommen als die tatsächliche oder vermeintliche Untreue des anderen (die bei zunehmender Eifersucht schon das Berühren anderer Menschen und sogar Gespräche mit anderen betrifft). Diese Sucht nach dem besonderen Platz im Leben des anderen führt manche sogar dazu, auf vergangene Freunde eifersüchtig zu sein. Denn diesen hat der Partner ja auch einmal gesagt, dass er sie liebt, mit diesen war er ebenfalls glücklich. Was soll also bei mir jetzt anders sein?, fragt sich der Eifersüchtige. Bin ich nicht letztlich austauschbar?

Aber wer sagt denn, dass etwas Altes an Wahrhaftigkeit verliert, nur weil sich danach etwas Neues entwickelt? Wir wissen, dass die Liebesheirat erst mit der Romantik in Mode kam und eine Erfindung des 19. Jahrhunderts ist. Aber die Prägung durch Bücher und Filme ist so stark, dass wir tatsächlich glauben, wir hätten etwas falsch gemacht, wenn die erste Liebe nicht auch zugleich die einzige ist. In Wahrheit ist Eifersucht vollkommen sinnlos, denn wenn ich kein Vertrauen zum anderen habe, zermürbe ich mich selbst. Und wenn sich mein Partner gegen mich entschieden hat, kann ich ohnehin nichts mehr machen – außer einen Kasperl aus mir selbst.

Doch damals, mit Anfang zwanzig, war ich noch eifersüchtig. Ein Gefühl, das mich kleinmachte und das ich mit Flirts zu kompensieren versuchte. In der Theorie begann ich zwar zu verstehen, dass Eifersucht das sinnloseste Gefühl zwischen Menschen ist, in der Praxis brauchte ich erst die Beziehung zu Peter, um dieses Wissen zu verinnerlichen.

Peter betrog mich. Ich konterte mit einer Affäre mit einem seiner Kollegen, woraus sich eine offene Parallelbeziehung entwickelte, die über ein halbes Jahr dauerte, weil ich mich für keinen der beiden Männer entscheiden konnte und immer wieder zusätzliche Zeit einforderte – inklusive filmreifer Szenen mit Telefonterror, Verfolgungen auf der Straße, zerstörten Besitztümern und betrunkenem Auflauern.

Peter hielt sich nach ein paar Wochen mit einer Zufallsbekanntschaft schadlos, ich tickte vor Eifersucht völlig aus. Ich war doch schließlich die Leidende, die sich nicht entscheiden konnte, es aber musste, und unter dieser Last beinahe zusammenbrach, oder? Wie konnte er es also wagen …?

Im Nachhinein betrachtet, war ich natürlich bloß in meiner Allmacht gekränkt. Wer ist nicht gern die von allen bis zum Wahnsinn Geliebte und Begehrte? Es ist schmerzhaft, dann festzustellen, dass man durchaus ersetzbar ist.

Peter und ich fanden wieder zusammen. Wir glaubten, einander zu lieben, doch war das nun eher eine Sache des Kopfs und der Seele, nicht aber des körperlichen Begehrens. Erkennbar wurde das, als ich ein paar Kilo zunahm. Ich wurde nicht dick, ich war nur nicht mehr spindeldürr. Peter kritisierte mich ständig deswegen und schlief kaum mehr mit mir. Später stellte sich heraus, dass er sich zu diesem Zeitpunkt bereits eine – extrem dünne – Geliebte genommen hatte. Ich litt vor mich hin und wollte ihm glauben, er sei so sehr in seine Arbeit verstrickt, dass er keinen Kopf für unsere Beziehung habe – wir Menschen sind perfekt im Selbstbetrügen. Ich verkroch mich in meiner Arbeit und ging ein einziges Mal fremd, als ich wegen einer Recherche im Salzburgischen war.

Es geschah an einem langen Abend in einem Lokal, wo die Stammgäste und ich viel Bier tranken und gemeinsam Tischfußball spielten. Joschi war einer von ihnen, über zehn Jahre älter als ich und von der *feschen* Kategorie, also quasi Kaufhauskatalogmodel. Mein angeknackstes Selbstbewusstsein setzte alles daran, von ihm, dem erfahrenen, schönen Mann, bemerkt zu werden. Das ging leichter als gedacht, da ich ja hübsch war (was ich selbst aufgrund Peters Missachtung nicht mehr glaubte) und man(n) es wahrscheinlich förmlich roch, dass ich unbefriedigt war und abgeschleppt werden wollte. Ich nahm ihn betrunken mit auf mein Zimmer, wo er gleich zur Sache ging, indem er mich blitzschnell auszog und meine Brüste knetete. Sein Originalkommentar: »Schene Gspaßlaberln.«[2]

Mein Selbstbewusstsein gab wieder ein Lebenszeichen. Mit einem Mal jedoch bekam ich Angst vor meiner eigenen Courage. Würde Peter es nicht merken? Würde ich mich verplaudern? Wie ein Teenager zickte ich herum und erklärte Joschi schließlich, dass ich doch nicht könne, weil ich einen Freund hätte.

»Passt scho. I bin a verheirat«, lautete seine Antwort.

Das gab mir Sicherheit. Zumindest würde mir Joschi danach wohl nicht nachstellen. Auf dieser Erkenntnis baut die komplette Seitensprungkultur unserer Gesellschaft auf: Wenn du in einer Beziehung bist, gehst du am besten mit jemandem fremd, der es auch ist. Gebundene ab Mitte dreißig haben eine regelrechte Codesprache entwickelt: Man testet einander aus, indem man Wörter und Phrasen wie »Auszeit«, »Leben viel zu kurz«, »Zeitfalte«, »immerhin mein Leben«, »Luftblase« und dergleichen verwendet.

Joschi zerstreute also meine Ängste, ich könnte meine Beziehung durch dieses Abenteuer gefährden. Und er war wirk-

---

2 Schöne Spaßlaibchen. Als »Laberl«, also kleiner Laib, wird in der österreichischen Umgangssprache Weizengebäck wie Brötchen bezeichnet; bekannt auch in der Zusammensetzung »Fleischlaberl« (Buletten).

lich verdammt schön. Ich wollte ihn haben und meiner Trophäensammlung einverleiben. So wurde ich aktiv – und sollte zunächst die einzig Tatkräftige bleiben. Denn Joschi ließ sich seelenruhig einen blasen, wobei er mir auch noch ständig Kommandos gab, wie es ihm am angenehmsten sei. Nun habe ich zwar nichts gegen verbalen Austausch beim Sex, denn man kann ja nicht gleich jede Vorliebe beim anderen erahnen, aber dieser Mann schaute mich dabei nicht einmal an. Ich hatte das Gefühl, für ihn irgendeine x-beliebige Sexpuppe zu sein. Doch ich wollte meine frische Eroberung nicht gleich vergrämen und außerdem ja auch noch zu etwas Spaß kommen, also gab ich mir echte Mühe. Ich nuckelte an seinen straffen Eiern, die mir wesentlich besser gefielen als sein etwas dünner, rosafarbener Schwanz. Das entlockte ihm immerhin Grunzlaute. Doch als ich dann die Haut am Beginn seiner Schenkel anknabberte und gleichzeitig seine Brustwarzen leicht zwirbelte, schob er meine Hände weg, sah mich kurz an und deutete auf den Schwanz: »Da spült di Musi.« Er war nicht gerade das, was man einen Connaisseur nennt.

Irgendwann wurde es mir langweilig, gleichzeitig war ich trotz seiner Einfallslosigkeit ziemlich geil – immerhin handelte es sich um den ersten Sex seit Monaten. Ich legte mich also auf den Rücken und lächelte Joschi mit halbverhangenen Augen aufmunternd an. Er wuchtete sich sogleich brav in die Höhe und grinste mich an. Ich schloss erwartungsvoll die Augen und meinte schon, seine Zunge an meiner Klitoris zu spüren. Doch erst einmal passierte gar nichts. Dann war ein schnalzendes Geräusch zu hören, und plötzlich stießen zwei Finger in mein Loch und fuhrwerkten dort herum, als würde jemand nach einem verlorenen Gegenstand suchen. Es tat weh, obwohl ich sehr feucht war. Gerade, als ich ihm das sagen wollte, stieß er unvermittelt in mich hinein und begann zu rammeln wie ein Duracell-Hase. Sein Schweiß tropfte auf mein Gesicht, in dem nun kein Lächeln mehr war und auch kein Begehren. Doch das sah Joschi gar nicht, denn er hatte die Augen geschlossen. Er schien nur mehr seinen Schwanz zu spüren und mich vollkommen vergessen zu haben. Kurz vor dem Höhepunkt finde ich das völlig in Ordnung, aber doch nicht am Beginn eines Liebesspiels! Ich konnte es kaum glauben, starrte ihn an und hoffte, dass er das spüren würde. Auch kam ich ihm mit meinen Bewegungen nicht mehr entgegen, sondern ließ ihn einfach ficken. Ich zog sogar eine Grimasse, streckte ihm die Zunge heraus und studierte den Plafond – er reagierte auf nichts und rammelte wie ein Roboter weiter vor sich hin. Gerade fragte ich mich, ob ich ihn nicht unterbrechen und ihm sagen sollte, dass ich mich zu Tode langweilte, doch da kam er schon – mit einem Stakkato von »Ja, Ja, Ja« und »Gib's mir«. Abgeschmackter ging es kaum, und was er mit Letzterem meinte, war mir sowieso ein Rätsel, denn ein toteres Stück Fleisch als mich gab es bestenfalls im Schlachthaus.

Japsend fiel Joschi auf mich drauf – und stank, während das Kondom von seinem verschrumpelten Etwas rutschte. Im Lokal war schon einmal so ein miefiger Hauch zu mir geweht, und auch, als er seinen Schwanz ausgepackt hatte, war da etwas gewesen. Doch ich hatte es vor lauter Gier auf *endlich wieder Sex* nicht wahrhaben wollen. Jetzt erst wurde mir klar: Ich konnte ihn nicht riechen. Er nahm mir den Atem, und das im doppelten Sinn, denn er lag auf mir, als wäre ich eine Couch. Dass er mir zu schwer war, wagte ich zu sagen, nicht natürlich, dass er stank – damals nahm ich in solchen Dingen noch falsche Rücksicht.

Joschi rollte sich auf die Seite und schnaufte zufrieden. Und dann kam die Frage, die ich bislang nur aus Filmen kannte: »Wari guat?«

Er wollte nicht wissen, ob es *mir* mit ihm Spaß gemacht hatte, nein, er wollte tatsächlich nur wissen, ob *er* gut gewesen sei. Für einen Moment schien die Zeit stehenzubleiben. *Nein – beschissen! Du hast keine Ahnung von Frauen. Du bist der schlechteste*

Liebhaber, den ich kenne, schlechter als die besoffenen Studenten, mit denen ich rumgemacht habe, die waren jung, und du bist alt, da musst du mehr können als rein und raus. Außerdem stinkst du, und dein Schwanz ist rosa wie ein Engerling.

Das hätte ich sagen wollen, aber die Zeit lief weiter, und ich nickte Joschi lächelnd wie eine Geisha zu. Gestisch brachte ich die Lüge zusammen, verbal nicht. Er grummelte zufrieden, kratzte seine Eier und warf sich dann voller Elan in seine Kleider, während ich mir die Decke bis unters Kinn zog. Schließlich tätschelte er meine Wange und meinte: »War klass mit dir. Mach's guat.« Und weg war er.

Ich blieb verwirrt zurück. Wenn mir ein Mensch optisch gefiel, musste ich doch auch mit ihm harmonieren, hatte ich bislang angenommen. Offenbar ein fataler Irrtum.

Ich war also die nächsten Wochen dreifach belastet: mein Freund betrog mich offensichtlich, ich wurde zu dick und daher unattraktiv, wie er mir ständig suggerierte, womit mich kein anderer Mann mehr anschauen würde, und schöne Männer waren nicht unbedingt gute Liebhaber – was mir aber egal sein konnte, weil ich sie ja mit meinen quellenden Rundungen ohnehin nicht würde erobern können. Ich hatte damals auf 1,76 Meter Kleidergröße 38, wobei viel des »Gewichts« der Busen und mein zwar nicht breiter, aber sichtbarer Hintern ausmachten – meine Befürchtungen waren also ein klarer Fall von Schlankheitswahn.

Diesen Teufelskreis durchbrach ein Mann, der mir überhaupt nicht gefiel, den ich aber mochte. Gerald war Grafiker bei dem kleinen Blatt, für das ich schrieb. Er himmelte mich an wie ein kleiner Junge (obwohl er wie ich Mitte zwanzig war), was er mir mit Einladungen zum Kaffee, Taxifahrten nach Hause und dem Schleppen von Einkäufen vermittelte, ebenso natürlich mit langen, intensiven Blicken. Wenn ich ihn dabei ertappte, wurde er rot, was ihm nicht besonders stand, weil er sehr hellhäutig war. Gerald war einer jener Dunkelhaarigen mit hellem Teint, die ständig so wirken, als seien sie für einen Vampirfilm geschminkt. Und er wies eine beträchtliche Körperfülle auf, wie ich damals fand – auch wenn er tatsächlich bloß stämmig war und ein kleines Bäuchlein mit sich rumtrug.

Gerald stellte also nicht unbedingt jenen Typus Mann dar, der einem zur Ehre gereicht, wenn man von ihm bemerkt wird. Man misst ja, solange man im gesellschaftlichen Schönheitswahn gefangen ist, seine eigene Attraktivität an jener des Gegenübers, das einen begehrt. Dass mich nur ein Loser – oder, wie man heute sagen würde, Nerd – beachtete, versetzte meinem Selbstwertgefühl einen weiteren Dämpfer. So schlimm stand es also schon um mich.

Aber Gerald und ich führten tolle Gespräche, seine Intelligenz – mein Aphrodisiakum! – machte Spaß. Ich fühlte mich in seiner Gegenwart wohl. Nachdem wir etwa ein halbes Jahr gebalzt hatten, versumpften wir eines Abends wieder einmal bei viel Bier und Schnaps. Ja, und was soll ich sagen? Man kann sich jeden Menschen schön trinken. Geralds blaue Augen sprühten plötzlich Feuer, mit einem Mal hatten seine Lippen einen schönen, animierenden Schwung. Und als ich ihm das erste Mal bewusst nahe kam, stellte ich fest, dass er gut roch. Ich küsste ihn, und er schmeckte phantastisch, außerdem erotisierte mich sein glücklicher, zugleich ungläubiger und gieriger Blick. Wir ließen uns Zeit und erkundeten unsere Münder wie zwei Teenager beim ersten Mal, zaghaft, fast ängstlich Distanz wahrend. Zwar blitzte mir gelegentlich noch ein *Aber er gefällt mir doch gar nicht* durch den Sinn, aber die körperliche Berührung und das Begehrtwerden taten gut und gipfelten in meinem überheblichen Gedanken, dass es für ihn wunderbar sein musste, dass ich Göttin zu ihm herabstieg. Dass meine Gefühle so wirr waren, zeigte deutlich, wie sehr mich Peters Ablehnung verunsichert hatte.

Als mir Gerald das erste Mal über den Unterarm strich, überrollte mich tatsächlich ein Schauer, als würde durch seine Finger Elektrizität in meine Haut fließen. In der nächsten Sekunde hatte ich überall Gänsehaut, und jetzt war ich es, die ihn fassungslos ansah und unkontrolliert keuchte.

Wir fielen noch im Lokal übereinander her, als gäbe es keine Welt um uns herum. Wir knutschten und fummelten so heftig, dass ein älterer Gast, der gerade von der Toilette kam, meinte: »Na, habt's keine Wohnung z'aus?«

Trotzdem, an diesem Abend schlief ich nicht mit Gerald. Erstens wussten wir nicht, wo (in seiner Wohnung hatte sich gerade seine Schwester einquartiert, und ich lebte ja mit meinem Freund zusammen), zweitens hatte ich Angst, weil dieser Mann in mir eine erschreckende Unkontrolliertheit auslöste, drittens hatte ich mit demselben Problem zu kämpfen wie bei jenem Dorfhengst im Salzburgischen, nur unter umgekehrten Vorzeichen: Wie konnte es sein, dass mich jemand dermaßen erregte, der mich auf den ersten Blick körperlich so abtörnte?

Entfesselte Hormone schalten bekanntermaßen das Hirn aus und übernehmen vorübergehend die Kontrolle. So ging es mir damals, mir war fast schlecht, so gierig war ich nach seiner Berührung. Daher rief ich entgegen meiner sonstigen Gewohnheit am nächsten Tag bei Gerald an, in der Mittagspause von einer Telefonzelle, denn in der Zeitungsredaktion vermieden wir an jenem Tag jeden Blick und jede körperliche Nähe. Dieses Ausweichen musste selbst dem Naivsten auffallen, denn alle wussten, dass wir zwei gut miteinander bekannt waren. Am Telefon besprachen wir die Situation und beschlossen, so zu tun, als sei nichts passiert, und wie üblich gemeinsam die Redaktion zu verlassen. Ich überließ Gerald die Wahl des Ortes, und als ich endlich mit ihm allein im Auto war, durchfuhr mich ein neuerlicher Schock. Obwohl ich unten nass war und der Herzschlag in meinem Kopf dröhnte, fragte ich mich: *Warum er? Er ist so gar nicht mein Typ.* Aber da es ja niemand erfahren würde und ich keine Beziehung mit ihm eingehen musste, beruhigte ich mich. Es ist einfach ein kleines Experiment, sagte ich mir. Wichtig war mir, dass mein enger Kontakt zu einem »Luschi«, wie man in Wien sagt, nicht auf mein cooles Image abfärbte.

Wenn ich heute daran denke, möchte ich mich am liebsten bei Gerald dafür entschuldigen, auch wenn wir längst Vergangenheit füreinander sind. Ich tu es stellvertretend bei all jenen lieben, intelligenten, tollen, erotisch begabten Männern, die nicht dem plakativen Schönlingsmainstream entsprechen – und die wir Frauen genau das spüren lassen. Und gleichzeitig bitte ich alle Männer, die diese Zeilen lesen und sich stets nur nach schlanken, schönen Blondinen umdrehen, sich klarzumachen, dass sie viel an Erotik versäumen, wenn sie grundsätzlich Frauen verschmähen, die nicht mit Modelmaßen aufwarten. Es geht nicht darum, dass ein vermeintlich unattraktiver Mensch für Zuwendung dankbar sein muss und sich dafür mehr anstrengt, sondern darum, dass »Schönheit« nichts über Hingabe, Phantasie und Spaß am Sex aussagt. Und ob man im Fall einer ernsthaften Partnerwahl anhand körperlicher Merkmale tatsächlich, wie diverse Studien es nahelegen, verlässlich auf die Qualität des Genmaterials und die Nestbauqualitäten des Mannes rückschließen kann, sei dahingestellt. Wir tun gut daran, Menschen möglichst unbeeinflusst von ihrem Äußeren wahrzunehmen, auch wenn das mitunter schwerfällt.

Gerald parkte donauabwärts auf einem abgelegenen Platz in der Nähe des Yachthafens. Wir sahen uns an, und dann fielen wir übereinander her: Wir küssten und schnappten und tatschten und zwickten und rieben und leckten, bis wir nach kürzester Zeit vollkommen außer Atem waren. In meinem Kopf war nichts mehr außer einem alles beherrschenden Sirren – und der eine Gedanke: *Wieso ist mir plötzlich alles egal?* Selbst wenn die Polizei gekommen wäre, hätte ich weiter seinen Schwanz gelutscht. Das beängstigte mich.

Gerald strich mit dem Nagel seines linken Mittelfingers nachlässig über meinen Hals. Ich schrie und zitterte so stark, als hätte ich ein Nervenleiden. Er fuhr mit dem Finger weiter über meinen Körper abwärts, nicht über nackte Haut, sondern über mein Kleid. Dann schob er dessen Saum nach oben, strich über den Kitzler, und schon bekam ich den ersten Orgasmus. Danach erst bemerkte ich, dass sich die Handbremse in meinen Rücken gegraben hatte. Und Gerald spürte seinen rechten Arm, der zwischen mir und dem Sitz eingezwängt war, nicht mehr. Das Ganze war recht ungemütlich.

Gerald holte aus dem Kofferraum eine Decke. Während er sie ausbreitete, zog ich mich einfach aus, ohne Spielchen, ohne Koketterie. Ich legte mich auf den Rücken.

Nie werde ich den Geruch der Donau vergessen: leicht schlammig, kaum merkbar nach Fisch, viel Frische und Wasser, das leise vor sich hin gurgelte. Dazu das schwere Atmen meines Geliebten und der Geruch seines Schwanzes, der im Licht der Nacht aussah wie eine Elfenbeinskulptur. Vor mir stand die Statue eines mächtigen frühzeitlichen Gottes mit einem beeindruckenden Phallus, dem ich mein Becken entgegenschob. Doch Gerald ließ sich nicht auf mich fallen. Er hockte sich über meine Brüste, zwischen denen nun sein Schwanz zuckte. Dann strich er mir seelenruhig über die Stirn, die Augenbrauen, die Schläfen, die Wangenknochen, den Mund, das Kinn, ging schließlich auf alle viere und leckte mich vom Hals bis zum Bauchnabel. Ich kam ein zweites Mal. Dann drückte ich ihn in die Aufrechte, kniete mich ebenfalls hin und wanderte nun meinerseits mit den Lippen seinen Körper entlang. Seine Haut war glatt und geschmeidig, dünne schwarze Haare bedeckten sie wie ein Flaum. Ich zupfte mit den Zähnen an seinen Brustwarzen, kitzelte mit meiner Zunge seine Achseln, und Gerald bäumte sich auf. Sein Schwanz stand zwar wie ein Rammbock, aber er ignorierte ihn und genoss meine Berührungen wie ich die seinen. Noch nie hatte ich einen Mann kennengelernt, der sich so hingeben konnte. Ich wollte ihn zwar in mir spüren, aber ich wurde nicht ungeduldig, denn es machte mir Spaß, immer mehr Stellen herauszufinden, deren Stimulation ihn zum Japsen brachte. Als ich seine Arschbacken fest packte und knetete, ihm von hinten die Eier massierte, kam er, ohne jegliche Unterstützung, einfach so, mit einem langen Schrei. Ich war fasziniert und enttäuscht zugleich.

Wir ließen uns beide auf die Decke zurückfallen. Gerald hatte zwar die Augen geschlossen, nahm aber meine Hand und versuchte, wieder zu Atem zu kommen. Ich kehrte in die Realität zurück. Wir lagen nach meinem Gefühl geradezu mitten in der Stadt nackt zusammen und machten Sex. Jeder konnte uns sehen! Gerald hatte vielleicht nichts zu verlieren, aber ich hatte einen Freund. Was, wenn uns die Polizei verhaftete, weil uns irgendwer anzeigte? Welch Blamage, wenn mein Freund mich aus dem Gefängnis auslösen müsste: Beziehung aus, Gelächter in der Redaktion, seltsame Blicke bei einer Neueinstellung, denn natürlich sah ich gleich die Schlagzeilen vor mir: *Aufstrebende Redakteurin bei schamlosem Sex an der Donau erwischt!*

Ich griff ganz langsam und vorsichtig zu meinem Höschen. Natürlich gönnte ich Gerald sein Nachbeben, aber ich wollte dennoch so schnell wie möglich weg. Auch, weil ich eine fürchterliche Wut bekam. Er hatte seinen Genuss gehabt und ich – ja, ich auch, zweimal war ich gekommen, immerhin, kein Grund zur Beschwerde. Trotzdem, ich war noch immer gespannt wie die Saite einer Geige.

Da rollte sich Gerald mit überraschender Behändigkeit plötzlich über mich und fixierte meine Hand auf dem Boden. »Schon müde?«, raunte er und knabberte an meinem Ohrläppchen.

Das war der unfairste Angriff überhaupt. »Nein, eh nicht. Aber wir sind da ... Wenn uns wer sieht ... Wir sollten ...«

»Weitermachen!«

»Aber da kann jeden Moment wer ...«

Er stützte sich auf und sah mich an. »Na und? Stört es dich, wenn das jemand genießt und sich dabei vielleicht einen runterholt?«

Eine gute Frage. Störte mich das? Ich versuchte mir vorzustellen, dass hinter dem Gebüsch gerade jetzt ein paar Meter weiter ein Mann stand und an seinem Schwanz rieb (seltsamerweise denkt man bei Spannern immer nur an Männer). War er von dem plötzlichen Abbruch genauso enttäuscht gewesen wie ich? Ich führte mir vor Augen, was er sah: eine nackte Frau und einen nackten Mann im Zwielicht der nächtlichen Großstadt, dahinter einen Fluss, auf dessen Wellen das Mondlicht tänzelte. Ich sah mich da liegen, und ich sah mich gleichzeitig hinter dem Busch stehen und masturbieren. Ja, die Vorstellung erregte mich.

»Aber was ist, wenn das jemanden stört und der die Polizei holt?«

»Der sagt vorher sicher was, und dann sind wir schon weg.« Gerald grinste. Wahnsinn, ich hätte nie gedacht, dass er so cool sein könnte.

Irgendetwas musste in meinem Blick gewesen sein, denn ohne Vorwarnung steckte er nun seinen wieder harten Schwanz in meine Spalte. Mein Becken drückte sich ihm wie von selbst entgegen. Zuerst bewegten wir uns nur langsam und schauten uns dabei die ganze Zeit in die Augen. Plötzlich krampfte meine Muschi, und ich stieß ihm mit aller Wucht entgegen. Wir taten es nun in allen Stellungen und allen Geschwindigkeiten. Und die ganze Zeit hatte ich den gesichtslosen Mann hinter dem Busch vor meinem inneren Auge. Ich genoss, dass er unserer Show zusah. Als Gerald mich im Knien nahm, rauschte ich in einen perfekten Orgasmus. Ab diesem Zeitpunkt dachte ich gar nichts mehr, auch nicht an den Mann hinterm Busch.

Als ich irgendwann wieder etwas anderes als uns beide wahrnahm, wurde mir klar, dass es drei Uhr morgens war. Wir hatten uns gute fünf Stunden dem Sex hingegeben. Wahnsinn.

Zuerst überrollte mich die Panik. Wie sollte ich Peter mein spätes Nachhausekommen erklären? Doch diese wurde rasch von Gleichgültigkeit verdrängt. Wenn er jetzt misstrauisch war, war es ohnehin schon zu spät. Und vielleicht war das ja ganz gut so, denn war unsere Beziehung nicht ohnehin am Ende? Es hieß doch immer, Fremdgehen sei ein Zeichen dafür, dass da etwas nicht stimme. Ich sah Gerald aus dem Augenwinkel an. Konnte ich mir vorstellen, mit ihm ...? Nein, er war einfach nicht mein Typ. Was aber war *mein Typ*? Auf jeden Fall schlank, fast leptosom. Das entsprach allerdings ebenfalls nicht dem Klischee des attraktiven Mannes. Ein bisschen Muskeln spielten da doch immer eine Rolle, oder? Hatte ich mir also immer nur eingebildet, auf sogenannte »schöne« Männer zu stehen? War nicht mein Schönheitsempfinden ebenso subjektiv wie das eines jeden Menschen?

Ich lugte neuerlich zu Gerald hinüber. Als er sich über mich gerollt hatte, hatte ich sein Gewicht auf mir genossen – sehr genossen. Ich hatte das erste Mal das Gefühl gehabt, nicht zu groß oder zu mächtig für einen Mann zu sein (handliche Frauen sind ja höchstens 1,65 und damit etwa einen halben Kopf kleiner als ich). Zu Gewicht gehört Masse. Wenn ich dieses Gefühl wieder haben wollte, musste ich mich damit anfreunden, dass ab nun massige Männer in meinem Leben eine Rolle spielten.

Gerald nahm mich in den Arm, und ich lag kuschelig an seiner breiten Brust. Da waren keine Knochen, die weh taten – noch eine neue Erfahrung. Das verwirrte mich zusätzlich, und ich beschloss, später weiter darüber zu sinnieren.

Dieser ersten Nacht folgte eine ausufernde Affäre. Ich traf mich häufig mit Gerald und blieb dabei so oft bis spät in die Nacht weg, dass Peter etwas ahnen musste. Vor allem hätte ihn stutzig machen müssen, dass ich ihn nicht mehr zum Sex drängte. Aber wahrscheinlich wollte er ebenso wenig etwas wahrhaben wie ich die Monate zuvor hinsichtlich seines »Arbeitseifers«. Je mehr ich mich mit Gerald vergnügte, umso unverständlicher wurde mir, dass ich jemals nach Peter verrückt gewesen war. Denn das Zusammensein mit Gerald kam einer Leidenschaft von mir entgegen, von der ich bis dahin keine Ahnung gehabt hatte: Ich liebte die Gefahr des Entdecktwerdens – und entdeckte selbst dadurch erst eine meiner prägenden Neigungen: den Exhibitionismus. Wir trieben es fast immer außerhalb von Wohnungen oder geschützten Plätzen, bald nicht mehr nur der Not gehorchend (seine Schwester hatte mittlerweile eine eigene Bleibe gefunden).

Es geilte uns einfach auf, auf abgestellte Transporter zu klettern, auf die Kellertreppen von Mietshäusern zu schleichen, uns im Buschwerk von Parks zu verkriechen, mit den Schatten in Innenhöfen zu verschmelzen und Baugerüste zu erklimmen. Wir kicherten wie kleine Kinder, wenn wir aus unseren Verstecken beobachteten, dass Leute unseren Lustschreien nachlauschten und uns suchten. Die meisten von denen, die uns entdeckten, grinsten, manche schüttelten verärgert den Kopf, ganz wenige wirkten erregt, aber niemand tat das, was ich mir in meinen Masturbationsträumen vorstellte: Niemand stellte sich hin und wichste. Und niemand interessierte sich so ernsthaft für uns, dass wir einen Dreier hätten machen können.

Doch der Samen der Sehnsucht für diese neue Spielart war gestreut, und er wuchs. Doch zuerst vollzog sich meine Wandlung von der Trophäenjägerin zur Genießerin.

Ein perfekter Clubabend
Erkenne dich selbst

Das Widerstandspärchen heißt Jo und Lilli, beide um die vierzig, er im Anzug, sie im Kostüm, alles sehr dezent. Sie wirken, als hätten sie vor dem Clubbesuch an einem Geschäftsessen teilgenommen. Ich betreibe ein wenig Small Talk, indem ich Lillis violett-schwarz schimmernde Bluse bewundere und nach Jos Zigaretten frage, die ein ausländisches Fabrikat sind – woraufhin sich herausstellt, dass er Handlungsreisender in Sachen Mikrotechnologie ist. Mehr will er nicht sagen, wahrscheinlich, weil solche Technologien oft auch in Staaten verkauft werden, die politisch brisant sind. Ich dringe nicht weiter in ihn und schon gar nicht in seine Frau, die den Kiefer bereits jetzt so fest zusammenpresst, dass die Wangenknochen hervortreten. Es ist wohl besser, ihr Alltagsleben nicht zu streifen.

Nachdem ich ein neues Glas weißen Gespritzten geordert habe – Bernhard, die Kellnerinnen und ich trinken nur sehr eingeschränkt Alkohol, sonst verlieren wir den Überblick – und mit ihnen angestoßen habe, erkundige ich mich: »Ihr wart ja schon ein paarmal da. Schön. Gefällt es euch also hier?«

Sie drucksen herum, bis Lilli schließlich meint: »Ja, das Lokal ist echt gemütlich. Und ihr habt sehr gute Weine.«

»Danke. Ja, da achten wir drauf. Wir haben auch einen ausgezeichneten Grappa. Habt ihr den schon probiert?«

Sie schütteln die Köpfe und zwingen je ein Lächeln auf ihre Münder. Harte Nüsse.

Ich starte einen direkteren Versuch: »Geht ihr viel in Clubs? Auch in andere?« Es ist absolut legitim, über andere Clubs zu plaudern. Man würde als Betreiber naiv erscheinen, wenn man im Gespräch davon ausginge, dass die Gäste nur die eigene Lokalität besuchen.

Wieder schütteln sie die Köpfe. »Wir sind noch nicht so …«, meint Jo und zuckt mit den Schultern.

»Ihr macht es noch nicht so lange?«

Lilli dreht Jos Zigarettenpackung in der Hand und krächzt: »Also, genau genommen haben wir es noch gar nicht gemacht. Wir schauen uns nur um.«

»Das ist völlig o.k.«

Beide schauen mich ungläubig an. Bernhard hat mir erzählt, er habe bei ihrem ersten Besuch mit ihnen geplaudert – nicht nur über die Gepflogenheiten im *Schloss*, sondern auch über ganz andere Dinge, etwa über Luxusurlaubsressorts. Daher weiß ich, dass er ihnen schon einmal erklärt hat, sie könnten sich hier alle Zeit der Welt nehmen. Aber wahrscheinlich brauchen sie eine mehrmalige Bestätigung, dass sie hier nichts tun müssen, was sie nicht wollen.

Jo holt tief Luft: »Ja, aber hier geht man doch her, weil man … also, weil man Sex will …«

»Richtig. Aber manchmal weiß man noch nicht, welche Art von Sex man will.«

»Wie meinst du das?«

Ich nehme mir für die Antwort bewusst Zeit, schaue erst Lilli und dann Jo an, während ich frage: »Was hat euch eigentlich auf die Idee gebracht, in einen Swingerclub zu gehen?«

Die beiden nippen synchron an ihrem Cabernet Sauvignon. Jo presst hervor: »Wir haben uns schon immer dafür interessiert.«

Sie sind also schon lange zusammen und wollen wieder Pep in ihr erotisches Leben bringen. Denn hätten sie sich »schon immer« dafür interessiert, wären sie längst erfahrene Swinger.

»Fein.« Ich grinse sie an und schweige.

Jo gibt sich einen Ruck. »Ja, aber es ist so eigenartig. Wir wissen nicht … genau …« Er trinkt wieder. Dann schaut er mich geradeheraus an. »Macht man da einfach mit?«

Waren sie betrunken, als Bernhard ihnen damals alles erklärt hat? Oder so aufgeregt, dass es zum einen Ohr hinein- und zum anderen hinausgegangen ist? Ich ziehe mir einen Barhocker heran. »Es gibt mehrere Möglichkeiten. Wenn ihr mit einem Pärchen ins Gespräch kommt und gegenseitiges Interesse da ist, dann werdet ihr euch sicher irgendwann gegenseitig berühren. Und ihr könntet dann einfach die Frage stellen, ob ihr nicht lieber gemeinsam nach hinten gehen sollt.«

»Und wie merkt man, ob Interesse da ist?«, schaltet Lilli sich ein.

Ich frage mich, wie die beiden da draußen im normalen Alltag zu Rande kommen, schließlich muss man auch da in einem fort zwischenmenschliche Beziehungen beurteilen, analysieren und einordnen. Aber ich unterlasse jede süffisante Bemerkung, denn das hier ist eine Ausnahmesituation für die beiden. Außerdem kann ich mir mittlerweile vorstellen, dass sie noch nie Interesse solcher Art erfahren haben und wirklich nicht wissen, auf welche Signale sie achten sollen. Denn so verschlossen, wie die beiden sind, hat sie sicher noch niemand angebaggert.

»Das merkt ihr schon. Aber vielleicht solltet ihr euch vorher klarmachen, was ihr überhaupt wollt.«

Nun zünde ich mir eine Zigarette an, denn das Gespräch wird wohl länger dauern. Ich erkläre ihnen, dass jeder Mensch mit einem bestimmten Bild von Sexualität aufwächst, geprägt von Filmen, Büchern und Erzählungen – eben vom Common Sense der Gesellschaft. Wenn dieses Bild nicht aus irgendwelchen Gründen verkorkst ist, so hat es meist den liebevollen Umgang zweier Personen miteinander zum Inhalt. Aber Sex ist eben noch mehr, und die meisten wissen gar nicht, was sie sonst noch anspricht. Ist es Geschlechtsverkehr mit jeweils anderen Partnern, wobei der Kick darin besteht, zu wissen, dass der andere fremdgeht, man es ihm aber erlaubt hat und sich nur in der Phantasie damit auseinandersetzen muss, nicht aber mit dem realen Anblick? Oder will man mit einem anderen Pärchen gemeinsam Sex? Das ist überschaubar, und man wird selber nicht ausgeschlossen. Zugleich kann es emotional gefährlicher werden, weil man mit solchen Personen unter Umständen mehr persönlichen Kontakt hat. Oder will man gar eine Gruppenorgie? Die vielen Körper anonymisieren die Situation und auch einen selbst, der man ja Teil dieser Gruppe ist. Und es gibt noch mehr Spielarten: Wünscht man sich vielleicht sexuellen Kontakt mit dem eigenen Geschlecht, und der andere darf zusehen? Will man den Partner beobachten, wenn er mit mehreren anderen fickt? Reizen einen SM- oder Rollenspiele? Will man zufällige Berührungen im Dunkeln oder spielerische, offene Anmache? Will man benutzt werden, oder will man eine Situation beherrschen? Will man, dass jeder zuschauen kann, oder will man sich abschotten? Will man durch Greiflöcher oder in schummrigem Licht Berührungen mit nicht verifizierbaren Fremden?

Letzteres war es übrigens, was mich damals endgültig zum Swingen gebracht hat. Ich weiß noch, wie ich das erste Mal in so einem Zimmer kniete, mich Bernhard von hinten fickte und sich gleichzeitig vor mir ein Schwanz durch so ein Loch schob. Ich hatte keine Ahnung, zu welchem Mann er gehörte. Nachdem ich ihn eine Zeitlang angesehen hatte, lutschte ich ihn, war glücklich und kam wie eine Rakete. Einfach Lust zu leben, ohne Wenn und Aber, das war es.

Lilli unterbricht meine Gedanken. »Und wenn man *nicht* weiß, was man will?« Die Augen der beiden leuchten jetzt, die Mauer ist zerbröckelt. Sie sind offensichtlich klassische Hirnmenschen, die zuerst alles durchdacht haben müssen, bevor sie überhaupt in Erwägung ziehen, sich darauf einzulassen. Insofern hat meine geradlinige Erläuterung der Dinge ihnen ein kuscheliges Gefühl gegeben.

Ich beuge mich näher zu ihnen: »Wenn ich euch einen Tipp geben darf?« Sie nicken wie eifrige Schüler. »Ihr sitzt die ganze Zeit an der Bar. So werdet ihr nichts herausfinden. Geht nach hinten, wenn etwas stattfindet. Ich müsst ja nicht mitmachen, wie gesagt. Aber ihr schaut euch an, was die anderen so treiben. Bei dem einen werdet ihr merken, dass es euch erregt, bei etwas anderem seid ihr vielleicht abgestoßen. Dabei müsst ihr unbedingt auf euren Bauch hören. Es kann sein, dass unser Hirn etwas abstoßend findet, was unser Bauch aber mag. Manches lehnt man nur deswegen ab, weil es sich angeblich nicht gehört. Gebt nichts darauf, was euch die anderen einreden. Ihr müsst selbst spüren lernen, was für euch gut ist und was nicht.«

Sie schauen einander an und trinken dann wieder synchron. Jetzt spielt bereits ein leichtes, echtes Lächeln um ihre Münder.

»Hier ist alles erlaubt und nichts verpönt«, fahre ich fort. »Außer natürlich, wenn es jemand an Respekt und Freundlichkeit mangeln lässt. Aber das ist eh klar.«

Lilli strahlt mich an. »Danke!«

Ich komme mir vor wie eine Pfadfinderin: die gute Tat des Tages – und schelte mich sofort für meine Unernsthaftigkeit. Aber es fällt mir schwer, in so einem Fall nicht in eine Art geistiges Kopfschütteln zu verfallen, schließlich führe ich ein solches Gespräch nicht zum ersten Mal. Vor allem junge Pärchen bis Mitte dreißig können sich oft von dem Glauben nicht lösen, es werde etwas von ihnen erwartet. Das führt in weiterer Folge dazu, dass sie ständig Angst haben, sich danebenzubenehmen, und nicht wissen, was sie tun sollen. Also tun sie erst einmal gar nichts. Viele haben verlernt, auf ihren Bauch zu hören und intuitiv zu reagieren. Sie spüren sich nicht.

Sex erfolgt in unseren Köpfen mittlerweile nach einem Schema: Mann zwirbelt und küsst Brust, streichelt Schenkel, Frau reibt Schwanz, bläst, mit möglichst heftigen Kopfbewegungen, denn das kennen wir ja aus den Pornos, dann macht sie die Beine breit, er leckt sie ein bisschen, kaum bis zum Orgasmus, denn es ist ihr peinlich, wenn sie zu lange braucht. Dann fickt er sie – wenn sie kreativ sind, mit Stellungswechsel auf Hündchen und Reiten, zum Schluss spritzt er auf ihr ab, nach Möglichkeit auf die Brüste. Und wehe, eine der Stationen wird ausgelassen …

Ich kann mich an drei junge Pärchen erinnern, alle Anfang zwanzig, die offenkundig in unserem Club die Vielseitigkeit ihrer Sexualität entdeckt haben. Beim ersten Besuch landeten sie alle gemeinsam hinten im Gang, wo nach ein bisschen Fummeln alle drei Mädchen vor den Männern zum Blasen in die Knie gingen, und das war's dann auch. Beim zweiten Mal zogen sie sich zu sechst ins große Zimmer zurück. Es war wie beim Wasserballett: Alle drei Burschen vögelten ihre Mädchen synchron in den gleichen Stellungen, vornehmlich von hinten – weil das die »Großen« ja auch so machen. Es war, als würden sie kontrollieren, wie es die anderen machen, und so ihre Technik perfektionieren. Beim dritten Besuch fingen sie an, sich untereinander zu mischen, doch auch das sah nicht besonders entspannt aus, denn sie ahmten ganz offensichtlich Stellungen aus Pornos nach, und die kennt man ja: Frau präsentiert immer möglichst gut einsehbar ihre Muschi, damit die Kamera alles einfangen kann, Mann achtet bei seinem Schwanz ebenfalls darauf, und das alles unabhängig davon, wie bequem die Haltung ist. Später an diesem Abend hatten sie dann Gelegenheit, auch andere Clubbesucher beim Gruppensex zu beobachten, und ab da löste sich die Verbissenheit endlich auf. Es stellte sich heraus, dass ein Mädchen nur gestreichelt und geleckt werden wollte, während sie viele Schwänze blies. Die andere brauchte harte Ficks und sonst gar nichts. Die Dritte entdeckte, dass sie auch dem eigenen Geschlecht zugetan war – und übernahm das Streicheln der Ersten. Ein Bursche musste erkennen, dass öffentlicher Sex für ihn nur Stress bedeutete; mit Müh und Not konnte er die Erektion halten. Sein Freund hingegen kümmerte sich überhaupt nicht um die Umgebung, weil er ab einem bestimmten Zeitpunkt ohnehin nur mehr Muschis sah, die er durchvögeln konnte.

Bei zwei weiteren Besuchen testeten die sechs sich noch ein wenig aus, dann kamen sie nicht wieder. Wahrscheinlich fingen an diesem Punkt der gruppendynamische Prozess und die Beziehungskrisen an. Sie haben sich selbst und einander kennengelernt und fühlten sich in der alten Konstellation nicht mehr kompatibel. Vielleicht hat sich aber auch nur einer von den sechsen neu verliebt (was ja in dem Alter schnell passiert), wodurch die Gruppe, die offensichtlich durch eine gemeinsame Neugier gebildet worden war, zerbröckelte. Das junge Grüppchen war jedenfalls ein gutes Beispiel für Menschen, die erst ausprobieren mussten, was ihnen wirklich liegt – wie das Widerstandspärchen mir gegenüber.

Von hinten dringt das Stöhnen eines Mannes zu uns. Anscheinend ist einer der drei Solomänner, die zuvor mit Elena verschwunden sind, zum Orgasmus gekommen. Lilli rutscht vom Barhocker und marschiert wie ferngesteuert nach hinten. Mit einem geschwinden an mich gerichteten »Danke« folgt ihr Jo.

Aus dem Leben einer Swingerin
Die Machophase

Meine Beziehung zu Peter fand ihr Ende, als er sich in eine andere Frau verliebte: klein, spindeldürr und blond. Was sonst? Die andere Frau störte mich seltsamerweise nicht, im Gegenteil, ich gestand ihm meinerseits meinen Seitensprung und bot ihm an, eine offene Beziehung zu führen. Er glaubte mir nicht, dass ich das so meinte, wie ich es sagte. Doch mir war es ernst, denn ich empfand unsere geistige und seelische Verbindung als sehr befruchtend und konnte mir tatsächlich vorstellen, mit anderen Sex zu haben und gleichzeitig mit Peter zu leben.

»Das ist dann doch nur mehr eine Freundschaft«, meinte er.

»Was ist daran schlecht?«

Er schwieg und verzog dann den Mund. »Ich finde es widerlich, wenn meine Frau von einem anderen gevögelt wird. Frauen sollen so etwas nicht tun.«

»Aber du hast doch auch mit einer anderen geschlafen. Soll ich mich jetzt auch vor dir ekeln?«

»Das ist etwas anderes.«

»Aha. Und warum?«

Er zögerte lange und sagte es dann doch: »Frauen empfangen ... ihr bekommt den Samen in euch hinein.«

»Und?«

»Wir Männer können danach einfach duschen.«

Ich war fassungslos und schlagartig der Überzeugung, acht Jahre lang einen gänzlich fremden Mann geliebt zu haben. Nein, wir hatten tatsächlich keine Zukunft mehr miteinander.

Kurz noch versuchte ich danach, der Affäre mit Gerald einen ernsthafteren Anstrich zu geben, sie vielleicht in eine Beziehung umzuwandeln, aber der Reiz war vorbei. Peter und er hatten einander bedurft, ihre Eigenschaften hatten sich ergänzt. Und so stand ich wieder einmal alleine da, mit dem Gefühl, versagt zu haben – während unter meinen Freundinnen und Schulkolleginnen die Ersten begannen, mit nunmehr Ende zwanzig zu heiraten. Umso unbegehrter fühlte ich mich.

Man kann sich natürlich fragen, warum eine Frau, die sexuell schon viel erlebt hat, plötzlich das Gefühl bekommt, nicht mehr begehrt zu sein. Hatte ich Sex mit Liebe verwechselt und dabei vergessen, dass Quantität nicht Qualität ersetzt? Konnte ich mich nicht vom gesellschaftlichen Druck rund um Heirat, Kinder, Karriere befreien? Litt ich gar an irgendeinem Kindheitstrauma und suchte mir daher immer wieder Männer aus, die mein Selbstbewusstsein untergruben; oder unter einer Don-Juan-Neurose, weswegen ich ohne Eroberungen an mir selbst zweifelte?

Vermutlich war es von allem etwas und doch ganz anders. Denn im Prinzip befand ich mich an einem Wendepunkt des großen menschlichen Dramas, das darin besteht, Selbstbild, Selbstwunschbild, Fremdbild und Fremdwunschbild in Einklang zu bringen. Die Begriffe lernte ich damals von einer Frau aus Peters Künstlerkreisen, Anna, einer Regisseurin. Sie fing mich in meinem Elend auf und verbrachte mit mir ein paar Abende bei mehreren weißen Gespritzten in verschwiegenen Ecken von Schanigärten, den typischen Wiener Gastgärten auf der Straße. Die Psychotherapie im Schnelldurchlauf begann damit, dass ich zu unterscheiden lernte zwischen dem, wie ich mich selbst sah, und dem, wie ich mich sehen wollte: hier die kleine Germanistikabsolventin vom Land – da die weltgewandte, männerdominierende Starjournalistin.

Wir forschten tiefer: Was konnte das Mädchen vom Land wirklich? Es ging um Fähigkeiten, Ängste, Schwachstellen, die man zu Stärken ausbauen kann, aber auch um Sehnsüchte. Was von dem Wunschbild entsprach wirklich mir? Was glaubte ich sein zu müssen, und wohin konnte ich mich tatsächlich entwickeln, weil es meinen Fähigkeiten entsprach? Diese beiden Vorstellungen zu analysieren war die leichtere Übung. Bei der Präzisierung des Fremdbildes war ich indes, wie jeder andere auch, von Reaktionen und Aussagen meiner Umwelt abhängig. Ich lernte, anderen die Frage zu stellen: »Wer bin ich in deinen Augen?« Aus den einzelnen Puzzleteilen konnte ich anhand von Überschneidungen auf meine tatsächliche Außenwirkung schließen.

Eine Meisterleistung ist für alle Menschen schließlich das Erkennen des Fremdwunschbildes. Dabei muss man das Gegenüber gut genug kennen, um von dessen Sehnsüchten und Minderwertigkeitsgefühlen darauf zu schließen, was der andere in einem sehen möchte und von einem erwartet – die schon erwähnte Spiegelung des Selbst im anderen. All das sind komplizierte Mechanismen, die natürlich auch zur sexuellen Selbstfindung gehören.

Die Gespräche mit Anna haben meinem Leben jedenfalls sehr gutgetan. Sie waren wie der Anstoß beim Billard: Ich wusste, dass etwas in Bewegung gekommen war, kannte jedoch noch nicht das Ergebnis.

Im Beruflichen war es seltsamerweise leichter. Schon bald konnte ich meine Fähigkeiten erstmals erproben. Ich wurde zu einem Interview mit einem ehrfurchtgebietenden Wirtschaftsboss geladen, weil niemand anderer in der Redaktion Zeit hatte. Ich ging mit geringem Selbstbewusstsein dorthin, denn erstens hatte ich damals nur wenig Ahnung von den Zusammenhängen und Grauzonen der Wirtschaftspolitik, zweitens war ich ja zweite Wahl. Doch dann hofierte mich dieser Grandseigneur, während ich überzeugend die coole, selbstsichere Journalistin spielte und ihn sogar einmal mit einer Frage in die Bredouille brachte. Mein Chef gratulierte mir. Was war geschehen? Ich machte mir klar, dass ich zwar noch wenig Ahnung im Sachbereich hatte, jedoch ein unheimliches Gespür für Zwischentöne und Lügen. Außerdem arbeitete ich mittlerweile bei einem etwas bedeutenderen Blatt und profitierte davon, dass der Name der Zeitung hinter mir stand. Und schließlich sah ich die Augen meines Gegenübers bei meinem Anblick glänzen: ganz klar, er fand mich attraktiv. Ein Blick auf das Foto auf seinem Schreibtisch zeigte mir, dass ich eine jüngere Ausgabe seiner Frau war. Alles ganz einfach. Beinahe hätte er über alldem völlig seine Stellung vergessen, so dass er mir im Wahn seiner Flirterei ins offene Messer rannte.

Mit diesem Erlebnis verlor ich jede anerzogene Scheu vor sogenannten Autoritäten. Nun wusste ich endgültig, dass jeder Mensch nur mit Wasser kocht.

Im sexuellen Bereich kamen mir Erlebnisse mit zwei Menschen entgegen, die ebenfalls aus Peters Kreisen stammten. Der erste war Norbert, ein leidlich erfolgreicher Schauspieler, der sich mit Moderationen über Wasser hielt. Für so einen Job schlug ich ihn vor, als meine Zeitung eine Podiumsdiskussion organisierte und der Promi-Moderator wegen Erkältung kurzfristig ausfiel. Norbert machte seine Sache wirklich gut, und wir feierten danach bei ihm daheim noch ausgiebig mit gutem Rotwein. Wir plauderten und lachten viel, und schließlich meinte er: »Du bist ja ganz anders, als wenn der Peter dabei ist.«

»Anders?«

»Ja, nicht so verbissen.«

»Ich und verbissen?« Annas Stimme erklang in meinem Kopf: *Hör zu und frag nach!* Ich hatte mich immer nur als *bestimmt* empfunden, weil ich ja Peters dominanter Art etwas hatte entgegenhalten müssen.

»Na ja, geradezu rechthaberisch.«

Das wurde ja immer schlimmer. Dabei hatte ich gedacht, ich hätte bloß mit meinem Wissen geglänzt. »Aha. Und dazu hab ich kein Recht gehabt?« Ich liebte mich in dem Moment für dieses Wortspiel. Irgendwie musste ich ja meinen Stolz wahren.

»Nein, nicht, so mein ich das nicht. Du bist eh gescheit, aber du hast immer so draufgedrückt, und das kommt bei Frauen einfach nicht so gut ...«

Er verstummte und lächelte mich an, in der Art eines kleinen Kindes, das nicht gescholten werden möchte. Er wusste um mein emanzipatorisches Engagement, und einer Feministin zu sagen, dass es Frauen nicht gut anstünde, auf ihrer Meinung zu beharren, war ein gewagtes Unterfangen.

Ich hatte in diesem Augenblick zwei Möglichkeiten, auf Norberts unerwartete Eröffnung zu reagieren: Ich konnte mich in mich zurückziehen und darüber jammern, dass ich ewig die Missverstandene sei, oder ich konnte ihn fertigmachen. Mit meinem frischerwachten Selbstbewusstsein wählte ich natürlich Zweiteres und verwickelte ihn in eine philosophische Diskussion, bei der ich ihm, wie ich fand, mit feuilletonistischer Eleganz zeigte, dass ich wirklich was draufhatte und er mir eigentlich nicht einmal das Wasser reichen konnte.

Zu meiner Überraschung akzeptierte er meine Dominanz und schien davon geradezu erotisiert. Und so kamen wir zum zweiten Teil des Abends, bei dem ich ebenfalls etwas lernte. Denn irgendwann lagerte ich die Füße hoch, und Norbert bot mir eine Massage an, denn er sei Fußfetischist, wie er freimütig zugab. Ich zuckte zurück. Nur zögerlich gab ich zu, dass ihm meine Füße wohl nicht gefallen würden, da ich sehr lange Zehen hätte.

Da grinste er. »Wirklich? Super!«

»Was ist daran super?«

»Ich steh drauf, wenn jemand anders ist.«

»Was meinst damit?«

»Na, wenn Frauen irgendwie ... also einen überdimensionalen oder extrem kleinen Busen haben oder einen Bauch oder ganz dürr sind oder Haare auf der Brustwarze haben oder einen ganz dichten Busch ... wenn sie halt nicht so nullachtfünfzehn sind.«

Ich präsentierte ihm also meine Füße – und wenig später auch meinen Venushügel, der damals noch dichtest behaart war. Norbert bewunderte meine Kurven, die nach der Trennung noch etwas runder geworden waren, ich seine ungewöhnlich glatte Haut und seinen außerordentlich großen Schwanz. Ich fühlte mich von Norbert so angenommen, wie ich war. Offenbar ging es ihm ebenso – wir hatten wundervollen Sex. Und ich ahnte zum ersten Mal, dass es wohl mehr Männer gab als vermutet, die nicht von Mainstreamschönheiten mit Größe 34 erotisiert wurden, sondern von individuellen Frauen mit eigenem Kopf.

Das musste ich natürlich weiter testen. Also ging ich auf Aufriss. Zum Glück hatte ich damals eine Redaktionskollegin, die ebenso lebenslustig und experimentierfreudig war wie ich. Wir erkannten uns in der jeweils anderen wieder, wurden Freundinnen und bildeten ein wunderbares Gespann: ich, die üppige Rothaarige – ich half damals dem natürlichen Rotton meiner Haare etwas nach –, sie die zierliche Blonde. Es gab kaum Fortgehabende, an denen wir nicht irgendwelche Männer abschleppten. Anfangs warteten wir noch ab, dass jemand Blicke auf uns warf, doch mit der Zeit fand vor allem ich den Kick darin, mir von vornherein einen Mann auszusuchen und offensiv zu versuchen, ihn herumzubekommen, selbst wenn er ursprünglich kein Interesse an mir zeigte. Ich beobachtete ihn, lauschte, fand seine Achillesferse und schraubte so die Zeit des Aufrisses auf durchschnittlich zehn Minuten herunter. Es faszinierte mich, wie einfach das alles mit ein bisschen Psychologie ging. Man könnte natürlich sagen, dass Männer sowieso immer Sex wollen und sich nicht lange bitten lassen, wenn sich eine Frau geradezu mit gespreizten Beinen vor sie hinlegt. Doch ganz so einfach ist es nicht, vor allem nicht in Lokalen oder auf Festen. Erstens sind auch Männer unsicher und meinen oft, sie seien gar nicht gemeint; zweitens sind viele Männer ab einem bestimmten Alter ebenso auf der Suche nach der ultimativen Partnerin wie Frauen nach dem Traumprinzen und wollen sich davon nicht durch einen One-Night-Stand ablenken lassen; und drittens ist Erobern ein ausgeklügeltes Spiel zwischen Jagen und Gejagtwerden.

Ich hatte einmal mit einem Mann zu tun, der seine Überforderung durch meine Bereitwilligkeit und Zielstrebigkeit sogar offen zugab. Wir hatten mit Blicken geflirtet, uns beim Toilettengang betatscht und relativ schnell beschlossen, die Gesellschaft zu verlassen, um es irgendwo zu treiben – er war angeblich auch ein Outdoorliebhaber. Also zog ich ihn auf der Straße in die nächste dunkle Ecke und ging ihm an die Wäsche. Da fiel sein gutes Stück zusammen. Er habe noch nie eine so fordernde Frau erlebt, jammerte er, damit könne er nicht umgehen. Das war für mich aber kein Grund, mich fortan zurückzuhalten – nein, ich hatte eben den Falschen erwischt, und es gab genügend andere, die mit meiner fordernden Art umgehen konnten und froh waren, nicht immer die treibende Kraft sein zu müssen.

Eine Gefahr barg dieses Treiben allerdings: Ich nahm immer weniger Rücksicht auf die Gefühle des Gegenübers. Ich sagte zwar allen potentiellen Sexpartnern gleich zu Beginn, dass es sich um eine rein körperliche Angelegenheit handeln würde, und 98 Prozent erwiderten darauf »Ja, ja«. Doch höchstens 30 Prozent hielten es wirklich für in Ordnung. Die anderen reagierten mit Unverständnis, wenn ich eine gemeinsame Übernachtung ablehnte, ihnen meine Telefonnummer nicht gab und sie nicht um ein Wiedersehen bat. Manche waren nur in ihrer Eitelkeit gekränkt, bei vielen aber verletzte ich Gefühle. Seit damals ist mir klar, dass das Klischee, Männer könnten Sex und Gefühle im Gegensatz zu Frauen bestens trennen, nicht stimmt. Bei beiden Geschlechtern gibt es nur ganz wenige, die beides wirklich für untrennbar halten. Dann kommt das Gros, das eine Mischform lebt, nach dem Motto: Mögen muss ich den anderen schon, aber keine Beziehung zu ihm haben – so funktioniert das meiste Fremdgehen, etwa über den Arbeitsplatz. Und schließlich gibt es uns, den Rest, der Sex als etwas ganz Eigenständiges empfindet.

Ich nahm mir also, was ich bekommen konnte – und begann mich irgendwann zu langweilen. Denn eigentlich ging es mir bald nur mehr um die Tatsache der Eroberung. Wenn ich jemanden sicher in der Hand hatte, wollte ich oft schon abbrechen, denn ich hatte meine Macht ja bereits bewiesen, und das meist phantasielose, von billigen Pornos geprägte anschließende Herumgezwirbel und Hineingestoße bringt einen zum Gähnen; Sex ohne Emotionen wie Verliebtheit kann ganz schön langweilig sein.

Genau zu diesem Zeitpunkt tauchte die zweite sexuell wichtige Person aus Peters Freundeskreis in meinem Leben auf: Hanne. Sie war eine der wenigen Lesben, die ihre Homosexualität offen lebten, und sie hatte mich im Visier. Ausnahmsweise wurde einmal ich aufgerissen. Hanne hatte einen Puppenmund, grasgrüne Augen, die einem in die Seele zu blicken schienen, und kohlrabenschwarzes langes Haar – das alles verzauberte und erotisierte mich so sehr, dass ich ihre zu kurzen Beine und ihren dicken Hintern kaum wahrnahm. Sie war keine Schönheit, aber eine Persönlichkeit, die in sich ruhte und mich neugierig auf ihre Tiefe machte. Nein, ich verliebte mich nicht in sie, aber ich fand sie als Mensch spannend, und ich spürte, dass mir mit ihr im Bett nicht langweilig werden würde.

Und so nahm ich eines Tages ihre mehr als eindeutige Einladung zum *Nachmittagskaffee* in ihrer Wohnung am Karmelitermarkt an. Vor lauter Aufregung war ich viel zu zeitig an Ort und Stelle, also zwang ich mich zu einem Spaziergang durch die Marktgassen. Mit einem Stanitzel[3] voller Kirschen als Mitbringsel läutete ich an der Wohnungstür. Die war noch nicht einmal richtig geschlossen, da fiel Hanne schon über mich her. Die Kirschen verteilten sich kullernd über den Vorzimmerboden. Sie packte meinen Kopf, küsste mein Gesicht und knabberte daran, streichelte mit festen Bewegungen über meinen Körper. Und ich spürte endlich wieder Gier. Wollte ich vielleicht doch erobert

---

3 Stanitzel: Papierbehältnis in Form einer dreieckigen Tüte, die man am Markt für Gemüse und Obst bekommt.

werden? Macho traf auf Macho. Ich ging zum Gegenangriff über, und das Interesse an ihr erlahmte nicht, denn sie konnte sich wunderbar hingeben. Sie bäumte sich mir entgegen und spürte meinen Berührungen nach, während sie beiläufig ihr Knie an meiner Muschi rieb – so gekonnt, dass ich mir dieses Knie am liebsten einverleibt hätte. Nein, es war nicht der Drang des Niederringens, ich spürte vielmehr, dass ich endlich wieder einmal einen Spielpartner gefunden hatte, der meine Lust am Entdecken und Entdecktwerden teilte. Nach einer kurzen Pause, in der ich die Kirschen aufsammelte und sie uns Wein einschenkte, an dem wir allerdings nur nippten, landeten wir auf ihrem Bett. Ich war es zu dem Zeitpunkt derart gewohnt, gleich aufs Ganze zu gehen, dass sie mich wie ein stürmisches Kind zur Ruhe zwingen musste – indem sie meine Arme festhielt und sich auf mich setzte. Genussvoll erforschten wir einander, heizten uns hoch und befreiten uns leckend vom ersten Druck.

In der zweiten Runde packte sie ihr Spielzeug aus: Dildos und Vibratoren in allen Größen und Formen. Mein einfaches Gerät daheim hatte ich bislang in der Schublade verstauben lassen; jetzt lernte ich, was man mit diesen Dingern wirklich anstellen konnte. Wir trieben es die ganze Nacht, in der auch die Kirschen zum Einsatz kamen, mit ein paar Pausen, in denen wir intensiv und vorbehaltlos redeten. Vor Hanne hatte ich nicht einmal im Ansatz das Gefühl, mich verstecken oder verstellen zu müssen. Und da wurde mir erst klar, dass ich die ganze Zeit nicht *ich* gewesen war, obwohl ich gedacht hatte, auf dem besten Weg dahin zu sein, nur weil ich meine überbordende Sexualität nicht mehr unterdrückte. Der Ansatz war zwar richtig gewesen, nur in der Ausführung etwas mangelhaft. Ich hatte meine eigene Hingabefähigkeit ignoriert sowie die Tatsache, dass Sex für mich immer auch etwas mit Spielen, Erkunden und Neugier zu tun haben muss. Mir war es nur mehr darum gegangen zu beweisen, dass Frauen so viel Sex leben konnten wie Männer, ohne über ihre Gefühle zu stolpern. Im Grunde hatte ich Peter in der Anzahl seiner Errungenschaften übertrumpfen wollen. Das war mir bestens gelungen, die Emanze hatte gesiegt. Doch jetzt stand dringend wieder ein bisschen mehr Qualität auf dem Tagesplan.

Hanne brachte mir das ins Bewusstsein, und sie lehrte mich eine Weisheit, die zwar Stammbuchbanalität besitzt, die jedoch wenige Menschen wirklich verinnerlichen: Du kannst andere Menschen nur lieben, wenn du dich selbst liebst. Daraus ergibt sich: Du kannst nur andere Menschen mit ihren Fehlern schön finden, wenn du deine eigenen Fehler magst.

Wir stellten uns vor ihren Spiegel und lobten zuerst an uns selbst, dann an der anderen alles, was nicht der Norm entsprach. Plötzlich erschien mir Hanne als wunderschöne Frau.

Ich musste ihr versprechen, in Zukunft anderen intensiv in die Augen zu schauen, um festzustellen, ob das Gegenüber Sex wirklich mochte und daher ein Adäquat für mich war. Mit dieser Übung und diesem Versprechen war ich bereit für den nächsten Schritt: das Swingen.

Ein perfekter Clubabend
Die Magie des Augenblicks

Nachdem Lilli und Jo abgerauscht sind, schaue ich mich um. Ich war so in das Gespräch mit ihnen vertieft, dass mir nicht aufgefallen ist, wie sehr sich der Barbereich gelichtet hat. Mindestens ein Drittel der Gäste muss sich bereits nach hinten zurückgezogen haben. Vom Tisch mit den Burgenländern dringt ein »Ja, ja!« zu mir. Stefan leckt Karin, während sie an Thomas nuckelt, und Andrea reitet mit dem Rücken zu ihm auf Chris, ganz nebenbei, als sei es einfach eine gute Innenmassage. Es wirkt sehr entspannt. Zum Leidwesen der Solomänner am Eck der Bar sieht man die Geschlechtsteile der beiden nicht, denn Andreas Rock fällt darüber, während Karins Muschi von Stefans Kopf verdeckt wird. Dennoch wirkt die Szene sehr animierend.

Üblicherweise findet nur im hinteren Teil des Clubs Action statt, der Barbereich dient vorrangig der Kontaktaufnahme. Doch heute reicht der Platz nicht, und zwar nicht nur wegen der vielen Gäste.

Oft ist es so, dass nicht mehr als zehn Leute ihre Lust ausleben wollen, die haben dann alle hinten Platz. Heute aber war die Stimmung schon bald ungeheuer aufgeheizt. Mittlerweile scheinen alle hier etwas erleben zu wollen, und dann reichen die Zimmer, die zur Verfügung stehen, nicht aus. Natürlich bietet sich auch noch der Gang an, wo schon zigmal Massenfummeleien stattgefunden haben, doch heute scheinen die meisten mehr zu wollen. Also werden einige nun auch im Barbereich aktiv, nicht, wie sonst, erst zwischen Nacht und Morgen, einer Zwischenzeit mit ganz eigener Stimmung, die etwa von ein Uhr bis vier oder fünf Uhr morgens dauert. Wunderbar besungen hat diese Zeit der österreichische Musiker Rainhard Fendrich in »Zwischen Ans und Vier«, einer seiner ersten Nummern. Dies sei »die Zeit, wo si di Wahrheit außewürgt«.

Es ist Bernhard und mir nach all den Jahren in der Szene noch immer ein Rätsel, warum in manchen Nächten an der Bar nur geplaudert und in anderen stundenlang Sex in allen Variationen praktiziert wird. Es kann nicht nur an der Mischung des Publikums liegen, es muss wohl auch etwas mit der richtigen Außentemperatur, dem Stand des Mondes, dem Duft in der Luft oder den Weltnachrichten zu tun haben – oder mit etwas anderem nicht Nachvollziehbaren.

Eine Zeitlang dachten Bernhard und ich, es läge vielleicht an einem Zuviel an Menschen. Denn wenn Gedränge herrscht, tut sich meist so lange nichts, bis um drei oder vier Uhr früh eine überschaubare Gruppe übrigbleibt, und die startet dann los, als habe man einen Schalter umgelegt. Aber das gilt für heute offenkundig nicht.

Eine weitere Beobachtung ist, dass viele Menschen erst einmal ausgiebig die Lage sondieren. Wir nennen das »Buffet- oder Supermarktmentalität« – auch etwas, das sich erst in den letzten Jahren entwickelt hat. Es sind vor allem Pärchen. Sie kommen kurz nach der Öffnung, betonieren sich an einem Tisch ein, von dem aus sie einen guten Überblick über das Lokal und im besten Fall auch direkte Sicht auf die Eingangstür haben, und dann sitzen sie, nippen an ihren Getränken, wechseln ein paar Worte und schauen und sitzen und diskutieren kurz und schauen dann wieder. Jedes Mal, wenn die Klingel ertönt, werden sie aufmerksam. Es wirkt, als fertigten sie ein Ranking der anderen Pärchen oder der Solomänner an – je nachdem, worauf sie aus sind. Der erste große Schwung an Gästen kommt bei uns im *Schloss* bis etwa 23.30 Uhr, gleichzeitig gehen dann die Ersten wieder nach Hause, und die Lage wird überschaubarer. Ab ein Uhr kommen die Nachtschwärmer, so dass man um etwa zwei Uhr das ganze Angebot gesichtet hat, denn nun kommt kaum noch jemand

Neues hinzu. Ab dann tritt eine merkliche Entspannung bei den einbetonierten Sondierern ein, denn jetzt wissen sie, unter welchen Personen sie wählen können. Sie haben nicht mehr das Gefühl, sie könnten etwas versäumen, indem sie sich voreilig entscheiden. Und dann kann es sehr schnell gehen. Wir haben uns schon mehrmals gewundert, wie schlagartig sich der Barraum leerte und hinten das Stöhnen begann.

Wenn später dann die Akteure befriedigt an die Bar zurückkehrten, waren wir manchmal erstaunt, wie wenig sie äußerlich zusammenpassten. Es musste also doch irgendwann der Sexappeal über das Statusdenken gesiegt haben. Denn auch hier, in unserer kleinen Swingerwelt, verstehen es die Menschen viel zu oft als Aufwertung ihrer Person, wenn sie eine im Rang der Attraktivität scheinbar höher stehende Person abzuschleppen vermögen – genauso, wie ein Pärchen ein unattraktiveres Paar ablehnt, um nicht als Verlierer dazustehen. So spiegelt sich auch bei uns die Alltagswelt wider. Rangordnung und Buffetdenken sind nur zwei Beispiele dafür. Bernhard hat sogar schon überlegt, ausgehend von dieser Verdichtung einen philosophischen Blog zu starten; anonym natürlich.

Und es liegt nicht nur an der Uhrzeit, wenn die Stimmung umschlägt. Es gibt auch immer wieder Personen, die entweder exhibitionistisch sind oder einen Swingerclub als günstiges Stundenhotel benützen – was wir natürlich nicht so gern haben, denn diese Leute trinken rund um den Akt meist nur ein Glas Wein und sind dann wieder weg. Doch beide Kategorien zeigen schnell viel Fleisch und tun das, wofür Swingerclubs überhaupt einmal erfunden wurden. Damit animieren sie oft auch die zunächst passiven Zuseher.

Manchmal freilich ist die Stimmung im Barbereich so freundschaftlich und frei jeder Erotik, dass auch Exhibitionismus nichts nützt. Da wird dann nicht einmal nach hinten gegangen und zugeschaut, sondern lieber weiter vom letzten Urlaub erzählt.

Was jedoch meist funktioniert, ist Stöhnen. Das ist Magie. Da sitzen Menschen bei ihrem Glas Wein, sie kommen von der Arbeit, hatten Stress, es gibt noch so viel nachzudenken und zu überlegen, so dass sie mit ihren Gedanken noch immer daheim oder im Job sind. Man sieht es ihnen an: Kaum merklich sind die Augenbrauen zusammengezogen, der Blick ist leicht starr, der Kiefer angespannt, als würden sie ständig durch alles hindurchsehen, auch wenn sie mit einem reden. Sie sind noch ganz bei ihrem Tagwerk.

Diese Leute wollen weg von dem, was sie belastet, aber sie können nicht. Jedes Wort, jeder Satz erinnert sie an etwas aus ihrem Alltagskampf oder an etwas, das sie zu erledigen vergessen haben. Ihre Körper sind noch angespannt, weil sie sich zu wenig bewegt haben und weil sie keine Übung darin haben, aktiv zu entspannen. Sie wollen nichts lieber, als sich endlich fallenzulassen – aber wie?

Ihre Lösung lautet: reden. Denn damit kennen sie sich aus. Nur vergessen wir Menschen oft, dass Reden ein Code ist, mehr jedenfalls als die Körpersprache. Beim Reden entstehen in uns Bilder, auf deren Basis wir uns austauschen. Doch nicht immer finden wir die richtigen Worte, um jene Bilder erzeugen, die direkt in unseren Bauch gehen.

Und dann stöhnt jemand. Laut und hemmungslos gibt er oder sie sich dem Orgasmus hin. So ein richtig gutturales, aus dem Bauch kommendes Stöhnen signalisiert, dass ein Mensch sich selbst und seine ganze Umgebung vergessen hat und nur mehr *ist*. So ein wunderbares Stöhnen dringt ganz unmittelbar zu uns. Es ist ein ursprünglicher Laut, den wir nicht verstehen müssen, sondern den wir fühlen.

Ich bin jedes Mal fasziniert, was ein Stöhnen, das in den Barraum dringt, mit den Menschen anstellt. Sie spitzen die Ohren, egal, bei welch spannendem Thema sie gerade sind. Ein leichtes Lächeln zieht über ihre Gesichter. Nein, sie springen nicht auf, um sofort nachzuschauen, was da so getrieben wird (zumindest die Mehrzahl tut das nicht, nur sehr geile Voyeure). Sie bleiben sitzen und entspannen sich. Man sieht es ganz deutlich: Die Schultern sacken nach vorn, sie lehnen sich zurück, die Münder sind nicht mehr so verspannt. Das Gespräch führen sie beiläufig weiter, nicht mehr so ergebnisorientiert und weniger geprägt von dem Bemühen, sich darzustellen. Man tratscht und scherzt. Die Menschen sehen sich plötzlich ganz anders im Raum um, ihrem Blick fehlen nun Absicht und Bewertung. Manche Gedanken verlieren an Bedeutung: *Wo ist die Kellnerin? Der Mann da drüben schwitzt aber ordentlich, hoffentlich streife ich nicht an ihm an. Wer kommt da, ist der gut? Wer schaut mich an?* Oder: *Wie komm ich an diese Erdnüsse da drüben heran?* Jetzt schweift ihr Blick umher und bleibt vielleicht an einem Lächeln hängen, an einem hübschen Knie, an der Lichtbrechung im Glas des Mannes vor ihnen, an seinen grauen Schläfen, am Kreisen des Ventilators, am Faltenwurf des Vorhanges, der das wunderbare Gefühl der letzten Theateraufführung heraufbeschwört, an den feingliedrigen Händen der Frau neben ihnen, die eigentlich einen leichten Vorbiss hat, der jetzt aber süß und frech wirkt.

Ja, man glaubt es kaum: Echtes, glückliches Stöhnen spricht nur unseren Bauch an und schaltet das Denken aus. Und nach kurzer Zeit löst sich die starre Sitzordnung auf, die Menschen fangen an, herumzuschlendern und sich mit Wildfremden zu unterhalten. Plötzlich sind die Hände ganz schnell auf Schultern und Beinen, plötzlich ist nicht mehr Murmeln das beherrschende Geräusch, sondern Lachen. Lachen entspannt und ist deshalb wichtig für Sex – auch währenddessen!

Heute ist also alles zusammengetroffen: eine merkwürdige Stimmung, die über allem hängt wie ein Vollmond, Vorturner in der Gestalt von Agnes, Lisbeth und dem Quartett sowie hörbares Stöhnen. Jetzt fallen die Grenzen, jetzt wird es hemmungslos und freudvoll.

Vielleicht hat auch ein nicht unwesentlicher, aber oft unterschätzter Faktor mitgeholfen: die Hintergrundmusik. In diesem Zusammenhang ist gerade ein Kampf bei uns im Gange, nämlich zwischen den relativ jungen Gästen und denen mittleren bis fortgeschrittenen Alters. Die Jungfraktion ist an Dancefloor, House oder Electro gewöhnt und fühlt sich nur bei diesen Klängen wirklich daheim, und die muss man natürlich laut hören, was auch zu ihrem Bedürfnis, unterhalten zu werden, passt. Die Musik schaltet alle sonstigen akustischen Reize rund um einen aus. Jeder kennt das aus Clubnächten: Man wandert durch die Szene wie in einem Traum oder einem Film ohne Dialoge. Es braucht starke körperliche oder optische Reize, um überhaupt zu handeln, vor allem, wenn es um etwas geht, das einen Rhythmus jenseits der schnellen Zweiviertel verlangt. Das Herz rast. Psychoakustiker sagen, dass sogar der ganze Körper rast, weil er mehrheitlich aus Wasser besteht, das die irre Taktzahl übernimmt. Wie soll man sich da auf langsame, schwingende Bewegungen, wie sie beim Sex vonnöten sind, einstellen? Schwierig. Aber diese Menschen lieben den extremen Rhythmus, weil er wie eine Droge das Denken und Fühlen ausschaltet, was sie als Entspannung empfinden.

Die Altfraktion hingegen mag alles, was mit Melodien und Bässen Stimmung erzeugt, und das kann man natürlich auch etwas leiser spielen. Die Palette reicht von Jazz über Rat Pack und Disco der 70er bis zu neuen Stücken von Pink und Co. Es muss einfach Musik sein, die Bilder evoziert und Schwingungen auslöst.

Nachdem wir als Gastgeber (Bernhard bezeichnet sich sogar manchmal als »Zeremonienmeister«) für das Wohlgefühl unserer Gäste verantwortlich sind, versuchen wir, ihren Geschmäckern entgegenzukommen, und das ist ein Drahtseilakt. Aber heute scheine ich mit aktueller Chartmusik in Mittellautstärke, die das Stöhnen nicht übertönt, den goldenen Mittelweg gefunden zu haben.

Alles bestens also. Ich bringe meinen Gespritzten hinter der Theke in Sicherheit und begebe mich auf einen Kontrollgang durch den Club. Denn nun gilt es, darauf zu achten, dass niemand durch ungebührliches Verhalten die gute Stimmung beeinträchtigt.

Aus dem Leben einer Swingerin

Swingen? Nie gehört.

Kurz vor meiner Machozeit begann eine Freundschaft, die bis heute anhält und erst nach meinem Erlebnis mit Hanne wirklich bedeutsam wurde: zu Alex, einem Fotografen unserer Zeitung. Bereits am zweiten Tag, nachdem er bei uns angefangen hatte, gingen wir auf ein Bier. Er war charmant, eloquent, witzig und unterhaltsam, und so landeten wir schließlich im Bett. Der Sex war leidlich, wahrscheinlich, weil wir beide zu besoffen waren. Das war sicher einer der Gründe, warum es mit uns nicht weiterging. Außerdem litt ich noch unter der Trennung von Peter, eine neue Beziehung schien mir ein Ding der Unmöglichkeit. Alex war schon damals ein selbstbewusster Frauengenießer und Aufreißer, während ich gerade erst das Unternehmen *Hier komm ich!* startete. Ein Ungleichgewicht.

Unsere Freundschaft war am Anfang lose. Doch wir ließen den persönlichen Kontakt nie abreißen, weil wir denselben Humor und in vielem dieselbe Lebenseinstellung hatten. Zuerst lauschte ich seinen Berichten von Eroberungen und sexuellen Abenteuern mit großen Augen, bald schon konnte ich selbst etwas zu unseren erotischen Gesprächen beitragen. Wir genossen es, einander unsere Aufrisse in allen Details zu schildern, und fummelten dabei manchmal aneinander herum. Wir analysierten unsere Erlebnisse aber auch, um mehr über Männer und Frauen zu erfahren. Alex ist einer der wenigen Menschen im meinem Leben, vor denen ich nie ein Geheimnis hatte. Ja, wir gestanden uns auch ein, wenn wir uns unwohl fühlten oder dachten, etwas falsch gemacht zu haben. Beide wollten wir immer den Dingen auf den Grund gehen.

Natürlich stellte sich irgendwann die Frage, warum zwei Menschen, die sich so gut verstehen, keine Beziehung im üblichen Sinn miteinander eingehen. Doch unsere Freundschaft war uns wichtiger. Das beinhaltete etwas Trauriges: Es implizierte nämlich, dass wir nie daran glaubten, eine Beziehung könne mit absoluter Ehrlichkeit funktionieren, nur eine Freundschaft, so sagten wir uns, ertrage das. Mittlerweile weiß ich es besser: Ich habe jemanden gefunden, mit dem ich vollkommen ehrlich und zugleich in einer Liebesbeziehung sein kann. Aber das ist ein Glücksfall. Damals war ich mir sicher, dass dieser nie eintreten würde, und Alex glaubt bis heute nicht an diese Möglichkeit, obwohl mein Mann und ich der lebende Beweis dafür sind. Alex führt mittlerweile zwei Leben: eines mit seiner Familie und eines mit uns in der Swingerszene. Und damit ist er nicht allein.

Doch auch wenn Alex ständig auf Eroberungstour war, suchte er doch ebenso die Wohligkeit einer Beziehung. Die Freundinnen kamen und gingen. Nie fühlte er sich mit einer von ihnen sexuell ausgelastet. Meistens ging er schon nach drei, vier Monaten fremd und bald wieder seiner eigenen Wege. Bei einem Bier in einem unserer Lieblingsbeisln, einem versteckten Souterrain-Lokal hinter dem Karlsplatz, weinte er wieder einmal seiner ersten Freundin hinterher.

»Was war denn mit der eigentlich so toll?«, fragte ich ihn.

Er musterte mich wie ein Arzt, der sich fragt, ob er dem Patienten die volle Wahrheit zumuten kann. Dann sah er sich um und rückte etwas näher. Schließlich senkte er den Blick und räusperte sich. Was für ein Vorspiel!

Ich lachte. »Was ist? Bist du ein verkappter Sadomasochist?«

Er schüttelte den Kopf, hielt inne und schüttelte ihn dann noch einmal kräftiger.

»Was dann? Dass du auf Arschficks stehst, hast du mir ja schon gesagt.« Das war übrigens damals einer der Gründe, warum ich mich bei ihm sexuell zurückhielt; meine analen Erfahrungen waren bis dahin nur schmerzhaft gewesen und daher kurz und eher unbefriedigend ausgefallen.

Alex stützte das Kinn auf die Hände und sah mich an. »Conny und ich sind in Swingerclubs gegangen.«

»In was?« Ich wusste wirklich nicht, wovon er sprach. Ich hatte noch nie davon gehört. Wir schrieben das Jahr 1995, das Internet für jedermann steckte noch in den Kinderschuhen, und für sexuelle Stimulation und Kontaktaufnahme waren die Menschen noch auf Hardware und die Realwelt angewiesen, also Videos, Pornohefte und sogenannte »Kontaktmagazine«. Von Letzteren hatte ich schon gehört, in Österreich hieß das einschlägige Blättchen *ÖKM*, aber ich hatte ein solches Heft noch nicht in Händen gehalten, denn ich konnte mir bei Bedarf ja problemlos jemanden aufreißen. Darüber hinaus gab es natürlich noch Puffs, wo allerdings nur Männer hingingen. Das war es auch schon, zumindest für den Durchschnittsbürger. Ich glotzte Alex also ziemlich ahnungslos an.

Beinahe flüsternd wiederholte er: »In Swingerclubs.«

»Und was ist das?«

Er nahm einen großen Schluck Bier. Es musste etwas schier Absonderliches sein. »Da gehen Menschen hin, die einfach Sex haben wollen.«

»Also ein Puff.«

»Nein, du zahlst nicht dafür. Also nicht wirklich. Eintritt schon, aber nicht für den Sex.«

Ich versuchte, es mir vorzustellen, aber da war nur grauer Nebel in meinem Hirn.

Jetzt nahm ich einen Schluck Bier und deutete auf einen Typen an der Bar. »Wenn ich Sex haben will, dann reiß ich mir den da auf und zahl auch nichts dafür. Nicht einmal extra Eintritt. Ich versteh dich nicht ganz.«

Alex rückte noch näher und nickte. »Na ja, aber dann hast du die üblichen Probleme. Er will deine Telefonnummer, oder du bringst ihn nicht aus deiner Wohnung hinaus ...«

»... oder ich stelle fest, dass er keine Ahnung im Bett hat.«

»Genau.«

»Und dort, in diesem Club, sind nur lauter Könner unterwegs, oder was?«, ätzte ich, ärgerlich über meine Unkenntnis.

»Nein, das nicht. Aber wenn dir einer nicht taugt, hörst du einfach auf und machst mit einem anderen weiter.«

»Da stehen also Männer und warten darauf, dass sie vögeln dürfen. Also ein Puff für Frauen.« Ich grinste.

Alex verdrehte die Augen. »Nein ... ich mein, irgendwie schon auch, aber nicht nur. Da schlafen auch mehrere miteinander. Gleichzeitig. Rudelbums.«

Das war das Zauberwort. Schlagartig war ich geil. Mein Teenagertraum.

»Darauf stehst du doch auch, oder?«, setzte Alex noch einen drauf.

»Was heißt das? Willst du etwa in so einen Club gehen?« Ich hörte, dass meine Stimme leicht schrill klang. Ich fühlte mich in diesem Moment auch etwas überfordert. Diese Swingerclubs mussten etwas sehr Geheimnisvolles, Abgründiges und Frivoles sein, sonst hätte ich ja schon von ihnen gehört gehabt .

Alex leckte sich die Lippen, als würde er edle Schokolade verkosten. »Ja, schon.«

»Jetzt?« Ich verschluckte mich beinahe an diesem einen Wort.

Alex sah tatsächlich auf die Uhr. »Nein, ist schon zu spät. Da ist nichts mehr los.« Es war kurz vor zwei Uhr nachts.

»Du meinst das also ernst.«

Er nahm meine Hand und schaute mir tief in die Augen. »Ich glaube, dass dir das taugen würde. Weil dort Leute sind, die einfach Spaß am Sex haben. Du kannst voll die Sau rauslassen, und niemanden stört's. Das ist echt total geil.«

Ich versuchte mir vorzustellen, wie ich dort einfach zu einem Mann hingehen und – ja, was tun würde? Ihm an den Schwanz greifen und sagen: Los, lass uns ficken? Wo blieb da das Spiel der Eroberung? Aber hatte ich nicht genau davon genug? Trotzdem, die Vorstellung, so einfach von null auf hundert ... ohne Vorgeplänkel ...

»Redet man dort auch miteinander?« Noch während die Frage aus meinem Mund kullerte, kam ich mir dämlich vor.

Prompt lachte Alex. »Natürlich. Auch wenn es nicht das ist, warum man hauptsächlich hingeht.«

»Das ist mir schon klar. Aber ich mein, wie ist das dann so? Wie schaut es dort aus?«

»Hm, wie schaut es aus ...? Bissel wie eine Nachtbar.«

»Jetzt lass dir nicht alles aus der Nase ziehen. Komm schon, erzähl mehr. Ich komm da also rein, geh zu einem Mann und sag zu dem: ›Willst du mich ficken?‹ Oder was?« Ich war ein bisschen zu laut geworden. Wir sahen beide zu dem Typen an der Bar und zur Kellnerin hinüber, aber die dämmerten glücklicherweise vor sich hin.

Alex beugte sich noch näher zu mir. »Also, du läutest da an, dann macht meistens eine geile Frau auf, der sagst du dann deinen Namen ...«

»Meinen Namen?!«

»Natürlich einen falschen. Aber bei manchen Clubs musst du einen Jahresbeitrag zahlen, und da müssen sie ja kontrollieren können, ob du schon gelöhnt hast.«

»Und wie heißt du dort?«

»Michael.«

»Gut, und dann, Michael?« Ich feixte.

»Dann gehst du dich in der Garderobe ausziehen. Entweder wickelst du dir ein Handtuch herum, oder du gehst in Dessous. Die meisten Frauen haben Strümpfe und Stöckelschuhe an und oben was Geiles. Gibt echt lässige Sachen.«

Ich dachte an die bequeme Baumwollunterhose, die ich gerade trug. Sie war zwar knapp geschnitten, aber sicher nicht dem dortigen Dresscode entsprechend. Ich würde mich also, sollten wir – rein theoretisch – doch noch in so einen Club gehen, in ein Handtuch wickeln müssen. Wie in der Sauna. Diese Vorstellung entkrampfte mich etwas, denn Saunabesuche waren mir seit meiner Kindheit vertraut. Aber ich hatte keine Stöckelschuhe an ...

»Und wenn man nur ein Handtuch anhat, geht man dann barfuß?«

»Nein, du kannst dir Badeschlapfen ausleihen.«

Auch nicht viel hygienischer. »Und dann?«

»Dann stellst du dich an die Bar oder setzt dich an einen Tisch. Trinkst was. Ist alles im Preis inkludiert. Und schaust dich um. Und wenn's mit jemandem passt, gehst du mit ihm nach hinten oder nach oben, je nach Club. Da sind so Räume und Ecken. Riesige Matratzen. Aber alles irgendwie ganz lässig hergerichtet. In dem einen Club steht zum Beispiel ein halbes Auto, da kannst dann auf der Rückbank vögeln. Oder du lässt dich am Gynstuhl schlecken.« Er wackelte auffordernd mit den Augenbrauen und grinste.

Ich grinste reflexartig zurück, während ich konzentriert versuchte, die Mosaiksteinchen zusammenzufügen. »Und was ist, wenn ich nicht will? Wenn da niemand ist, der mir taugt?«

»Dann musst du nicht. Du trinkst einfach was und gehst wieder.« Er nickte. »Aber es wird dir taugen.«

»Und Conny hat es ...?«

»Total.«

»Und dir hat es nichts ausgemacht, wenn sie ein anderer Mann gefickt hat?«

»Ich hab ja auch andere Frauen gefickt.«

Dieser entkrampfte Zugang beeindruckte mich. Dennoch ...
»Na ja, heute ist es ja eh zu spät«, sagte ich.

Alex ließ das Thema fallen und sprach es in der nächsten Zeit auch nicht mehr an. Er wusste, dass er meine Neugier geweckt hatte, ich das Gehörte aber erst verarbeiten musste. Meine Reaktion war seltsam zwiegespalten. Wenn ich mir Alex in so einem Club vorstellte, erschien mir das ganz normal, außergewöhnlich wurde es erst bei der Idee, dass auch ich da hingehen sollte, als gutbürgerliche Frau sozusagen. Irgendwie hatte das Ganze einen nuttigen Beigeschmack, Conny hin oder her. Ich kannte sie nicht, konnte mich also nicht mit ihr identifizieren oder sie mir zum Vorbild nehmen. Und ich vermochte mir nicht vorzustellen, dass es noch viele Frauen gab, die so waren wie ich: ständig begierig auf Sex, bereit, es auch mit nahezu Fremden zu tun, und das vor allem absichtslos und nur des reinen Vergnügens wegen.

Ich wusste, dass ich keine Nutte war (die Vorstellung, es mit jemandem zu tun, weil er mir dafür Bares in die Hand drückte, widerte mich an), aber immer öfter kam mir im Zusammenhang mit meinem Treiben das Wort »Nymphomanin« in den Sinn. Und auch wenn Nymphomanie wörtlich nur »gesteigertes sexuelles Verlangen der Frau« bedeutet, so hat es doch in unserer Gesellschaft den Beigeschmack des Krankhaften. Dies aber wahrscheinlich nur, weil nach den gesellschaftlichen Konventionen Frauen eben nur Sex haben sollen, wenn sie lieben und Mutter werden wollen, nicht einfach aus Spaß. Aber selbst wenn ich mich nicht als krankhaft, sondern lediglich als außergewöhnlich betrachtete, fühlte ich mich allein mit dieser Eigenheit. Ich konnte mir nicht vorstellen, in solchen Clubs andere Frauen als Prostituierte zu treffen – was sicherlich auch daran lag, dass ich noch niemals mit Frauen über meine Abenteuer gesprochen hatte. Meine Freundinnen wussten zwar, dass ich kein Kind von Traurigkeit war, aber das wirkliche Ausmaß meines Treibens erahnten sie nicht. Eigentlich wusste nur Alex davon.

Bei einem unserer nächsten gemeinsamen Abende deutete ich ihm meine Überlegungen zu dem Thema an. Was wohl der Anlass für ihn war, mich zunächst in eine Art Zwischenstufe einzuführen.

Ein perfekter Clubabend

Von Offenlassern
und Männerschauern

Auf zum Kontrollgang, ob alles in angenehmen Bahnen verläuft. Ins Séparée gleich beim Barbereich hat sich das Pärchen, das während des Schmusens Elena und ihre Männer beobachtet hatte, mit zwei Neuankömmlingen zurückgezogen. Ich höre: »... dass wir euch haben warten lassen, aber der Film hat ...« Sie sind also hier verabredet.

Dabei fällt mir ein, dass ich während meines Gespräches mit dem Widerstandspärchen aus dem Augenwinkel die Begrüßung der vier registriert habe. Die war recht förmlich gewesen. Sie kennen einander also noch nicht und haben sich offensichtlich über eine einschlägige Internetplattform oder Ähnliches zusammengefunden. Insofern ist es verständlich, dass sie den Vorhang zum Séparée geschlossen haben (der kleine Spalt, durch den mehrere gaffende Solomänner und ich schauen, ist ihnen noch nicht aufgefallen). Sie wollen einander in Ruhe näherkommen. Die Neuankömmlinge kenne ich überhaupt nicht, und auch das Schmusepärchen war noch nicht oft hier. Ich bin neugierig, als welcher Typ Swingerpaar sie sich entpuppen werden. Denn da gibt es in der Tat Unterschiede.

Beginnen wir mit A wie *Angeber*: Gestylter Mann mit äußerst attraktiver Frau. Meist entspricht ihr Äußeres den üblichen Idealvorstellungen wie lange Haare – am besten blond –, ebenso lange Beine und Kurven, die aber nicht zu üppig sein dürfen, sondern dem Modelmaß aus den Zeitschriften entsprechen sollten. Eine solche Frau ist dann oft sehr erotisch gekleidet – in den meisten Fällen bürgerlich, seltener in Sexydresses wie Sylvia, die ich eingangs erwähnte. Der Mann genießt es, dass

sich alle Anwesenden angesichts *seiner* Frau die Augen heraus-
schauen: die Männer aus Gier und Neid auf seine Trophäe,
die Frauen auch aus Neid, allerdings auf ihre Schönheit. Doch
wehe dem Mann, der es wagt, eine solche Schönheit tatsächlich anzusprechen, geschweige denn sie anzumachen. Der bekommt eins auf die Finger, nach dem Motto: *Nur schauen, nicht
anfassen.*

Wenn dem Mann das allgemeine Interesse zu viel wird und
seiner Eitelkeit Genüge getan ist, bugsiert er seine Frau wieder
nach Hause. Es passiert: nichts! Die hauptsächliche Befriedigung
aus diesem Auftritt zieht natürlich der präsentierende Mann,
vielleicht ein wenig auch seine Frau, wenn sie sich erstens gern
betrachten lässt und er zweitens dann daheim nett zu ihr ist.
Zur Stimmung in unserem Club trägt so ein Pärchen nur insofern bei, als das Betrachten von schönen Menschen das Auge
erfreut und durch die leichte Erotik der Unterschied zwischen
dem *Schloss* und einer gewöhnlichen Nachtbar klargemacht
wird.

Ganz anders verhält es sich mit dem Typus *Mitgeherin*. Diese Konstellation beinhaltet einen sexuell dauerhaft hungrigen
Mann, der immer wieder fremdes Fleisch braucht. Wahrscheinlich ist er in seinen sämtlichen Beziehungen immer wieder
fremdgegangen, vielleicht hat ihn seine jetzige Partnerin sogar
dabei erwischt, und er versucht nun, mit ihr gemeinsam einen
anderen Weg zu gehen, um zu seiner Befriedigung zu gelangen.
Vielleicht gibt es ihm aber auch einen zusätzlichen Kick, wenn
er weiß, dass sie mitbekommt, was für ein Hengst er ist. Die Frau
hingegen ist meist schüchtern und wahrscheinlich abhängig von
ihm, sei es nun finanziell oder emotional. Sie geht nicht gern
in Clubs, kann sich Sex mit fremden Personen nicht vorstellen
und ist davon oft nur angewidert. Doch sie lässt ihn gewähren,
sitzt aber währenddessen selbst nur an der Bar und trinkt sich
im Normalfall einen Schwips an. Natürlich kann es sich auch
anders verhalten: Die beiden lieben sich wirklich, und sie hat

akzeptiert, dass er sexuell mehr braucht als nur sie, und freut sich mit ihm an seiner Lust – mehr oder weniger.

Jedenfalls ist das Bild in einem solchen Fall immer dasselbe. Kaum haben die beiden das Lokal betreten, stellt er sie an der Bar ab und verschwindet nach hinten. Üblicherweise taucht er erst wieder auf, wenn er zum Stich gekommen ist. Die Frage, was er tut, wenn auch sie sich zu amüsieren beginnt, stellt sich nicht, denn dann würde es sich um einen anderen Typus Pärchen handeln. De facto ist das *Mitgeherin*-Pärchen kein Pärchen, sondern ein Solomann und eine Frau, die hofft, bald wieder nach Hause gehen zu können.

Das scheinbare Pendant dazu sind die *Männerschauer* – deshalb nur scheinbar, weil die Männer dieser Kategorie nur selten abhängig sind und, aus welchen Gründen auch immer, ihre passive Rollen gerne einnehmen. Für beide Partner geht es in diesem Fall um die Lust der Frau. Und deren Zugang reicht von »Schauen wir einmal, was sich ergibt und ob jemand dabei ist, der mir gefällt« bis hin zu »Wie viele Solomänner sind da? Schatz, jetzt bin ich die nächsten drei Stunden beschäftigt«. Der Mann bleibt passiv, und zwar sowohl im Barbereich (sie initiiert Gespräche, sie schleppt ab) als auch hinten, wo er höchstens den Aufpasser spielt, damit sich keiner der Hengste danebenbenimmt. Wenn das Pärchen bereits eingespielt und selbstbewusst ist, bleibt er auch oft allein an der Bar sitzen und wartet, bis sie fertig ist. Er gefällt sich in der Rolle des Gönners. Ein Grund dafür ist manchmal auch die Tatsache, dass es ihm schlichtweg an sexueller Lust oder gar an Potenz mangelt und er einsieht, dass seine Partnerin dennoch ihre erotischen Bedürfnisse ausleben möchte.

Bei all diesen Pärchentypen herrscht mehr oder weniger ein Ungleichgewicht. Zum Glück gibt es auch jene, bei denen beide wollen, können und dürfen. Variante eins sind die *Offenlasser*. Sie sind in erotischer Stimmung und suchen den sexuellen Akt, wenn auch nicht krampfhaft. Und es ist ihnen vollkommen egal, ob sie nun mit einem anderen Pärchen, mit mehreren, mit einem

Solomann oder mit einer Solofrau auf der Spielwiese landen, denn es kommt ihnen nur auf die Sympathie, das Prickeln und den Spaß an. Sie bilden die wahrscheinlich sexuell aufgeklärteste und freieste Gruppe, auch weil sie absolut eifersuchtsfrei sind – man gönnt dem anderen von Herzen Freude und Spaß. Ich würde zum Beispiel Andrea und Stefan mit ihren burgenländischen Freunden dazuzählen. Solche Menschen sind auch offen für Spielvarianten wie Ausgestelltwerden, Bondage, leichtes Spanking, Dominanzspielchen. Neugier und Offenheit sind ihre Charakteristika.

Im Grundprinzip ähnlich, nur leicht eingeschränkt in ihrer Auswahl sind die *Pärchensucher*. Von der vorigen Gruppe unterscheiden sie sich dadurch, dass sie geifernde Solomänner ablehnen, deshalb trifft man sie meist auch nur bei ausgewiesenen Pärchenabenden an. Aber da wiederum ist ihnen alles egal. Sie mögen es in jeder Konstellation und in allen Varianten, auch zu mehreren und unter Umständen völlig getrennt voneinander.

Dann gibt es die klassischen *Partnertauscher,* die es grundsätzlich nur zu viert mögen, weil das Übersicht ermöglicht. Sie werden sogar schon nervös, wenn drei Pärchen im Spiel sind, denn da kann es bereits passieren, dass irgendjemand in der Hitze des Gefechts für Minuten unbeachtet bleibt, und das wollen sie nicht. Alle sollen beschäftigt sein und befriedigt werden. In der unkomplizierten Variante dieser Spielart bleibt offen, ob bei einem Treffen überhaupt etwas passiert (man verabredet sich meist über eine Plattform, so wie die beiden Pärchen im Séparée), ob man unter sich bleibt und sich nur an der Gleichzeitigkeit der sexuellen Handlungen aufgeilt oder ob es tatsächlich zum Partnertausch kommt.

Unter den *Partnertauschern* gibt es dann noch eine Untergruppe, die ich die *Religiösen* nennen will. Für sie ist vollkommen klar, dass man vögelt, wenn man sich sympathisch ist, und zwar er mit der anderen Frau und sie mit dem anderen Mann. Ich kann mich zum Beispiel an ein Viererespann erinnern: zwei

Deutsche, die in Wien Urlaub machten und sich über eine Internetplattform mit Hiesigen verabredet hatten. Sie saßen eine Stunde an der Bar, ohne einander auch nur irgendwie zu berühren. Irgendwann dürfte dann ein Codewort gefallen sein, denn plötzlich füßelte der Österreicher mit der Deutschen, worauf der Deutsche mit der Österreicherin füßelte. Mehr passierte erst einmal nicht, aber kurz danach standen sie auf und gingen nach hinten. Ich war zufällig Zeugin der weiteren Ereignisse, da ich gerade neue Erdnusspackungen aus dem Lagerraum holte. Die vier besorgten sich vollkommen ruhig Handtücher und gustierten ebenso kommod die Zimmer. Sie entschieden sich für den verschließbaren Raum, wobei sie aber immerhin so nett waren, das Guckfenster nicht mit dem Vorhang zu verschließen. Völlig entspannt, ohne Hektik, breiteten sie ihre Handtücher aus und entkleideten sich. Es war, als würden sie sich zur Ruhe begeben. Dann legte sich die eine Frau rechts, die andere links hin, die jeweils anderen Männer beugten sich über sie und begannen ihr Werk. Als sie nach einer Dreiviertelstunde zurück an die Bar kamen, setzten sie sich wieder einander gegenüber und redeten weiter, als sei nichts geschehen.

Die *Religiösen* legen es also auf konkreten Partnertausch an (im Internet mit den Kürzeln *PT mit GV* bezeichnet), den sie am sichersten zu erlangen glauben, wenn sie sich fix mit jemandem verabreden. Manchmal lassen sie sich auch auf eine Gruppenfummelei ein, allerdings nur so lange, bis sich ein adäquates Pärchen gefunden hat. In dieser Konstellation kann es sogar passieren, dass einer der beiden Männer fertig ist und seine Frau daraufhin vom anderen Mann abzieht – denn warum sollte sie länger Spaß haben als er? Der Partnertausch ist für ihn vollzogen und abgeschlossen, egal, ob die einzelnen Spielpartner noch weitermachen möchten oder nicht – eine nicht unbedingt gemütliche und entspannte Form des Umgangs miteinander … Dass man sich als Abservierter solche Paare zur Sicherheit merkt, liegt auf der Hand.

Eine weitere Untergruppe der *Partnertauscher* sind die *Freundschaftssucher*. Man findet sie allerdings mehr auf den Plattformen als in Clubs, denn ihr Ziel ist es, zwei Gleichgesinnte ausfindig zu machen, mit denen sie nicht nur im Bett, sondern generell in der Freizeit harmonieren. Man strebt gemeinsame Aktivitäten an, wie Lokal-, Theater- und Konzertbesuche, Urlaube und Ausflüge. Für mich bewegen sich solche Paare eher im Randbereich des Swingens, denn im Grunde suchen sie Intimität und nicht fremde Haut.

Wer hingegen hauptsächlich auf Clubbesuche fokussiert ist, sind die *notgeilen Abstauber*. Diese Pärchen sind meist nur mäßig attraktiv – und zwar sowohl optisch als auch bezüglich Charme und Sex-Appeal – und stürzen wie ein peinlicher Solomann von einem Pärchen zum anderen und quatschen sie kompromisslos an, in der Hoffnung, nicht abgewiesen zu werden. Ihre Liste beginnt klarerweise bei den jüngsten Gästen, deren Anerkennung ihren Status heben würde, und endet bei den ältesten. Viele der anderen Pärchen fühlen sich von diesem Gehabe genervt. Dennoch haben die *Abstauber* ab und zu Erfolg. Aus welchem Grund auch immer.

Dann gibt es noch zwei Kategorien, die eher mitlaufen. Da wären zum einen die *Faden*: Menschen, die man beim Hereinkommen fast übersieht, denn sie sind unglaublich durchschnittlich – genauer gesagt schlichtweg langweilig. Ihr Äußeres ist langweilig, was sie tun, ist langweilig, und auch was sie reden, ist langweilig. Aus ihrer Beziehung ist die Luft raus, oder sie erhoffen sich von einem Clubbesuch etwas Neues und Aufregendes in ihrem Leben. Sie kommen und vermitteln allen Anwesenden: *Bitte macht aus uns was anderes, etwas Geiles und Außergewöhnliches.* Sie hoffen, allein dadurch, dass sie sich in einem solchen Lokal herumtreiben, zu anderen Menschen, zu mutigeren Persönlichkeiten zu werden. Und wirken dabei wie jemand, der glaubt, schon ein Tandem-Fallschirmsprung mache ihn zum hartgesottenen Abenteurer. Man verstehe mich nicht falsch – diese Menschen sind nicht unangenehm oder gar böse, sie sind nur einfach durchsichtig wie Mr Cellophane.[4] Sie wollen gern mehr sein, als sie sind, und glauben, dies durch einen äußerlichen Neuanstrich zu erreichen, statt in ihrem Inneren nach dem Mehr zu suchen. Im Grunde sind sie bei uns Kulisse. Sie tauchen in regelmäßigen Abständen auf und laufen dann mit, lernen im Bestfall aber nur jemanden aus derselben Kategorie Mensch kennen. Dann kann es sehr wohl vorkommen, dass zwei solcher Paare all ihren Mut zusammennehmen und miteinander auf ein Zimmer gehen. Jene aber, die Erotik ausstrahlen, werden durch solche Menschen nicht angezogen – wodurch sich deren prickelnde Erwartung wiederum nie ganz erfüllt. Denn insgeheim hoffen sie ja, dass die Außergewöhnlichkeit anderer auf sie abfärbt.

Eine Abwandlung dieser Gruppe sind die sich selbst akzeptierenden *Realos*. Diese Paare nehmen hin, dass sie fade Personen sind, und kommen daher gar nicht auf die Idee, bei den Nichtlangweilern mitmischen zu dürfen. Daher genießen sie einfach die Zeit im Club. Sie grapschen aneinander herum, schauen vielleicht bei den Fummeleien im Gang zu und saugen die Atmosphäre auf. Dann fahren sie nach Hause und fallen übereinander her. Weil sie mit sich im Reinen sind, erscheinen sie im Normalfall als nette Menschen.

Eines dieser Pärchen hatte zum Beispiel entdeckt, dass ein Stammgast gern auf Zuruf seinen Schwanz herzeigte – und wenn er das auch auf ihre Aufforderung hin machte, kicherten sie wie Teenager. Eines Tages brachten sie clubunerfahrene Freunde desselben Kalibers mit und demonstrierten ihnen das Herzeigen des Schwanzes auf Zuruf. Als ihre Begleiter groß und beinahe entsetzt schauten, bereitete ihnen das schier unendlichen Spaß.

---

4 Figur und Lied aus dem Musical *Chicago*; der Refrain lautet: »Cellophane, Mister Cellophane / Should I bend my name / Mister Cellophane / Cause you can look right through me / Walk right by me / And never know I was there.«

Nun kann man sich natürlich über solche Kategorien empören – gerade in einem scheinbar so freien Raum. Ich fürchte freilich, dass sich gewisse Vorurteile nie ganz vermeiden lassen werden. Denn viele von uns streben zwar nach Individualität, wir sind jedoch zu sehr Gruppenwesen, um uns vollkommen vom Einfluss anderer freizumachen. Nicht umsonst fühlen sich die meisten Menschen unwohl, wenn sie auffallen und nicht den unausgesprochenen Regeln einer Gruppe entsprechen (Beispiel Dresscode beim Cocktailempfang, Altersschnitt auf der Tanzfläche, in einer Gruppe als adäquat empfundene politische Meinung etc.). Wir wollen dazugehören und unter Gleichen sein. Also passen wir uns an. Und somit entstehen die typischen Merkmale von Gruppen – auch in der Swingerbar.

Dennoch denke ich, dass bei uns die Kategorien etwas durchlässiger sind. Es gibt etwa Pärchen, die durchleben eine wilde Phase und geben sich in dieser Zeit als *Offenlasser,* dann haben sie Stress und ziehen sich nur noch alle heiligen Zeiten mit ihnen bekannten Spielpartnern zurück – sind sie deswegen jetzt *Religiöse?* Ich spreche mit dieser Typisierung also hauptsächlich Tendenzen an. Würde alles tatsächlich nach Schema F ablaufen, wäre es ganz schön langweilig.

Aber als Basisorientierung hilft die Kategorisierung ein wenig. Nun denn: Als welche Art Swingerpärchen werden sich die vier im Séparée herauskristallisieren? Im besten Fall für uns und das *Schloss* natürlich als *Offenlasser* oder *Pärchensucher.*

Aus dem Leben einer Swingerin
Eine Ahnung vom Paradies

Es war ein lauer Sommerabend, der Nippel und Kitzler nur so wachsen lässt. Ein Abend, wo man selbst in weiten Hosen die geschwollenen Schwänze der Männer erahnt. Ich war spitz wie eine Nadel, aber leider fand sich kein geeignetes Opfer, auch nicht in meinem Stammlokal. Alex, der immer rettende Ideen hatte, gab blöderweise gerade ein Dankeschön-Abendessen, und zwar für Helga, eine Immobilienmaklerin. Die hatte für ein Magazin Hochglanzfotos von Luxusobjekten benötigt und tatsächlich ihm, dem unbekannten Zeitungsfotografen, diesen Auftrag zugeschanzt, wie sie es ihm auf irgendeiner Stehparty versprochen hatte. Die beiden waren sich im Zuge dessen nähergekommen, und wahrscheinlich würden sie an diesem Abend zum wiederholten Mal Spaß miteinander haben. Ich visualisierte, wie es Alex mit irgendeiner Frau trieb, und masturbierte dabei – aber auch das brachte keine echte Entspannung.

In diesem Augenblick rief Alex an. Ob ich nicht Lust hätte, mit Helga und ihm in meinem Stammlokal noch einen Drink ... Er hatte die Frage kaum ausgesprochen, da war ich schon dort, denn es lag ja unweit meiner Wohnung – ich musste nur den Servitenplatz und eine Gasse queren. Helga setzte sich mir gegenüber. Sie schien direkt einem Rubensbild entstiegen zu sein. Alles an ihr war viel, aber nicht zu viel – und daher einladend. Die schwarz gekrauste Mähne, der üppige Busen, der das Kleid zu zerreißen drohte, der Hintern, der sich formvollendet wie ein riesiger Pfirsich unter dem dünnen Stoff hin- und herschob. Selbst ihr Bauch war nicht fett, sondern schien einfach zu sagen: *Ich gehöre einer Frau, die das Leben genießt.* Zugleich hatte sie schmale Handgelenke und beinahe zerbrechliche Fesseln, an die sich die Riemchen filigraner Stilettos klammerten.

Wir tranken und plauderten, und zwar absolut nicht jugendfrei. Zu Beginn war ich irritiert, dass eine wildfremde Person mir gegenüber so offen war, aber bald schon genoss ich es, endlich einmal mit einer Frau tabulos über Sex zu reden. Wir diskutierten über Stellungen, Rosettenstimulation, Intimrasur (Alex und sie waren wegen der Ästhetik Verfechter der Glattrasur, ich hing noch an meinem Buschen, zumal nackte Muschis für mich etwas Kindliches hatten) und das Minimum an Sex pro Woche (Helga plädierte für zweimal). Sie war offensichtlich genauso neugierig und hungrig wie ich. Allen ihren Freunden war das bislang zu viel gewesen. Jetzt war sie Alleinerzieherin einer Tochter und musste sich ihre freien Abende genau einteilen. An diesem Abend allerdings war die Kleine bei ihrem Vater, was glücklicherweise open end bedeutete. Umso mehr achtete Helga darauf, die verfügbare Zeit gut zu nutzen. Das bedeutete, dass es am selben Abend noch zur Sache gehen sollte. Aber wie? Sie und Alex? Sie und ich? So, wie sie mich anschaute, unbedingt. Alex, sie und ich? Würde ich meinen ersten Dreier erleben?

Die beiden wechselten immer wieder derart bedeutungsvolle Blicke, dass ich eifersüchtig geworden wäre, hätte ich nicht geahnt, dass es dabei um mich ging. Sie wollten zu meiner Freude mit mir ins Bett und bemühten sich sichtlich darum, dass ich meine Scheu ablegte. Madonna kam ihnen zu Hilfe. Der Wirt hatte das Album *I'm Breathless* aufgelegt. Helga und ich sangen beinahe jeden Song mit, und als die Nummer *Vogue* kam, tanzten wir wild durch das Lokal. *Let your body move to the music* nahmen wir wörtlich, und wir lieferten den anderen Nachtschwärmern eine derartig großartige Show, dass sich einige der anderen Stammgäste lasziv mit uns bewegten. Dem Wirt schien die Darstellung zu gefallen, er spendierte Tequila.

Als die Sperrstunde ausgerufen wurde, nahmen wir das als

Anlass, um in meine Wohnung zu wechseln. Kaum dort angekommen, ließen Alex und Helga sich aufs Sofa fallen und küssten sich ungeniert, und ich weiß noch, dass ich sofort wieder scheu wurde wie eine Jungfrau. So kannte ich mich gar nicht. Ich hatte auf diesem Sofa und am Teppich davor schon so viele Männer vernascht, dass nicht einmal mehr ihre Schatten darauf Platz gefunden hätten. Und jetzt wusste ich nicht, wohin mit meinen Blicken. Also öffnete ich erst einmal eine Rotweinflasche. Einschenken, Gläser reichen, anstoßen – die unverfängliche Unterbrechung. Doch ich hatte nicht mit Helgas Hunger gerechnet. Sie nahm einen kleinen Schluck und zog mich dann sofort am Arm zu sich hinunter. Wenn ich nicht stolpern und mit einer uneleganten Drehung auf ihrem Schoß landen wollte, musste ich dem Zug nachgeben. Sie küsste mich – zuerst nur mit spitzen, harten Lippen, was mich irritierte, doch dann packte sie blitzschnell meinen Kopf und drehte ihn so, dass sie die Lippen bequem auf die meinen legen konnte. Langsam ließ sie den Rotwein aus ihrem in meinen Mund fließen. Ein paar Tropfen gingen daneben, sie leckte sie ab. Ich küsste zurück. Jetzt war alles wunderbar weich und verspielt. Ich spürte nichts mehr als ihre Zunge.

Erst als Alex meinte: »He, he, lasst mich da nicht vertrocknen!«, spürte ich im Kreuz, wie verbogen und angespannt ich mich über Helga gebeugt hatte.

Wir lösten uns voneinander und lachten alle drei, ich allerdings etwas heiser. Denn das Herz klopfte mir im Hals und schnürte mir den Atem ab. Jetzt war es wohl endlich so weit. Ich musste erst dreißig werden und viele frustrierende Erlebnisse hinter mir haben, um meinen Teenagertraum leben zu können – wenigstens ansatzweise, denn eigentlich waren es im Traum ja immer mehr Männer als Frauen gewesen. Aber die Richtung stimmte. Ich wollte es, und zugleich hatte ich einen Bammel wie jemand, der eine Ringschachtel in Händen hält und nicht wagt, sie zu öffnen, weil vielleicht doch kein Ring drinnen ist oder weil der Ring so schön sein könnte, dass man weinen muss. Die Angst vor der Wunscherfüllung.

Ich trank sicherheitshalber einen Schluck Rotwein und legte nochmals Madonnas Album auf, ließ aber die ruhigen, jazzigen Nummern laufen. Ungerührt blieb ich neben der Stereoanlage stehen und betrachtete die beiden auf dem Sofa.

Helga grinste mich an – nein, es war mehr ein Lächeln, beinahe mütterlich und umsorgend. Es sagte mir, dass alles in Ordnung war, dass ich alle Zeit der Welt hatte und heute noch etwas sehr Schönes erleben würde.

Sie schloss die Augen und legte den Kopf auf die Sofalehne, während Alex mit dem Mittelfinger den Rand ihres Ausschnittes entlangfuhr. Sie seufzte. Er rückte näher und leckte den Spalt zwischen ihren Brüsten, blies dann auf die feuchten Stellen und stippte kurz an die erigierten Brustwarzen, die sich deutlich durch den Stoff hindurch abzeichneten. Hatte sie keinen BH an? Als hätte Alex meine Gedanken gehört, schälte er Helgas Brüste aus dem Kleid und dann aus einem BH, der aus mitternachtsblauer Spitze war und dessen Rand knapp unterhalb der Brustwarzen verlief. Ihre Haut unter dem BH schimmerte weiß – das typische Bikinimuster.

Nun beugte sich Alex über ihren Busen und saugte offenkundig an den Brustwarzen. Allerdings sah ich jetzt nichts mehr. Also tapste ich zu den beiden hinüber. Er ließ die Zunge so gekonnt über die Spitzen und den Vorhof tanzen, dass ich zwanghaft meine eigenen Brüste zu kneten begann. Ich wusste ja, wie sich seine Behandlung anfühlte, und konnte alles mitempfinden. Behutsam, um die beiden nicht zu stören, sank ich auf die Knie, um noch besser zusehen zu können.

Wie nebenbei griff Helga nach Alex' Schwanz, der sich bereits als Stange in seiner Hose abzeichnete. Sie knetete, er leckte, und so verging eine schier endlose Zeit, in der die beiden vor sich hin seufzten. Ich wollte mitspielen und wusste nicht, wie ich mich möglichst charmant einbringen sollte. Ich hasste mich für meine ungelenke, unangebrachte Schüchternheit. Aber da waren halt zwei, die sich miteinander vergnügten – da durfte man sich doch nicht so ohne weiteres einmischen, oder?

Helga sah mich an. »Komm her zu mir, ist doch unbequem so.«

»Ich will euch nicht stören.«

»Sei nicht dumm.«

Alex löste sich von Helga und rückte zur Seite. Mit einer einladenden Geste wies er in ihre Mitte und sagte lächelnd: »Mylady!« Dann nahm er meine Hand und zog mich zu ihnen. »Es wäre uns ein Vergnügen.«

Und schon saß ich zwischen den beiden. Helga lehnte sich zu mir und küsste meinen Hals – hatte ihr Alex meine Schwachstelle verraten? Natürlich nicht, die meisten Frauen sind am Hals empfindlich, sie schenkte mir nur einen Genuss, den sie sich auch für sich selbst wünschte. Und so beugte ich mich über sie und knabberte an ihrem Ohr und am Ansatz ihrer Schulter ...

Alex massierte mir unterdessen mit festen Handgriffen die Muskelstränge neben der Wirbelsäule. Zielstrebig arbeitete er sich zum Arsch hinunter. Dort angekommen, fingerte er am Hosenrand. »Ist doch viel zu heiß.« Mit diesem Satz drehte er mich halb auf den Rücken und zog mir die Hose aus. Zugleich schob Helga mir das T-Shirt über den Kopf. Ich fühlte mich wie ein Geschenk in den Händen gieriger Kinder und kicherte.

Da spreizte mir Alex mit einer schnellen Bewegung die Beine und saugte sich an meinem Kitzler fest. Ich bäumte mich auf, wollte reflexartig seinen Kopf wegschieben, aber Helga hielt mich, umklammerte fest meine Schultern und blies mir sanft ins Ohr.

Da machte es Klick.

In den nächsten Stunden wurden wir eine Einheit, bei der jeder Teil wusste, was dem anderen guttat. Zuerst wurde ich von Alex und Helga bedient – das war wahrscheinlich ihr Einstandsgeschenk an mich. Dann kümmerten wir uns um Helga und schließlich wir Frauen gemeinsam um Alex. Wir hetzten uns nicht, sondern gaben uns ganz dem Rhythmus hin, den unsere Körper vorgaben, tranken dazwischen Rotwein und rauchten Zigaretten. Mal waren wir zärtlich und verspielt, mal vögelten wir heftig. Und immer, wenn gerade Ruhe eingekehrt war, fing wieder einer an.

Es war längst hell, als wir erschöpft und vollkommen ineinander verschlungen langsam in die Realität zurückkehrten. Ich sah die verronnene Wimperntusche auf Helgas Wangen, die Wuschelhaare von Alex und spürte, dass ich wohl selbst Flecken im Gesicht hatte. Aber ich wusste, dass wir alle drei wunderschön füreinander waren. Wir strahlten.

Dieses Strahlen nach einem so gelungenen Akt ist mit nahezu nichts zu vergleichen. Es ist allerdings selten. Es findet nur statt, wenn man alles Fremdbestimmte überwunden hat, keine gesellschaftlichen Doktrinen, keine Vorurteile, keine Scham, kein Neid, keine Angst mehr da sind. Wenn einfach nichts Negatives im Raum ist und man Sex als die unschuldigste und selbstverständlichste Sache der Welt erlebt.

Natürlich tragen auch die vielen Orgasmen, die man dabei erlebt, das ihrige dazu bei. Man ist vollkommen ausgeglichen. Und geradezu wunderbar ist es, wenn man es mit mehr als einer Person erlebt, denn eine solche Harmonie gibt es im Alltag selten.

Ab nun war ich stets auf der Suche nach diesem Gefühl.

Ein perfekter Clubabend

Manche lernen's nie

In Swingerclubs gibt es eine eindeutige Hierarchie, und ganz unten rangiert der Solomann. Königin hingegen ist die Solofrau. Sie ist das wertvollste Gut, weil sie so selten ist. Ihre Besonderheit drückt sich auch im Eintrittspreis aus: Sie zahlt nichts – nie und nimmer.

Aber nicht nur das. Eine Solofrau wartet auch kaum lange auf Kontakt, weil sie eben etwas Seltenes ist und die anderen begierig sind, mit ihr in Kontakt zu treten. Sie kann daher ziemlich sicher sein, dass sich ihre sexuellen Wünsche erfüllen, wenn sie einen Club betritt. Sie genießt die gesamte Auswahl an Männern, Frauen und Paaren, denn da sie sich fast immer zu benehmen weiß, wird sie, im Gegensatz zu Männern, auch bei Pärchenabenden nicht ausgesperrt. Eine Solofrau muss nicht wie ein übriggebliebenes Mädchen in der Tanzschule darauf warten, aufgefordert zu werden – theoretisch. Praktisch wollen viele Frauen trotzdem so wie draußen in der Alltagswelt angeflirtet und mehr oder weniger aufgerissen werden. Das ist Teil des Spiels. Trotzdem haben sie die Macht.

Dann kommen in der Hierarchie die Pärchen – der Mann genießt hier sozusagen das Privileg der Frau an seiner Seite. Sie machen die Basis der Swingercommunity aus, das Gros der Pärchen sucht Pärchen. Wie viel sie finanziell aufwenden müssen, hängt von der Art des Clubs ab; wobei der Eintritt für Pärchen nicht zur Steuerung der Besucheranzahl, sondern nur zur Deckung des Aufwands erhoben wird.

Solomänner hingegen zahlen immer und überall Eintritt, manchmal bis zu 100 Euro. Das muss auch so sein, sonst wären

Clubs mit ihnen übervölkert, und man würde ihrer nicht Herr werden. Das liegt daran, dass viele der Männer, die Zugang zu einem Swingerclub wollen, keine Swinger, sondern Abstauber sind. Wenn es nur Solomänner wie Thomas gäbe, die sich auch in der heißesten Sexphase zu benehmen wissen und darüber hinaus auch dann charmant und witzig sind, wenn sich für sie nichts ergibt, gäbe es diese Ungleichbehandlung nicht. Doch leider haben notgeile Männer, die nichts anderes wollen, als mit ihrem Schwanz in ein Loch zu fahren und möglichst schnell abzuspritzen, Swingerclubs als billige und gemütliche Alternative zu Puffs und dem Straßenstrich entdeckt. Solche Typen haben kein Gespür dafür, ob sie willkommen sind oder nicht. Sie tun, als würden sie die Bedeutung des Wörtchens »Nein« nicht kennen, haben keinen Respekt vor Frauen und erwarten stante pede eine Befriedigung ihrer Gelüste. In der Praxis kommen solche Männer kaum zum Zug, und so überlegen sie es sich nach dem ersten Besuch zweimal, ob sie noch einmal so viel Geld »für nichts« ausgeben.

Manchmal wundere ich mich fast, dass ich heute mit Bernhard einen Swingerclub betreibe. Denn genau so ein notgeiler Typ hat mir einst meinen ersten Clubbesuch verleidet. Bernhard, mit dem ich damals, vor gut fünfzehn Jahren, ein noch eher lockeres Verhältnis hatte, ging mit mir auf meinen Wunsch dorthin – ich war durch seine Erzählungen neugierig geworden. Wir besuchten eine alteingesessene, sehr bekannte Lokalität im 20. Bezirk –, an einem offenen Abend mit Solomännerzutritt. Während ich an der Bar die neuen Eindrücke auf mich wirken ließ, sah sich Bernhard im weiträumigen hinteren Teil um. Sofort war ein nicht unhübscher blonder Mann mit strengem Seitenscheitel an meiner Seite. Ich schüttelte den Kopf und ignorierte ihn dann, doch er klebte förmlich an mir. Immer wieder tatschte er nach mir und nahm meinen auch mittlerweile verbal geäußerten Wunsch nach Abstand nicht ernst. Ich war damals noch sehr unsicher und wusste nicht, wie ablehnend ich hier werden durfte. Ich fragte mich, ob sich eine Frau das an so einem Ort gefallen lassen musste, ob es gar zum Spiel gehörte. Und ich war frustriert, denn das war nicht, was ich wollte.

Bernhard kam schließlich nach einer mir schier endlos scheinenden Zeit aus dem hinteren Bereich des Clubs zurück und stand mir bei, indem er den Typen vertrieb. Bestürzt über seine eingene Unachtsamkeit, klärte er mich gemeinsam mit einem Pärchen daraufhin über die Usancen in einem Club auf.

Ich brauchte dennoch Wochen, bis ich mir einen neuerlichen Swingerclubbesuch vorstellen konnte, und ich benötigte, wie viele andere brav erzogene Frauen auch, etliche Jahre, um endlich nein sagen zu lernen. Was übrigens eine gute Schule für das sonstige Leben ist – gerade für mich, die ich heute außerhalb der Clubszene als selbständige Geschäftsfrau agiere.

Jetzt dringt aus dem Fernsehraum nebenan plötzlich Lärm, genau genommen die laute Stimme einer Frau und das Grummeln eines Mannes. Das klingt nach Problemen. Ohne Hektik begebe ich mich hin.

Im Fernsehraum vergnügen sich vier Pärchen Anfang zwanzig, und zwar schon geraume Zeit. Sie haben allesamt Dessous einer bekannten Unterwäschefirma an, haben also noch kein Geld für spezielle Accessoires ausgegeben, denn sie stehen, wie ich aus Gesprächen an vorangegangenen Abenden weiß, noch am Anfang ihrer Selbsterfahrung. Die Mädchen wirken mit ihren schlanken Körpern wie Models. Drei von ihnen sind Studentinnen, und zwar alle auf der Wirtschaftsuniversität, wo sie einander kennengelernt haben; die Vierte hat trotz ihrer jungen Jahre bereits eine Boutique für exklusive Kindermode aufgemacht. Das hat uns gleich eine Gesprächsbasis geliefert, quasi von Selbständiger zu Selbständiger.

Die Burschen studieren ebenfalls, nur habe ich die Fächer vergessen. Sie alle lernten sich auf einer Facebookparty kennen, die so langweilig war, dass sie ihren Spaß lieber beim Nacktbaden in der Neuen Donau suchten – wo sich am späten Abend

157

manchmal auch Swinger vergnügen. Eins ergab das andere, und nun sind die jungen Leute bereits das dritte Mal in unserem Club.

Sie erinnern mich ein wenig an die Sechsergruppe, die ihren pornogeprägten Sexvorstellungen langsam Individualität verlieh. Denn auch die acht hier – nein, neun, heute haben sie noch eine zierliche asiatischstämmige Freundin mitgebracht – sind erst am Experimentieren. Noch sind sie nicht einmal beim Partnertausch angelangt. Vielleicht werden sie diese Hürde nie überwinden, und die Erinnerung an diese Zeit fällt irgendwann unter die Rubrik »Jugendexperiment«.

Aber zum Sinnieren ist keine Zeit, denn die neun sind gerade etwas irritiert. Ein Solomann hat sich links neben Laura, die Boutiquebesitzerin, geflätzt – Ernst, ein Mann Anfang dreißig mit dunklen, nach hinten gegelten Haaren, stets in Anzug und Budapester gekleidet. Er holt sich einen runter und zwickt das Mädchen währenddessen immer wieder in die Brust. Sie macht abwehrende Bewegungen. Ernst hebt zwar beschwichtigend die Handflächen, fährt aber fort, sie anzugreifen, wenn sie wieder die Augen schließt. Ich musste Ernst schon einmal zurechtweisen. Er ist einer von jenen, die einen Swingerclub mit einem Puff verwechseln und denken, die Frauen hier seien Freiwild. Zusätzlich ist er unglaublich unbegabt. Seine Bewegungen sind mechanisch und grob, und er beweist null Einfühlungsvermögen in das sexuelle Empfinden einer Frau. Wenn er einem Opfer den Finger ins Loch steckt, rammelt er es hart und mechanisch wie ein Roboter. Einige Frauen mögen das, weil sie bei sanfteren Berührungen generell nichts empfinden oder weil sie sich nur dann richtig durchgefickt fühlen, andere brauchen es, wenn sie durch zu viel Alkohol schon etwas unempfindlich geworden sind. Aber den meisten tut es einfach nur weh. Ich habe Ernst erklärt, dass das so ist, als würde man seinen Schwanz immer wieder gegen eine Tischkante schlagen. Aber er kapiert es nicht, und schon gar nicht, dass jeder Mensch eine andere Art von Berührung mag. Entweder ist Ernst zu dumm für guten Sex (auch das gibt es), oder er ist einfach ein maßloser Egozentriker, der sich um die Gefühle anderer nicht schert. Den Begriff »Macho« möchte ich für ihn nicht verwenden, denn auch Machos können gute, sensible Liebhaber sein.

Nach meiner Ermahnung hatte sich Ernst zurückgehalten, wirklich nur auf Aufforderung mitgemischt und dann auch nur, wenn seine heftige Art gewünscht war. Bis jetzt. Doch nun muss ich dem guten Mann wohl wieder einmal dezent ins Ohr flüstern, dass er sich danebenbenimmt. Denn grundsätzlich trichtere ich zwar allen Frauen ein, ruhig vehement zu werden, wenn ihnen etwas gegen den Strich geht. Aber die meisten vertrauen ihrem Königinnenstatus nur zögerlich. Also muss ich eingreifen.

Ich betrete den Raum. Genau in dem Moment richtet sich eine der Studentinnen auf – sie heißt Nina – und schnauzt Ernst an: »Verpiss dich, Alter. Schnallst du's nicht? Sie steht nicht auf dich. Sie findet dich voll ätzend.«

»Ich …«, setzt Ernst an und hebt beschwichtigend die Handflächen – nur um sie in einem Bogen sofort wieder auf Lauras Brust zu legen. Dabei lächelt er süßlich.

Nina springt auf. »Fick dich, Alter, und schleich dich! Du Wichser bist da nicht gefragt!«

So vehement habe ich eine Frau noch selten schimpfen gehört. Die neue Generation lässt hoffen, auch wenn Ninas Ausdrucksweise nicht gerade fein ist. Aber auf die höfliche Tour kapieren es manche einfach nicht.

Doch jetzt baut sich Ernst vor ihr auf. »Halt's Maul, du kleine Schlampe! So redest du nicht mit mir!«

Ich hör wohl nicht recht? Das geht nun gar nicht. Aber ich bleibe gefasst, stelle mich neben Ernst und sage in bemüht ruhigem Tonfall: »Ernstl, komm, merkst du nicht, dass du hier unerwünscht bist? Du kennst doch unsere Regeln.«

Nun fletscht er die Zähne in meine Richtung: »Was denn? Ich hab ja gar nichts gemacht! Man wird doch noch schauen dürfen.

Wenn ihnen das nicht passt, dann sollen's in ein Zimmer zum Zusperren gehen.«

»Du hast sie angegrapscht. Und sie will das nicht. Sie hat es dir gesagt, und du hast trotzdem nicht aufgehört.«

»Haut's ihn raus, den Trottel«, ertönt es nun von außerhalb des Raumes. Die Menge verlangt ihr Opfer – und vor allem die Möglichkeit, den anderen neun ungestört zusehen zu können. Ein Störenfried wie Ernst gefährdet auch ihren voyeuristischen Genuss.

Ernst beißt die Zähne zusammen. »Gar nix hab ich. Gar nix.«

»Du hast.« Ich beuge mich zu ihm, mein Ton ist nun schärfer. »Und wenn du nicht gleich mit mir nach vorn gehst, hast du Clubverbot, ein für allemal.« Er weiß nicht, dass das zu dem Zeitpunkt keine Drohung, sondern eine bereits beschlossene Tatsache ist. Ich hatte Geduld mit ihm, aber nun hat er sich zum zweiten Mal massiv danebenbenommen. Das ist einmal zu viel.

Die Drohung wirkt. Ernst steht auf und zischt Laura zu: »Blöder frigider Trampel.«

Ich packe ihn am Arm. »He, he, he – pass auf, was du sagst.«

Laura wendet sich ab, Nina zeigt ihm den Stinkefinger, von draußen dringt Gejohle herein. Ein echtes Ärgernis. Und das heute, wo sich der Abend bislang so gut entwickelt hat.

Ich schiebe Ernst vor mir her und durch die gaffende Menge, die aus ein paar Paaren und Solomännern besteht. »Die Show ist vorbei«, rufe ich ihnen zu.

Draußen an der Bar bleibe ich so lange an der Seite von Ernst, bis er vor meinen Augen bei Claudia seine Getränkerechnung inklusive Abendeintritt bezahlt hat. Dann schiebe ich ihn ohne ein weiteres Wort zur Tür hinaus. Er meckert auch nicht mehr. Der Abstand zu nackter Haut scheint seinen Kopf gekühlt zu haben, draußen wird er nun endgültig nüchtern werden. Aber das ist zu spät. Ich werde Bernhard sofort berichten, dass er ab nun auf unserer schwarzen Liste steht.

Ich hasse solche Situationen. Warum muss es immer Menschen geben, die keinerlei Anstand und Benehmen kennen? Aber leider gehört auch derlei Unangenehmes zu meinen Erfahrungen als Swingerclubbetreiberin. Und zu meinen Pflichten zählt es, solche Vorkommnisse möglichst zu vermeiden oder rasch zu klären.

Die meisten Leute hier haben freilich kaum etwas mitbekommen. Die Gäste vom großen Tisch haben Ernst zwar gemustert – sie kennen ihn alle und denken sich wahrscheinlich ihren Teil, wenn ich wie ein Dragoner neben ihm stehe –, doch sie fahren nun fort, Tequila von Lisbeths Brüsten zu trinken. Genau genommen lecken sie das Salz und die Zitrone von ihren Nippeln und trinken dann Tequila. Das Quartett daneben mit Thomas bekommt überhaupt nichts mit, so sehr ist es ins Lutschen und Lecken vertieft. Und die anderen sind zu weit entfernt, um meinen strengen Ton bei den Anweisungen an Claudia und den bitteren Zug um Ernsts Mund bemerkt zu haben. Ich muss also nur die Leute vor dem und im Fernsehraum beruhigen. Verdammt, ich will nicht, dass mir so ein blöder Typ wie Ernst den tollen Abend versaut!

Aus dem Leben einer Swingerin
Das zweite erste Mal

Alex und ich waren im Kino gewesen und hatten danach in einem Lokal wieder einmal ausführlich über unsere sexuellen Erlebnisse gesprochen. Ich war frustriert, weil einmal mehr ein Mann mich zum stupiden Abspritzen verwendet hatte, ohne auf meine Bedürfnisse zu achten.

Dieses Mal kamen wir schon kurz vor Mitternacht auf das Thema Swingerclub. Die steten Wiederholungen von Alex, ich *müsse* ja dort nichts tun, und der Einfluss des Alkohols ließen mich schließlich nachgeben, obwohl ich gar nicht passend gekleidet war. Besser jetzt als nie, dachte ich mir. Denn ich wusste: Wenn ich mich zuerst in der Wohnung herrichtete, würde mich wieder aller Mut verlassen.

Wir fuhren mit dem Taxi in den siebenten Bezirk, nahe der Innenstadt, bevölkert von Studenten, Akademikern und Künstlern und zugleich der Bereich von Wien, wo die größte Swingerclubdichte herrscht. Es gibt derer dort nämlich fünf – und das hat nichts mit Ausdehnung oder Bevölkerungsdichte zu tun, er ist nämlich der drittkleinste Bezirk der Stadt. Die Anhäufung von Clubs ist sicher auch nicht darin begründet, dass eine bestimmte Ecke des Bezirks, der Spittelberg, bis Anfang des 20. Jahrhunderts eines der bekanntesten Hurenviertel von Wien war (jetzt eine sehr teure Wohn- und Tourismusgegend) und sich die Tradition des sexuellen Nachtlebens fortgesetzt hätte. Denn Bordelle findet man nur auf dem Teilstück des Gürtels, das zum Bezirk gehört, dieser sechsspurigen Straße, die rund um die inneren Bezirke von Wien führt und einen Großteil des Wiener Rotlichtmilieus beherbergt.

Unser Ziel war jener Club, zu dessen Einrichtung das halbe Auto gehört. Er lag unweit einer Polizeistation. Reflexartig drückte ich mich nach dem Aussteigen in die Schatten der Häuser. Was, wenn gerade jetzt ein paar Polizisten auf Streife gingen? Es war mir zutiefst unangenehm, hier eventuell von jemandem gesehen zu werden, obwohl wir ja nichts Illegales vorhatten.

Alex blieb vor einer Tür mit Guckloch stehen, die nach unten in einen Keller führte. Die Fenster des Etablissements waren mit Folie verklebt, aus dem Innern dröhnten Bässe. Unendlich lange erschien es mir, dann endlich wurde die Tür geöffnet. Vor uns stand eine junge Frau mit langen schwarzen Haaren und einem knappen silbernen Kleidchen. Alex fragte, ob noch etwas los sei. Er tat das mit einer solchen Selbstverständlichkeit, dass ich mir sofort wieder wie ein unerfahrenes Küken vorkam. Die Silberne nickte. Wir schlüpften hinein und standen in einem engen Vorraum mit kleinem Stehtisch, auf dem ein Buch lag. Darüber befand sich ein Schlüsselbord. Mit südländischem Akzent fragte sie uns nach unseren Namen.

»Michael«, sagte Alex, ohne zu zögern, und sah dann mich an.

»Äh – Babsi.«

Die Silberne notierte die Namen in dem Buch und fragte dann nach dem Clubbeitrag. Während die beiden abklärten, dass Alex Mitglied war und ob ich vielleicht, weil es das erste Mal und außerdem schon spät sei, nur gegen Abendeintritt und ohne zusätzliche Clubmitgliedschaft hineindürfte – was Alex trotz seines Charmes nicht durchsetzen konnte –, leistete ich in Gedanken meiner besten Freundin aus Kindheitstagen Abbitte. Warum mir ausgerechnet ihr Name eingefallen war, konnte ich mir nicht erklären. Wie auch immer, ab nun war ich in jener Welt Babsi oder Barbara.

Die junge Frau drückte uns zwei Garderobenschlüssel in die Hand und ging vor uns hinab in die Tiefen des Lokals. Übliche Chartsmusik empfing uns. Es roch verraucht und nach Schweiß – und ein bisschen nach Sperma. Einfach abgestanden. Ich sah schon in der Dusche die Pilze über meine Zehen wuchern. Von der Einrichtung bekam ich außer der Bar am Ende des Raums zunächst nicht viel mit, denn Alex zog mich sofort seitlich in die Garderobenecke. Sie war ernüchternd kahl. Graue Spinds, Holzbänke, Plastiksessel, Badeschlapfen in einem Regal und ein in den Ecken blinder Spiegel machten die Einrichtung aus. Ich versuchte, hinter einer Spindtür in Deckung zu gehen, weil ich mich in meiner Alltagsunterwäsche plötzlich vor Alex schämte, obwohl er mich darin schon öfter gesehen hatte. Ich kam mir plump vor. Was, wenn ich so zickig wurde, dass ich ihm den Abend versaute?

Ich knotete das Badetuch über meinen Brüsten fest. »Und was ist, wenn ich wirklich nicht will?«

Er nahm mich in den Arm. »Du musst nicht.«

»Und wenn du dann willst?«

»Das klären wir dann. Wenn es dir ansonsten gefällt, wartest du einfach an der Bar auf mich. Wenn nicht, fährst du mit dem Taxi nach Hause. Auf meine Kosten.«

»Und du bist dann nicht sauer?«

»Blödsinn.« Er ließ mich los und schaute mir in die Augen. »Außerdem ist das heute *dein* Abend. Es geht darum, dass *du* dich wohl fühlst.«

Ich schluckte, weil ich mir wie ein kleines Mädchen vorkam, sagte es aber trotzdem: »Bitte, lass mich nicht allein.«

»Nein, sicher nicht. Ich hab Conny auch nie allein gelassen. Keine Sorge.«

Ich weiß nicht, warum ich solche Angst hatte. Wahrscheinlich kam ich mir in einer Umgebung, in der Sex das Hauptthema und nicht nur Beiwerk war, irgendwie ausgeliefert vor. In einem üblichen Lokal konnte ich grundsätzlich immer den Heimweg antreten, ohne komplett das Gesicht zu verlieren und ohne dass die Männer berechtigterweise sauer werden durften. Aber hier?

Versprach ich ihnen nicht etwas, indem ich halbnackt vor ihnen saß? Alex hätte mir damals die Clubregeln erklären sollen, deren wichtigste lautet: Die Frau ist Königin. Was sie will, geschieht; sonst nichts. Aber daran dachte er nicht – wahrscheinlich weil es für ihn als Mann kein Thema war und er auch bei Conny, mit der er ja liiert gewesen war, nie auf die Idee gekommen war, sie hier sich selbst zu überlassen.

Nachdem also Alex sein Versprechen abgeleistet hatte, ging ich an seiner Hand hinaus in den Raum, angetan mit Badetuch und unseligen weißen Badeschläpfchen, die sogar einen kleinen Absatz hatten, hoffend, dass ich meine Füße später irgendwo desinfizieren konnte.

Zuerst kamen wir an runden Tischen mit Bänken und Sesseln in Nischen vorbei, dann an einer Go-go-Stange auf einer Minibühne von vielleicht zwei Quadratmetern Größe und 20 Zentimeter Höhe. Unmittelbar daneben hing knapp unter dem Plafond eine Glitzerkugel. Alles war auf Weinrot und Plüsch getrimmt und erinnerte mich an eine schlecht eingerichtete Landdisco aus den 70er Jahren. An einem Tisch saßen zwei Pärchen und plauderten entspannt. Sie schienen ihre Action schon hinter sich zu haben, denn sie befummelten sich nur mehr beiläufig. Ich musterte die beiden Frauen. Sie sahen ganz und gar nicht aus wie Prostituierte. Ihre Dessous waren geschmacklos und schienen aus dem Versandhandel zu stammen. Alle vier strahlten die Durchschnittlichkeit von Vorstadtsiedlungsbewohnern aus – etwas, das mir später, im Laufe der Jahre in der Szene, immer wieder auffallen sollte. Wie erschüttert wäre wohl manch konservativer Rasenmäher und Rosenschneider, wenn er ahnte, was seine braven Nachbarn während ihrer Ausflüge so treiben. Swingen ist halt nicht nur etwas für besonders spleenige Leute, sondern findet in allen Schichten, Berufsgruppen und gesellschaftlichen Kreisen statt. Die vier im Plüschrondeau waren in ihrem Alltag wahrscheinlich tatsächlich Buchhalter, Lehrerin oder Bäcker. Das beruhigte mich ein wenig.

Den Tischen gegenüber befanden sich die Nasszellen: Toiletten, Duschen, Sauna. Der ganze Bereich wirkte hier erstaunlich sauber. Die Sauna war entgegen meiner Erwartung relativ groß, als würde sie für die Leute hier wirklich eine Rolle spielen. Zwar hießen Swingerclubs auch »Saunaclubs«, wie ich inzwischen recherchiert hatte, aber ich hatte das eher für ein Alibi gehalten. Vielleicht konnte ich mir ja wenigstens einen Saunagang gönnen, wenn Alex entgegen seiner Ankündigung doch für sich allein eine Spielpartnerin fand.

Schließlich erreichten wir die Stirnseite des Raumes mit der Bar. Auf der gegenüberliegenden Seite war ein Buffettisch aufgebaut.

»Ist auch im Preis inkludiert«, raunte Alex.

Ich nahm mir sofort ein gefülltes Ei, damit ich irgendetwas zu tun hatte und nicht in die Augen der sechs bis sieben Männer schauen musste, die ohne Begleitung an der Bar herumlümmelten. Sie musterten mich. Ich suchte mir einen Platz am rechten Ende der Theke und zog mit der rechten Hand einen freien Hocker zu mir heran. So konnte ich den anderen den Rücken zukehren und Alex anstarren, der brav darauf Platz nahm. Ich bestellte Rotwein und trank das Achtel beinahe auf einen Zug aus. Wie war ich bloß hierhergeraten? Mein Herz klopfte im Bauch und im Hals. Ich war nervös, ja – aber ich musste mir eingestehen, dass ich auch etwas erregt war. Die ganze Lokalität machte, trotz ihrer Schmuddeligkeit, Lust auf Sex. Es lag nicht daran, dass wir alle halbnackt herumliefen, das taten Menschen in normalen Saunas ja auch. Vielleicht war es die Duftmischung, vielleicht der Porno, der auf mehreren Monitoren lief. Vielleicht waren es auch die Schwingungen, die ich an den beiden Pärchen wahrgenommen hatte – jene satte Zufriedenheit, die ich ja kannte und ersehnte.

Oder war es die unverhohlen zur Schau gestellte Lust der Solomänner? Kaum schweifte mein Blick zu ihnen, versuchten sie auch schon, ihn festzuhalten. Ein Mann mit blondem Schnurrbart lächelte mich an. Ich hasse Schnurrbärte. Meine Mundwinkel zuckten ein Lächeln zurück, unhöflich wollte ich nicht sein. Immer wieder klaffte mein Handtuch auseinander und gab meine Oberschenkel frei. Ein anderer Mann, mit kurzgeschorenen Haaren und Beinaheglatze, strich an mir vorbei und berührte mich auffällig unauffällig an der Hüfte. Ich wusste nicht, ob ich entsetzt oder angetan sein sollte. Die Selbstverständlichkeit, mit der hier Interesse bekundet wurde, geilte mich auf. Aber wollte ich diesen Mann wirklich? Ich zupfte wieder einmal das Handtuch über den Schenkeln zurecht, da ging der Knoten über der Brust auf, und die Beinaheglatze hob anerkennend die Augenbrauen, während sie ganz ungeniert auf meine Brüste glotzte, deren freche Spitzen sich in die Gegend reckten.

Ich verknotete das Tuch erneut und hielt es sicherheitshalber fest, drehte mich dann zur Bar, um endlich etwas Neutrales zu sehen. Mir gegenüber befand sich ebenfalls ein Monitor. Eine Frau ritt gerade auf einem Mann, der auf einem Sessel saß. Ihre Muschi und sein Schwanz waren groß im Bild. Ich mochte diese Stellung und spürte, wie sich meine Muschi erwartungsvoll zusammenkrampfte. Mein Blick fiel auf die Treppe neben der Bar. Da oben mussten wohl ... Ob sich da gerade was ...? So richtig live?

Sicherheitshalber bestellte ich noch einen Rotwein und schaute mit betont lockerer Miene zu Alex. »Und wo geht es da oben hin?«

Alex rutschte sofort vom Hocker und bot mir mit spitzbübischer Miene seinen Arm an. »Verzeihen Sie, Mylady, meine Unachtsamkeit. Darf ich Ihnen eine Führung anbieten?«

Während ich vom Hocker rutschte und krampfhaft an meinem Tuch nestelte, beobachtete ich aus dem Augenwinkel, dass er wie nebenbei aus einer Schüssel an der Bar Kondome fischte. Gleich drei. Was hatte er vor ...?

Die Treppe endete in einem dunklen Gang, der nach links und rechts weiterführte. Direkt gegenüber dem Stiegenaufgang war in die Wand ein Fenster eingelassen. Es gab den Blick frei in einen Raum, der nur aus einer Matratze bestand und mit Spiegeln verkleidet war. Eine Frau blies dort einem dickbäuchigen Mann den Schwanz. Ich starrte in das Zimmer. Noch nie hatte ich fremden Personen so direkt und unverhohlen beim Sex zugesehen, anonym, ohne beteiligt zu sein. Ich kam mir vor wie eine Spannerin. War es in Ordnung, dass ich ihnen so einfach zusah? Zugleich tat mir schlagartig der Kitzler weh, derart stark schwoll er an. Ich hatte einmal in meiner Studentenwohnung über den Innenhof des Häuserkarrees hinweg einen Akt belauscht und mich dabei befriedigt. Ja, ich mochte es, anderen beim Sex zuzusehen. Ich erinnerte mich an meine Voyeurismusphantasie am Donauufer, als ich mit Gerald meine Freiluftaffäre begonnen hatte. Ich fühlte, dass ich im Reich meiner Phantasien angekommen war. Am liebsten hätte ich die Tür aufgerissen, mich zu den beiden gehockt und mitgespielt.

Da meinte Alex: »Idioten! Haben die Tür zugesperrt. Und so was nennt sich Swinger ...«

»Aber sie lassen sich dabei zuschauen.«

»Ja, wenigstens das. Es gibt auch welche, die ziehen sogar den Vorhang zu. Dann sollen sie doch gleich daheimbleiben, wenn sie keine Fremden dabeihaben wollen.«

»Vielleicht genieren sie sich?«

»Wieso gehen sie dann in einen Swingerclub?«

Das war eine berechtigte Frage – und ist es immer noch. Gerade in den letzten eineinhalb, zwei Jahren scheint sich die Szene zu verändern. Es sind immer mehr Leute unterwegs, die im Swingerclub offensichtlich nur die erotische Atmosphäre suchen, sich dort dann aber zu zweit vergnügen – ohne Zuseher oder Mitmacher. Natürlich hat alles seine Berechtigung, doch erprobte Swinger wie Alex, mein Mann und ich sind von dieser Entwicklung etwas irritiert, weil sie mit dem Grundgedanken des Swingens, nämlich dem Sex mit fremden Menschen zu frönen, nichts zu tun hat.

Doch damals waren solche Menschen eher die Ausnahme. Gleich hinter der Ecke trafen wir dann auf das berüchtigte halbe Auto, in dem gerade zwei Männer mit einer Frau oral und vaginal zugange waren. Alex stellte sich dazu und nahm mit der Frau Blickkontakt auf. Sie nickte. Er griff ihr daraufhin an den Busen und knetete ihn. Dabei rieb er seinen Schwanz.

So einfach ging das also.

Ich stellte mich an seine Seite und gaffte. Mein erster leibhaftiger Liveporno. Ich sah mir die Frau ganz genau an. Sie hatte ebenfalls überhaupt nichts Nuttiges an sich, sondern wirkte mit der Kurzhaarfrisur inklusive Strähnchen und der Orangenhaut auf den prallen Schenkeln eher wie eine Sekretärin, die zu wenig Zeit für Sport hatte. Sie genoss es, auf dem Rücken liegend, dass ihr der eine Mann seinen Schwanz tief in den Mund stieß, während der andere sie vollkommen ruhig und gleichmäßig fickte und dabei ihren Kitzler massierte. Sie wurde verwöhnt und gab sich dem Taumel hin. Es gab sie also tatsächlich, meine Schwestern im Geiste.

Einer der Männer wurde auf mich aufmerksam und griff nun seinerseits an meine Brust. Ich hatte sofort eine Gänsehaut, aber ich zuckte zurück. Erst einmal Gedanken sortieren!

Also ging ich mit Alex weiter durch den verwinkelten Raum und kam am erwähnten Gynäkologenstuhl vorbei, aber auch an einem höhlenähnlichen Raum mit Löchern. Sollte man durch sie bei etwas zuschauen? Wurde damit der Voyeurismus bedient?

»Da kannst du den Schwanz reinstecken und ihn blasen lassen – beziehungsweise kannst natürlich du als Frau dich streicheln lassen oder hineingreifen und einen Schwanz massieren«, ließ Alex sich vernehmen. »Ist geil.«

Das konnte ich mir vorstellen. Es trieb die Anonymität auf die Spitze.

Wir streiften noch viele andere Ecken und Räume. Mir bot sich das Bild eines Ortes, der nur dazu diente, dass möglichst viele Menschen möglichst bequem möglichst guten Sex miteinander haben konnten. Ich brauchte dringend einen Schluck Rotwein.

Wieder an der Bar, beschloss ich, die Eindrücke erst einmal auf mich wirken zu lassen und bei weiteren Besuchen die Gepflogenheiten in solchen Clubs zu beobachten. Wenn ich mich daran gewöhnte, würde ich mich vielleicht auch irgendwann fallenlassen können. Heute weiß ich nicht mehr genau, was mich damals zögern ließ. Vielleicht war es jene Angst, von der mir noch jede Frau berichtet hat, die von ihrem ersten Mal in einem Swingerclub erzählte. Wir Frauen sind es gewöhnt, fremden Männern nicht allzu viel Vertrauen entgegenzubringen – denn sie könnten uns jederzeit vergewaltigen, wenn ihnen ein Nein nicht passt. Und Neins können jederzeit fallen, ein Mann braucht dich nur unangenehm angreifen.

Eine weitere Angst ist es, sozusagen »die Ehre zu verlieren«. Viele Frauen, die das erste Mal mit ihrem Partner in einen Club gehen, haben die Befürchtung, dass er sie nach dem Sex mit Fremden für eine Schlampe hält – obwohl er ja selbst auch zugange ist. Die Angst ist berechtigt, denn für viele Männer ist das Swingen mit Partnerin eine »legale« Möglichkeit fremdzugehen. Manch ein Mann will fremde Haut spüren und seine Frau dennoch nicht anlügen. Also nimmt er sie mit und redet ihr ein, dass er das alles selbst ganz locker sieht. Doch wenn es der Frau dort tatsächlich gefällt und sie lernt, dass sie nicht verliebt sein muss, um Berührungen geil zu finden, ist der Mann irritiert, denn er war ja der Meinung, dass es um *sein* Vergnügen gehe – wo soll das enden, wenn jetzt auch seine Partnerin fremde Haut reizvoll findet? Daraus ergeben sich mitunter spontane Streitereien und sogar Trennungen. Derartige unangenehme Szenen musste ich im Lauf der Jahre einige miterleben.

Vielleicht war es eine Mischung aus beidem, was mich zögern ließ – die Angst vor Übergriffen und eine Scheu, meine Ehre zu verlieren. Hinzu kam die Angst vor mir selbst. Ich kannte mich ja. Wenn mich jemand richtig berührte, konnte sich in mir ein Schalter umlegen. Und wozu wäre ich erst an einem Ort fähig, wo es keine Beschränkungen gab, sondern nur Unterstützung beim Sich-Fallenlassen?

Ich flüchtete mich in die Sauna. Das war mir vertraut, und so war der Clubbesuch wenigstens nicht umsonst gewesen und hatte sich der Eintritt gemeinsam mit den inbegriffenen Getränken und Speisen irgendwie gelohnt.

Alex begleitete mich brav. Dummerweise folgten auch der blonde Schnurrbart und die Beinaheglatze uns nach. Die wollen auch nur saunieren, redete ich mir ein. Doch schlagartig herrschte eine aufgeladene Stimmung in der Kabine. Ich lauerte, ob einer der beiden es wagen würde, mich zu berühren. Einerseits wünschte ich es mir, andererseits hatte ich Angst davor. Die konnten ja alles Mögliche wollen, ich hingegen vielleicht nicht. Und wie sollte ich dann wieder aus der Nummer herauskommen?

Die Männer grapschten jedoch nicht, sondern schauten und lächelten bloß. Wir tauschten Banalitäten über die Hitze des Saunaofens und das beste Saunaöl aus. Unterschwellig vermittelten mir die Männer allerdings die ganze Zeit, dass ich in ihren Augen eine geile Schnitte war. Und das machte mich nass. Dabei hatte ich doch beschlossen, mir noch Zeit zu lassen!

Ich flüchtete erneut, dieses Mal in den offenen Duschbereich. Sofort waren die beiden Männer an meiner Seite und spritzten mich fürsorglich per Schlauch mit kaltem Wasser ab. Keine Berührung, und dennoch reizten sie mich bis zum Hecheln. Ich war nur mehr durcheinander, kein Gedanke schien sich festhalten zu lassen. Alles war geil, meine Hand rutschte zu meiner Klit. Der Schnurrbart wollte mir nun doch »helfen«, aber ich schob seine Hand zur Seite. Dass er das widerstandslos geschehen ließ und dass Alex irgendwo im Hintergrund stand und das Ganze beobachtete, verringerte meine Angst ein wenig – woraufhin ich noch geiler wurde. Aber ich konnte doch nicht über zwei Typen herfallen, mit denen ich kaum ein Wort gewechselt hatte! Ich war doch keine Nymphomanin, oder?

Doch, das war ich, aber dem durfte ich nicht einfach so nachgeben. Nymphomaninnen sind nichts Böses, aber etwas Besonderes. Würde Alex es verstehen, wenn ich jetzt mit den beiden ...? Bestimmt, schließlich wollte er das doch. *Aber ich hasse Schnurrbärte. Und die Beinaheglatze ist viel zu alt für mich.* Nachdenken.

Ich flüchtete zum dritten Mal, diesmal zurück an die Bar. Während ich an meinem Rotwein nippte, nervös und ohne etwas zu schmecken, rasten meine Gedanken und Phantasien. Da waren zwei Männer. Und Alex. Also drei. Ich mit drei Männern also? Oder musste ich mich entscheiden? Durfte ich nur einen haben? Wollte ich überhaupt einen haben?

Alex setzte sich neben mich. »Na?« Er grinste mich an.

»Die gefallen mir nicht.«

»Hab ich aber nicht den Eindruck.«

»Und du?«

»Ich hab ja nicht gesagt, dass du mit denen was machen sollst. Außerdem will ich auch was davon haben, wenn wir schon was machen. Da ist ein Pärchen gekommen. Ich schau einmal, ob die Lust haben.«

Ich krallte mich in seinen Unterarm. »Bitte nicht.« Meine Stimme war flehentlich.

Alex schaute dem Pärchen nach, das schnurstracks nach oben verschwand. »Okay, okay, ich schau nur kurz.« Und weg war er.

Die Männer kamen an die Bar zurück. Ich rannte aufs Klo, konnte aber gar kein Wasser lassen, weil meine Muschi komplett angeschwollen war. Also schwappte ich mir lediglich kaltes Wasser ins Gesicht und versuchte, halbwegs die verlaufene Wimperntusche zu beseitigen. Aber die ganze Ablenkung half nichts. Ständig sah ich die Männer vor mir, wie sie mich abduschten und wie dabei ihre Schwänze wuchsen.

Alex war sicher wieder unten, und wenn nicht, würde ich

nach oben gehen und ihn holen. Und dann ab ins Taxi und nach Hause.

Er saß brav an der Bar. »Waren eh nichts, die beiden. Die gehören zum Dreier oben. Aber zuschauen können wir.«

Ich kam nicht dazu, mir zu überlegen, ob ich das wollte, denn schon tauchte der Schnurrbart wieder an meiner Seite auf. Mit der Bewegung eines Connaisseurs strich er das Handtuch von meinem Schenkel und fuhr mit allen fünf Fingern, als wolle er keinen Zentimeter Haut versäumen, ganz langsam hinauf. Ich sah seiner Hand auf meinem Bein zu, als würde mich das alles nichts angehen. Von einem Moment auf den anderen war ich vollkommen ruhig. Da war nur mehr Neugier, wie es sich wohl anfühlte, wenn er die Hand endlich zwischen die Beine steckte.

Es fühlte sich gut an. Die ganze Anspannung entlud sich in einem großen Aufstöhnen. Ich bäumte mich auf und der Hand entgegen. Überraschenderweise fand ich in meinem Rücken Halt. Die Beinaheglatze stützte mich.

»Du bist ja ganz nass«, raunte der Schnurrbart.

Ich grunzte nur, zu etwas anderem war ich nicht mehr fähig, weil die Beinaheglatze begann, das Handtuch oben zu lösen und meine Brüste zu kneten. Der Schnurrbart massierte mittlerweile meine Klit.

Alex sah ich nur mehr wie durch Schlieren. Er lächelte mich an. Aber war da nicht auch ein missgünstiger Zug um seinen Mund?

Ich konnte mich nicht darauf konzentrieren, weil der Schnurrbart sich nun hingekniet hatte und mich leckte. »Geil. Endlich wieder einmal eine Fut mit Haaren«, keuchte er. Ach ja, alle Frauen, die ich hier bislang gesehen hatte, waren rasiert gewesen. Das war in der Szene so üblich. Umso mehr freute ich mich, dass ich einen Liebhaber von Schambehaarung ergattert hatte.

Inzwischen lag ich mehr in den Armen der Beinaheglatze, als

dass ich saß. Und so raunte der Mann hinter mir in mein Ohr: »Gehen wir nach oben?«

Da war sie, die Frage aller Fragen. Jetzt musste ich mich entscheiden. Tatsächlich hatte ich es natürlich schon getan – ich lechzte nach einem Orgasmus und danach, ihre Schwänze in mir zu spüren.

Ich blinzelte zu Alex. Er schien sauer. Warum nur? Der Abend entwickelte sich doch ganz nach seinen Wünschen.

Ich schob die beiden Männer von mir. »Ich muss nur kurz was plaudern.« Sie zogen sich diskret ans andere Ende der Bar zurück.

Alex nickte in ihre Richtung und wirkte dabei wie ein angepisster Ehemann. »Kannst eh mit ihnen raufgehen.«

»Kommst du nicht mit?«

»Nein. Ich steh nicht auf Männer.«

Ich war so erregt, dass ich noch immer nicht ganz verstand. »Du musst ja nichts mit ihnen machen. Aber du hast gesagt, dass du mich nicht allein lässt.«

Er beugte sich zu mir und zischte: »Dafür, dass du angeblich nicht willst und dass du angeblich Schiss hast, bist du aber ganz schön schnell.«

»Aber du wolltest doch, dass ich …«

»Ich wollte einen Vierer mit einem anderen Pärchen.« Sprach's, nahm einen großen Schluck von seinem Bier und stierte auf den Monitor mit dem Porno.

Daher wehte also der Wind. Mister Cool war angefressen, weil er selbst nicht zum Stich kam – was natürlich nicht gesagt war. Schließlich konnte ich es auch mit drei Männern aufnehmen, zumindest in meiner Phantasie. Aber die Alltagsjacke ist natürlich nicht so spannend wie ein neues Sakko. Dabei waren wir nicht einmal ein Paar, sondern bloß Freunde, die gelegentlich miteinander schliefen.

Jetzt zischte ich: »Das heißt, du hast mich nur mitgenommen, damit du weniger Eintritt zahlst?« Ich war ja nicht blöd.

Solomänner zahlten ungefähr das Doppelte von Pärchen; eine entsprechende Liste an der Tür hatte mir das verraten.

Alex sah mich an. Etwas arbeitete in ihm. »Ich kann nicht mit anderen Männern«, entfuhr es ihm schließlich.

Und das aus dem Mund meines aufgeschlossenen Freundes! »Aber du bist doch gar nicht homophob. Du hast doch früher sogar schon einmal mit einem Mann rumgemacht.«

»Okay, ich wollte hier ficken und nicht nur zuschauen.«

»Das musst du doch nicht.«

»Ich stell mich nicht gern hinten an.«

Wir maßen uns mit starrem Blick.

»Okay«, sagte ich, »du wolltest dein Vergnügen, und jetzt bist du sauer, weil ich wahrscheinlich eines haben werde und du eher nicht.«

Alex senkte seine Nase ins Bierglas. Ich hatte es auf den Punkt gebracht. Alles andere war Ausrede. Und ich war sauer.

Er sah mich wieder an. »Ich hab dir doch gesagt, ich hab nichts dagegen, wenn du mit denen raufgehst.«

»Ich brauch also deine Erlaubnis, oder wie?«, fragte ich spitz.

Er wand sich. »Nein, es ist deine Sache, was du machst.« Ich hörte an seiner Stimme, dass er seinen Fehler einsah.

»Aber du hast mir versprochen, mich nicht allein zu lassen. Alex, es ist das erste Mal für mich, ich brauch dich. Ich weiß nicht, was ich ... Ich hab ein bisschen Angst.«

Er schluckte und nickte. Wir gingen zu viert nach oben. Es wurde eine geile Session, auch wenn ich gestehen muss, dass ich mich etwas passiv verhielt. Aber ich war so beglückt, mich quasi in meinem Teenagertraum wiederzufinden, dass ich fast nicht anders konnte, als einfach nur dazuliegen und die Hände, Münder und Schwänze zu betrachten, die mich verwöhnten.

Schlussendlich gefiel es auch Alex, vor allem, weil wir am Ende zu zweit zurückblieben und nochmals alleine miteinander schliefen. Es war, als wollte er sein Recht als Begleiter einfordern. Für mich war das in diesem Augenblick in Ordnung, doch ein paar Tage später thematisierten wir unsere Unstimmigkeit noch einmal. Alex sah nun ein, dass er sich wie ein Macho aufgeführt hatte und nicht wie ein treusorgender Freund, was ihm sehr leidtat.

Für mich freilich war nun die Bahn frei für weitere Abenteuer – in der Parallelwelt, die meine Welt geworden war.

Ein perfekter Clubabend
Einlass in die Intimzone

Ich kehre in den Fernsehraum zurück. Die neun jungen Leute sitzen alle in sich selbst verschlungen da – im Schneidersitz, mit angezogenen Beinen, verschränkten Armen und angezogenen Knien. Klar ist ihnen die Lust vergangen. Nina raucht gierig; ich weise sie nicht auf das Rauchverbot hin, manche Situationen bedürfen der Ausnahmen. Wahrscheinlich ist ihr erst nachher bewusst geworden, wie mutig sie war und wie knapp sie zugleich an einer hässlichen Erfahrung vorbeigeschrammt ist. Denn nicht viel hatte gefehlt, und Ernst wäre handgreiflich geworden.

Ich setze mich an Lauras Seite und kann so Nina gerade ins Gesicht schauen. »Tut mir leid. Solche Typen gibt's blöderweise immer wieder. Aber der wird euch nicht mehr belästigen. Und sonst auch niemanden. Der sieht den Club nicht mehr von innen.«

Die beiden letzten Sätze habe ich bewusst lauter gesprochen, damit sie auch die anderen Solomänner mitbekommen, die mir wie ein Schwarm gefolgt sind und sich wohl einen abschließenden Akt des Dramas erwarten.

Die jungen Leute grummeln nur anstelle einer Antwort. Sie sind noch nicht bereit zu reden, denn der Angriff von Ernst war nicht nur lästig, sondern auch eine Attacke auf ihre Souveränität.

Junge Menschen wollen das große Abenteuer *Experiment Lust* erleben. Das ist auch notwendig, um herauszufinden, wer und was sie sind. Wir experimentieren in der Pubertät fast alle mit wechselnden Pettingpartnern, wobei manche durchaus auch einmal das eigene Geschlecht ausprobieren. Und der eine oder andere geht danach eben noch eine Spur weiter. Wenn diese

 177

jungen Leute sich dann ein Herz fassen und einen Club besuchen wollen, würden sie das aber kaum bis nie alleine machen, denn sie brauchen den Rückhalt der Gruppe. Da fühlen sie sich geborgen und aufgehoben. Bei engen Freunden durch dick und dünn könne ihnen nichts passieren, denken Sie.

Zu einer ersten Irritation kann es kommen, wenn manch ein Mädchen in der geschützten Atmosphäre eines Clubs mehr Lust an der Lust erlebt, als ihr Partner oder Freund es von ihr kennt. Bislang hat sie beim Ficken vielleicht nur halbherzig gegengehalten, jetzt auf einmal aber ist sie mit einem anderen Typen eine echte Granate im Bett. Das kann einen jungen Mann gehörig durcheinanderbringen. In jungen Jahren setzt man eine funktionierende Beziehung ja häufig noch mit funktionierendem Sex gleich, man will das Alleinstellungsmerkmal, der Mensch zu sein, der dem anderen die höchste Befriedigung verschafft (ältere Menschen haben dieses Problem vergleichsweise weniger). Der junge König fühlt also seinen Thron wackeln.

Das kann aber ebenso gut einer jungen Frau passieren, wenn sie zum Beispiel mitbekommt, dass ihr Freund in der Hand einer anderen Frau überhaupt keine Mühe hat, zum Orgasmus zu kommen, bei ihr aber schon.

In dieser sensiblen Phase sind diese neun gerade. Und dann kommt auch noch so ein Typ daher, den sie nicht dabeihaben wollen. Sie müssten sich auf die Hinterfüße stellen wie Grizzlybären, doch das überfordert sie erfahrungsgemäß, wenn sie gerade erst dabei sind, neue Eindrücke zu sammeln und gleichzeitig zu sondieren. Sie fühlen sich von der zusätzlichen Aufgabe, ihre Herde zu verteidigen, überfordert, erfahrungsgemäß vor allem die jungen, mental noch ungefestigten Männer, die sich ja von der Gesellschaft dazu aufgefordert sehen, ihrer Rolle als *echte Männer* gerecht zu werden. Die Mädchen hingegen fühlen sich dem Eindringling ausgeliefert, und da kann es leicht passieren, dass eine Frau die Rolle der Verteidigerin übernimmt – aus blanker Wut und ungeachtet etwaiger Konsequenzen. Es ist gutgegangen, aber wenn Ernst unbedacht reagiert hätte, hätte sich ihm dann wenigstens einer ihrer Freunde in den Weg gestellt?

Ich sage es allgemein, sehe dabei aber Nina an: »Gut, dass ihr ihm gleich die Meinung gesagt habt. Manche kapieren es nicht anders.«

Sie nickt.

Ich beginne mit dem Grüppchen eine lockere Plauderei, ausgehend vom Aperol-Spritz, den vier von ihnen trinken und dem ich nichts abgewinnen kann. Während wir uns gegenseitig von Cocktails vorschwärmen, entknoten sich langsam ihre Gliedmaßen. Ein Pärchen beginnt wieder, aneinander herumzufummeln, mehr nebenbei, aber immerhin. Sie lachen wieder. Bis es aus Laura herausbricht: »Der war total ätzend, dieser Vollidi.«

»Es gibt nun einmal Menschen, die keine Grenzen kennen«, meine ich. »Aber jeder, der hier reingeht, weiß beziehungsweise lernt, dass er fragen muss, ob er mitmachen darf. Natürlich kann man das in der Hitze des Gefechts auch einmal nonverbal machen, aber dann sollte man die Körpersprache des anderen verstehen. Manche sind einfach zu tot dafür.«

»Abstandszonen«, murmelt der Typ mit den braunen Locken. Daniel heißt er, fällt mir wieder ein, und Psychologie studiert er, deshalb bringt er wohl diesen Begriff ins Rennen.

Und er hat recht. Wir Menschen kennen gewisse Bereiche, in die nur bestimmte Leute eindringen dürfen: die Intimzone (enge Körperberührung bis maximal eine Armlänge Abstand), die persönliche (zwei Armlängen, Berührung noch möglich), die soziale (Abstand ohne Körperkontakt, aber noch vertraut) und die öffentliche Zone (alles außerhalb der vorigen).

Nun muss man beim Sex zwangsläufig in die Intimzone eines anderen eintauchen, in jenen Bereich, zu dem normalerweise nur Menschen Zutritt haben, denen wir sehr großes Vertrauen entgegenbringen – die wir riechen können und vor denen wir kein Fluchtbedürfnis verspüren. Und so seltsam das klingt, diese Regel gilt auch beim Sex mit fremden Menschen. Wir lassen uns nur mit jenen ein, die uns angenehm sind und von denen wir nichts zu befürchten haben. Sowohl in unserem Nahbereich als auch allgemein senden wir Körpersignale, wenn uns das Näherkommen eines Menschen unangenehm ist, und der jeweils andere sollte das erkennen und respektieren, sonst empfinden wir das als übergriffig. Manchmal reichen körperliche Signale allerdings nicht aus, und es muss verbal nachgeholfen werden. Da gibt es einen höchst logischen Trick: Man fragt. Eine gute Verkäuferin, die an der Kleidung etwas richten muss, wird fragen: »Darf ich?« Ein wohlerzogener Swinger wird dasselbe tun – das erklären wir zumindest allen Neulingen, wie am Anfang des Abends Caroline und Patrick. Und überraschenderweise wird das Eindringen in die Intimsphäre dann viel eher gewährt, als wenn man sich einfach nur plump heranrobbt und hofft, dass der andere die Berührung schon irgendwie mögen wird. Wie unkompliziert das funktioniert, kann man in Frankreich, Belgien und den Niederlanden studieren. Dort ist es in den Clubs selbstverständlich, »Darf ich?« zu fragen. Bei einem Nein ist niemand beleidigt, bei einem Ja geht es rund.

Daniel erklärt die Sache mit der Abstandszone seinen Freunden, aber bevor die Stimmung zu akademisch wird, greife ich ein und grinse Nina an: »Aber lass dich nicht abschrecken von so einem blöden Typen. Du hast mir doch vorhin gesagt, dass du es ganz gern einmal mit einem Fremden ausprobieren möchtest.«

Nina nickt. Ihr Begleiter schluckt, hat aber nichts zu melden. Schließlich hat er selbst immer wieder betont, dass die Beziehung zwischen ihnen beiden nur lose sei. Da kann man nur sagen: selber schuld.

Ich deute mit dem Kopf zu den Burschen, die vor dem Raum stehen und hereinlugen. »Da sind auch ein paar ganz Nette dabei. Ich kenn sie.«

Ninas Begleiter wendet sich wie aufs Stichwort mit Inbrunst dem asiatischstämmigen Mädchen neben ihm zu, woraufhin seine – wahrscheinlich – nunmehrige Ex-Halbfreundin die Typen draußen mustert.

»Soll ich dich mit einem bekannt machen?«, frage ich sie. »Florian ist zum Beispiel …«

Nina schüttelt energisch den Kopf. Ob er ihr nicht gefällt? Florian sieht mit seinen blonden Locken ganz ähnlich aus wie ihr gerade Ex gewordener Typ … vielleicht deswegen. Wie unsensibel von mir. Aber es schimmern keine Tränen bei Nina, sondern sie widmet sich gleich mit voller Energie ihren Freunden, die erneut in den erotischen Clinch gegangen sind.

Das ist also noch einmal gutgegangen. Vorsorglich sammle ich die leeren Gläser ein, denn bald werden die neun nicht mehr achtsam sein und sie vielleicht umwerfen. Gerade als ich den Raum verlassen will, setzt sich der Mann neben Florian in Bewegung, und zwar mit leuchtenden Augen und vor Erstaunen leicht geöffnetem Mund. Einer der vielen Michaels, ich nenne ihn für mich *den Adler,* weil er eine ungeheure Hakennase hat. Ich folge seinem Blick. Nina liegt mit gespreizten Beinen auf der Couch und massiert ihre Klit. Sie grinst ihm entgegen, winkt ihn ungeduldig mit der anderen Hand zu sich.

Er bleibt vor ihr stehen, sie sehen einander an. Er kniet sich hin und fragt: »Darf ich?«

Hat er unsere Unterhaltung mitbekommen? Ich muss schmunzeln.

Nina nickt gnädig. Und ich kann meinen Kontrollgang fortsetzen.

Aus dem Leben einer Swingerin

Exkursionen

Nach meinem ersten Clubbesuch geriet ich in einen Rausch. Ein Swinger-Etablissement nach dem anderen lernte ich kennen. Es war auch fast immer etwas los, denn damals konnte man noch nicht per Internet Privattreffen arrangieren, und der Umweg über ein Inserat kostete viel Zeit. Man musste also dorthin gehen, wo etwas stattfand.

Ich wollte alles, und das auf einmal. Es war, als hätte ich eine Grenze überschritten, jenseits derer ich frei war, alles zu tun, was ich wollte. Gleichzeitig taumelte ich in eine Verwirrung. Sich als Frau viele Affären und One-Night-Stands zu gönnen, ging ja noch irgendwie, zumal ich mich sowieso als Feministin definierte, die auf gleiches Recht für alle pochte. Sich aber von wildfremden Männern einfach so vögeln zu lassen, sie sozusagen für die eigene Lust zu verwenden und von ihnen wahrscheinlich auch verwendet zu werden, war eine ganz andere Sache. Ich benötigte neue Definitionen, und zwar von Sex, Liebe, Respekt, Ausbeutung, Frausein, Mannsein, ja, von mir selbst und meiner gesamten Umwelt.

Nachdem es weibliche Sexualität beinahe nur in den eigenen vier Wänden und im Rahmen einer Beziehung gibt, tauchte ich in die Schattenwelt der männlichen Sexualität ein. Meine Erforschungen waren auch darin begründet, dass ich bei den Clubbesuchen immer wieder auf Männer traf, die einen eher unangenehmen Umgang mit uns Frauen pflegten. Nicht, dass sie zuschlugen oder dergleichen, aber sie degradierten jedes weibliche Wesen zum Objekt. Ich kann es zum Beispiel nicht ausstehen, wenn mir ein Mann den Kopf zu seinem Schwanz drückt; jede Frau weiß, wann sie Oralverkehr will, und es ist völlig unangebracht, ihr mit Druck zu zeigen, dass es diese Möglichkeit gibt. Merkwürdigerweise waren solche Männer nicht immer nur Dummköpfe oder Machos, nein, jenseits vom Sex waren sie manchmal sogar sehr nett. Was also brachte sie dazu, Erotik auf stupide Rammelei zu reduzieren und den Swingerclub als günstigen Puff zu sehen? Waren sie nur an schnellem Abspritzen interessiert und gar nicht an den vielen bunten Luftballons, die einem das Swingen bieten kann?

Den ersten Forschungsschritt unternahm ich wieder mit Alex. Ich wollte einmal in eine Peepshow. Was finden Männer daran, einer Frau bloß beim Räkeln zuzusehen und sich dabei einen runterzuholen? Wir besuchten ein entsprechendes Lokal in einem Außenbezirk, denn ich hatte mit zunehmendem Erfolg als Journalistin immer größere Angst, von jemandem bei meinen ganz und gar nicht sittsamen Ausflügen gesehen zu werden. Ausgerüstet mit genügend Schillingmünzen (die gab es damals noch), betraten wir das Geschäftslokal, das im Eingangsbereich ein Sexshop war. Gelangweilt wies uns der Angestellte, der in einem Modellflugzeugkatalog blätterte, nach hinten. Wir kamen zu einem Rund, das aus lauter Kabinen bestand. In die letzte freie (und das um elf Uhr vormittags!) zwängten wir uns zu zweit hinein. Sie bot gerade Platz für einen Stuhl, der auf ein kleines Fenster mit einer elektronischen Klappe gerichtet war. Davor war eine Ablage, auf der eine Schachtel Kleenex stand. In einer Ecke müffelte ein Papierkorb vor sich hin. Die gebrauchten Taschentücher darin stanken so sehr nach altem Sperma, dass ich sofort einen Würgereiz verspürte.

»Willst wieder gehen?«, fragte mich Alex besorgt.

»Nein, jetzt ziehen wir das durch.«

Er nickte befriedigt. Mein Vorschlag, gemeinsam eine Peepshow zu besuchen, hatte ihn überhaupt nicht irritiert, vielmehr fand er es spannend, so etwas auch einmal aus meinen Augen, eben jenen einer Frau, zu erleben – was mir verriet, dass er solche Etablissements sehr wohl schon aus eigener Erfahrung kannte.

Ich setzte mich also auf seinen Schoß, mehr Platz war nicht, und steckte feierlich den ersten Zehner in den Schlitz. Die Klappe öffnete sich, und wir sahen auf eine Frau, die sich auf einem etwa eineinhalb Meter großen Drehteller räkelte. Sie stöhnte und stimulierte sich. Das war alles. Nachdem dieses merkwürdige Karussell zum zweiten Mal an uns vorbeigefahren war, hatte ich Not, ein Lachen zu unterdrücken. Diese anonyme Gafferei ohne spielerische Phantasie kam mir unendlich banal vor. Nach der dritten Runde mussten wir eine weitere Münze einwerfen, und ich fragte mich, wie die Männer daheim so viel Druck aufbauten, dass sie hier so schnell kommen konnten, denn es waren höchstens zwei Minuten vergangen. Einmal Wichsen kostete einen Durchschnittsmann hier, wenn er abspritzbereit herkam, sicherlich zwischen 30 und 40 Schilling, also im damaligen Kaufwert ungefähr ein kleines Gulasch oder zwei große Bier. War das ein teures oder ein billiges Vergnügen? Schwer zu sagen. Wenn ein Mann nur die geringste Ladehemmung hatte, schnellten die Kosten jedenfalls auf den Wert von gebratenem Zander oder zwei Cocktails hinauf. Und wenn ich mir die Frau in der Mitte so ansah, die wie eine Maschine an sich herumfingerte und wie eine defekte Platten, immer dieselben Ächzlaute von sich gab, war das schon ein fragwürdiges Vergnügen.

»Was macht's ihr da? Schleicht's euch!«

Hoppla, sie hatte gesprochen, und zwar definitiv zu uns. Ihre Haltung wahrte jetzt nicht einmal mehr den Schein von Erotik, ihr Blick war hart auf mich gerichtet. »Weiber haben da nix zum Suchen!«

Sie sah uns also. Verdammt. Und spannend. Unwillkürlich richtete ich den Blick auf die anderen Fenster uns gegenüber, aber deren Spiegelung ließ nichts erahnen. Die Luken waren offensichtlich so ausgerichtet, dass nur die Frau in der Mitte erkennen konnte, wer sich hinter den Glasscheiben befand.

Seltsamerweise war ich nicht verschreckt, sondern angriffslustig. »Wer sagt denn, dass ich nicht auch auf Frauen steh?«, brüllte ich durch die Scheibe.

Aber die Tellerfrau schenkte dem keine Beachtung, sie winkte uns nur energisch hinaus. Alex und ich verließen die ungastliche Stätte und sparten uns damit immerhin weitere Münzeinwürfe. Die war diese »Show« definitiv nicht wert.

»Nichts Besonderes, oder?«, meinte Alex, als wir uns im nächstbesten Schanigarten niederließen.

»Ziemlich langweilig. Es war nur am Anfang geil, wahrscheinlich weil es was Verbotenes war und weil ich nicht gewusst habe, was mich erwartet. Arg, dass da Männer wirklich drauf stehen.«

»Na ja, die wenigsten kriegen daheim alles, was sie wollen.«

»Und das wollen sie? Ist doch fad. Die können die Frau ja nicht einmal angreifen.«

»Männer schauen mehr, als sie denken«, zitierte Alex leicht abgewandelt und grinsend Doris Day. »Es schauen ja auch viel mehr Männer als Frauen Pornos.«

»Weil Pornos ebenfalls fad sind. Ich schaff da nie mehr als fünf Minuten am Stück. Immer dasselbe: Die Frau schmachtet den Mann an, bettelt, dass er ihr den Hengst spielt, er fummelt ein bissel an ihr herum, und dann fickt er sie in alle Löcher, bis er auf ihrem Busen oder über ihrem Gesicht abspritzt. Ich bitte dich, das ist doch so was von öd. Ich hab noch keine Frau in einem Porno gesehen, die einen echten Orgasmus kriegt.«

»Die Männer wollen ja auch nur ihren eigenen.«

»Das heißt, es ist dir wurscht, wie es deiner Partnerin geht?« Ich blitzte ihn über das Bierglas hinweg an.

Er ließ die Spitze an sich abprallen und dachte nach. »Nein, mir nicht. Mich geilt das auf, wenn eine Frau so richtig abhebt. Aber vielen ist das anscheinend egal.«

»Vielleicht kennen die Männer es ja nur nicht anders, weil sie immer nur diese stupiden Pornos schauen.«

»Oder die Pornos werden so gemacht, weil die meisten Männer es nicht anders wollen«, replizierte Alex.

Das war die klassische Frage nach der Henne oder dem Ei. Ich erinnerte mich an zwei Sexbücher aus den 70er Jahren, die ich einmal in einem Antiquariat erstanden hatte. Es waren Romane, aber sehr explizite. Es wimmelte nur so von Fickereien in allen Konstellationen, von nassen Mösen, riesigen Schwengeln und geilen Titten. Nicht gerade subtil. Dennoch hatten diese Bücher mich erregt, weil sie zugleich Geschichten erzählten. Die Figuren hatten psychologische Motive, Verwicklungen brachten sie dazu, Dinge zu tun oder eben auch nicht. Ich konnte mich in Situationen hineindenken und mich wie in einem Film als Hauptfigur erleben, die ein Abenteuer durchlebte. Wann kann man das schon in einem normalen Pornofilm?

Mittlerweile gibt es immerhin auch Sexfilme, die von Frauen für Frauen gedreht werden. Sie lassen an Eindeutigkeiten nichts zu wünschen übrig, und trotzdem ist ihr Charakter ein anderer. Wie im richtigen Leben übernehmen dort oft Frauen die Initiative – schon damit sind sie viel näher an der Realität. Denn Sex ist ein Geben und Nehmen, ein Spiel, das sich auch in den Köpfen abspielt. Übrigens haben die Frauen in diesen Filmen, ebenfalls wie im richtigen Leben, häufig mehrere Orgasmen hintereinander.

Wir Frauen suchen also anscheinend sexuell etwas anderes als Männer. Hat es damit zu tun, dass wir in der Geschichte der Menschheit immer an nur einen Mann gebunden waren und die etwaige – gefährliche – Begegnung mit einem anderen Mann immer mit Abenteuer verknüpft war? Wir also ersatzweise stets mehr als die Männer die Phantasie in Anspruch nehmen mussten? Oder hat es etwas damit zu tun, dass Penetrieren immer etwas mit bloßer Gewalt zu tun hat, weil es ein Eindringen ist, und dass sich Männer wegen ihrer körperlichen Überlegenheit theoretisch immer holen können, was sie wollen, ohne sich allzu sehr anstrengen zu müssen, also auch keine große Phantasie entwickeln müssen, solange sie irgendwie einen hochkriegen, selbst wenn die Frau gar keine Lust hat?

Ich wusste, dass ich über Klischees nachdachte, denn ich hatte ja schon genügend Männer kennengelernt, bei denen es anders war. Aber in jedem Klischee steckt ein Korn Wahrheit, und manche Begegnung schien sie ja auch zu bestätigen.

Für meine nächste Exkursion musste ich einen alten Bekannten und ehemaligen Lover in Anspruch nehmen, denn es ging um Prostitution, und Alex war der Meinung, bevor er jemals für Sex zahlte, ließe er es lieber ganz bleiben. Didi hingegen war schon in Puffs gewesen. »Da krieg ich wenigstens das, was ich will. Die meisten Frauen sind ja so was von ungeil, die machen nicht einmal einen Blowjob.« Wir hatten oft darüber diskutiert, ob er immer nur die falschen Frauen angesprochen, also Pech gehabt hatte, oder ob ich mit meiner sexuellen Aufgeschlossenheit wirklich eine Ausnahme war – was ich nicht glaubte. Ich konnte ihm auch nicht den Vorwurf machen, dass er nicht einfühlsam genug war und sich die Frauen deswegen weigerten, sich fallen- und die sprichwörtliche Sau herauszulassen, denn zumindest mir gegenüber war er stets ein sehr aufmerksamer Liebhaber gewesen.

»Stört dich das nicht, dass die Frauen nur so tun, als würden sie wollen?«, fragte ich ihn.

»Nein. Ich will sie ja nicht heiraten. Und außerdem gefällt es manchen sehr wohl.«

»Das glaubst du doch selber nicht.« Die Frauenrechtlerin in mir schrie auf.

»Auch wenn du es nicht glaubst, es gibt welche, die machen das freiwillig.«

»Du gehst also zu vernachlässigten Hausfrauen«, verhöhnte ich ihn und zugleich all die Kleinanzeigen.

»Erspar mir jetzt bitte deinen Vortrag über Drogenabhängige und die russische Mafia«, stöhnte Didi auf.

Doch dazu hätte ich allen Grund gehabt. Mitte der 90er Jahre hatten die Russen in Wien die Unterwelt übernommen, und wenn es jemals auch nur im Ansatz so etwas wie eine gute alte Zeit im Rotlichtmilieu gegeben hatte, so war sie damit definitiv vorbei. Denn die Russen zogen den Menschenhandel im großen Stil auf. Die Berichte über Frauen, die in verbarrikadierten Räumen brutal *zugeritten*, also mit serieller Vergewaltigung gefügig gemacht worden waren, häuften sich.

Dennoch ersparte ich Didi den Vortrag. Außerdem brauchte ich ihn für meine Exkursion, denn mir war nach der Peepshow-Geschichte klar, dass ich als Frau allein in kein Bordell hineingelassen würde.

»Und wieso willst du das?«, fragte Didi verunsichert. Sein Gesichtsausdruck erinnerte mich an den eines Mannes, den ich beobachtet hatte, als ich das erste Mal in einem Sexshop gewesen war. Das war noch in den 80ern gewesen. Wir Frauen wollten einer Studienkollegin zur Hochzeit einen Strauß aufgeblasener Kondome schenken, und zwar in allen Regenbogenfarben, und die gab es nicht in Apotheken oder Automaten, sondern eben nur in Spezialgeschäften. Ich war die einzig Mutige, die sie sich zu besorgen traute, denn natürlich war es damals noch undenkbar für ein weibliches Wesen, in so etwas Schmuddeliges wie einen Sexshop zu gehen. Als sich die Tür hinter mir klingelnd schloss, sah ich im Dämmerlicht drei Männer bei den Videoregalen stehen. Alle drei hatten, wie in einem satirischen Film, weite Trenchcoats an. Zwei wandten mir den Rücken zu und zeigten keinerlei Regung. Einer blickte mir entgegen. Als er bemerkte, dass ich kein Mann, sondern eine Frau war, starrte er mich an, schlug den Mantelkragen hoch und verkroch sich mit dem Gesicht zum Regal in sich selbst. Man hätte diese Reaktion unterschiedlich interpretieren können – zum Beispiel, dass er nicht erkannt werden wollte oder sich schämte. Doch mir war sofort klar, dass er mich als Eindringling empfand. Feind im Anmarsch! Das hier war seine – männliche – Welt, da hatte eine Frau nichts zu suchen. Ich kam mir vor wie eine Geigerin bei den Wiener Philharmonikern, der man den aufgeklebten Bart vom Gesicht reißt (erst seit Ende der 90er dürfen Frauen bei diesem Weltorchester Mitglied werden!). Der Satz »Müssen die Weiber überall ihre Nase reinstecken?« hallte atmosphärisch durch den Raum. Ich hatte ihn sinngemäß schon oft gehört, wenn es um die Aufnahme von Frauen bei der Feuerwehr oder der Polizei ging oder wenn Frauen Interesse an Fußball bekundeten. Ich drang in den urintimsten Bereich dieses Mannes ein. Als ich dann noch lautstark drei Dutzend von den bunten Kondomen ohne Geschmack kaufte, hielt er mich wahrscheinlich für eine Nutte. Andere Frauen konnten sich ja wohl nicht in dieses Geschäft verirren ...

Didi sah mich nun genauso irritiert an. Puffs waren sein Revier. Da musste er sich weder rechtfertigen noch bemühen, und niemand machte ihm durch seine schiere Anwesenheit ein schlechtes Gewissen.

»Ich will wissen, wie es ist«, erwiderte ich. »Vielleicht sehe ich das alles ja wirklich falsch.«

Das beruhigte ihn, ein klein wenig zumindest. Ausschlaggebend war aber sicher, dass er sich von all dem einen flotten Dreier erhoffte, denn er wusste von meiner Bisexualität.

So fuhren wir eines Abends den Gürtel entlang, die Puffmeile von Wien. Wir wollten kein Laufhaus oder dergleichen Direktes aufsuchen, sondern eine dieser Nachtbars, wo die Freier zuerst etwas mit den Frauen trinken, um dann in den hinteren Räumen oder im Hotel nebenan zu verschwinden.

Ich kannte die einschlägigen Lokale alle vom Vorbeifahren. Ich hatte sogar schon zu Prostituierten Kontakt gehabt, als wir in unserer Zeit des Unsichtbaren Theaters das Thema käuflicher Liebe verhandelten. Nach einer durchgemachten Nacht hatte ich eine Nutte am Würstelstand mutig gefragt: »Und, wie fühlt sich das an?«

»G'schissn. Du schaust auf die Uhr und hoffst, dass er gleich abspritzt.«

Ich konnte mir nicht vorstellen, dass es viele Prostituierte gab, die es anders empfanden. Und als ich mir nun am Gürtel das Defilee junger überschminkter Mädchen ansah, bereute ich schlagartig meine Neugier. Im Grunde wollte ich es gar nicht so genau wissen, sondern lieber eine der üblichen politischen Aktionen unterstützen, um die Situation dieser Frauen zu verbessern. Doch nun war es zu spät.

Beim ersten Lokal wurden wir abgewiesen. »Frauen kein Zutritt«, hieß es. Sie nahmen mir auch meine Bisexualität nicht ab. Beim nächsten allerdings erhielten wir Eintritt. Die Einrichtung entsprach der üblichen Vorstellung: schummriges Licht, eine lange Theke, plüschige Sitzgelegenheiten. Die meisten Mädchen saßen gelangweilt herum, nur zwei hatten Freier neben sich. Eine hatte bereits zwei Flaschen Champagner vor sich auf dem Tisch stehen, sie war also eine der Geschickteren. Denn abgesehen vom grundsätzlichen Zwang, für zufriedenstellende Konsumation zu sorgen, die einen beträchtlichen Teil des Geschäftes ausmacht, bekommen diese Frauen erstens Provision entsprechend der Zeche der Freier (bei aktuell mindestens 350 Euro pro Schampus-Flasche kommt da einiges zusammen) und reduziert sich zweitens die Länge des sexuellen Akts korrespondierend zum Betrunkenheitsgrad des Freiers.

Ich wollte eigentlich nur gleich wieder hinaus, denn ich kam mir wie eine Verräterin am eigenen Geschlecht vor. Aber ich flüchtete mich in meinen Beruf. Als Journalistin schadet es nicht, auch die dunklen Seiten des Lebens persönlich kennenzulernen, sagte ich mir.

Wir setzten uns also an einen Tisch und fanden uns im nächsten Moment in der Obhut einer zierlichen Blondierten wieder. »Du schöner Mann«, säuselte sie, wobei sie Didi sofort über den Schritt strich. »Trinken?« Großer Augenaufschlag, Lächeln. Wenn sie weiter so wortgewaltig die Unterhaltung bestritt, hätten wir gleich in ein Laufhaus gehen können.

Didi winkte nach der Kellnerin und bestellte für uns Bier

und für die Kleine auf ihren eigenen Wunsch ein Gin Tonic. Sie benötigte zwei Schlucke davon, um sich von ihrem Schock, keinen Champagner durchgesetzt zu haben, zu erholen und erneut das Wort an uns zu richten. »Was Frau?« Dabei zwang sie sich wieder zu einem Lächeln, das allerdings ganz und gar verräterisch war. Das Mädchen war höchstens siebzehn Jahre alt und sicher nicht freiwillig hier. Ich klammerte mich an meine Biertulpe und wandte mich ab. Die Kleine sollte meine Tränen nicht sehen.

Didi erklärte ihr gurrend, ich würde auf einen Dreier stehen. »Weißt eh, zwei Frauen und ein Mann.« Es fehlte gerade noch, dass er entsprechende Ploppgeräusche machte.

Mein Blick schnellte zu ihm, woraufhin sich der seine im Dunkel der Zimmerdecke verlor, als habe er all meine Gedanken gehört, die ich ihm innerlich entgegenschrie. *Das ist also deine naturgeile Frau, die sich mit ihrem Hobby ein bisschen Geld dazuverdient?*

Als ich mich wieder abwandte, bemerkte ich, dass uns der Türsteher beobachtete. Die Kleine musste was verdienen, sich für den Typen dort und seine Geschäftspartner irgendwie auszahlen. Also packte ich Didi an den Schultern und raunte ihm ins Ohr: »Du zahlst ihr jetzt eine Flasche Schampus.« Ich betonte jedes Wort.

Er tat wie geheißen, und der Türsteher verlor das Interesse an uns. Dafür stieg meines an dem Mädchen umso mehr. Das war vielleicht die Gelegenheit, echte Informationen über diesen furchtbaren Betrieb zu bekommen. Ich setzte mich an ihre andere Seite. Sie zuckte etwas zusammen, weil sie wahrscheinlich dachte, dass ich ihr nun an die Wäsche wollte, und mit Frauen war sie vermutlich nicht sehr erfahren. Gedanken wie *Jetzt raubst du ihr die letzte Illusion von Frauensolidarität* schwirrten durch meinen Kopf. Dabei wollte ich nur nicht auffallen und ihr dadurch vielleicht schaden.

Ich lächelte sie an. »Woher kommst du?«

»Weit weg.«

»Ja, aber woher genau?«

Jetzt sah sie mich an wie ein verschrecktes Kaninchen. Wahrscheinlich hielt sie mich für eine von der Sitte oder von der Ein-
wanderungsbehörde. »Romania«, flüsterte sie schließlich.

In der ersten Welle des Menschenhandels waren es vor allem
Frauen aus der Slowakei, Tschechien, dem Balkan, Rumänien
und der Ukraine, die nach Österreich kamen. Mittlerweile um-
fassen die Herkunftsländer den ganzen Globus.

»Wie lange bist du schon da?«

Didi verdrehte die Augen. Ja, hör nur zu, du Wichser, dachte
ich.

»Da?« Die Augen des Mädchens wurden immer größer, sie
klemmte die Hände zwischen die Schenkel. Es war zum Kotzen.
Ihr Blick huschte zum Türsteher. Daraufhin tatschte sie ungelenk an meinen Busen. »Du Sex?« Es klang wie eine flehentliche
Bitte.

Ich weiß inzwischen, dass es Frauen gibt, die die Arbeit der
Prostitution mehr oder weniger freiwillig machen, dass es auch
Mädchen aus dem Osten oder Afrika gibt, die mit einem gewissen Selbstbewusstsein Laufhäuser abklappern und sich denken,
mit dem Geld zweier Jahre in ihrer Heimat ein Geschäft aufbau-
en zu können. Ich finde Prostitution aber immer noch nicht gut.
Wahrscheinlich weil ich nie den Blick dieser zugerittenen Krea-
tur vergessen werde. In jenem Moment hasste ich alle Männer.

Ich stand auf und zischte Didi ins Ohr, dass ich nun gehen
würde. Er könne meinetwegen bleiben und was auch immer
tun. Als ich am Türsteher vorbeikam, erklärte ich ihm theatra-
lisch, mir sei vom Abendessen schlecht geworden. Ich wollte nicht, dass das Mädchen womöglich für mein Nichtwollen
bestraft würde. Draußen holte ich tief Luft, zündete mir eine
Zigarette an und sah mich um. Männer in röhrenden Autos bestimmten die Szenerie, ebenso Nutten mit zitternden Ärschen,
die in der Kälte auf Freier warteten. Türsteher oder Zuhälter ga-

ben lautstark und für mich unverständlich voreinander an – der Hahnenkampf übertrug sich trotz Sprachbarriere. Überall grellbunte Lichter, dunkle Schatten, Gestank nach billigen Parfums und Pizzaschnitten. Ein kleiner grauer Mann kam des Wegs, wischte sich mit seinem Taschentuch pausenlos über die Stirn und starrte dabei die Leuchtreklame über der Tür an. Zwei Burschen Mitte zwanzig, Typ Wirtschaftsstudent, betraten lachend das Etablissement. Gedankenlosigkeit, Geld, Hass, Verachtung, Einsamkeit, Macht hier – Lust, Sex und Liebe da. Die ganze Bandbreite bot sich mir dar, und ich mittendrin.

Didi brachte mich schweigend nach Hause. Er hatte das Mädchen ohne Gegenleistung für eine Stunde bezahlt.

Vom maskierten Ich

Während ich zwischendurch Gläser in den Geschirrspüler räume, geht mir die junge Nina nicht aus dem Kopf. Sie ist sehr selbstbewusst und zielgerichtet für ihre 21 Jahre. Bei ihr habe ich das Gefühl, dass Swingen kein Versuchsballon bleiben, sondern sich zu einer Leidenschaft aus Überzeugung entwickeln wird. Sie hat den *Adler*, als sie ihn vorhin nach der unschönen Szene mit Ernst zu sich gewunken hat, nicht um seinen Namen gefragt und keinen Small Talk mit ihm betrieben. Daher ahne ich jetzt, warum sie mich bei Florian unterbrochen hat: Sie will einfach wirklich *fremde* Männer. Sie will von ihnen rein gar nichts wissen, sondern nur Sex. Ihre Gefühle sind für andere reserviert.

Tabulosigkeit mit Anonymen ist gar nicht so selten. Ich hatte und habe diese Phantasie auch, ebenso wie etwa Andrea, mit der ich einmal an einem ruhigen Abend ausführlich über unsere jugendlichen Masturbationsphantasien gesprochen habe. Sie hatte dabei immer Gruppensex mit mindestens sechs anderen Menschen im Kopf, und alle waren gesichtslos.

Die Bandbreite an zwischenmenschlichen Beziehungen ist beim Swingen also ziemlich groß. Auf der einen Seite gibt es jene, die hier am liebsten Freunde fürs Leben finden würden. Je mehr sie das Gegenüber kennen, umso eher können sie sich fallenlassen. Das ist natürlich legitim, mir persönlich allerdings vollkommen unverständlich. Denn swingen gehen Menschen doch, weil sie jenseits vom Vertrauten etwas Abwechslung möchten. Wenn nun die Swingerpartner genauso vertraut werden wie der eigene Partner, wo ist dann noch der Kick? Vielleicht entspricht dieser Wunsch, den anderen zu kennen, noch am ehesten der Einstellung, die in den Kommunen der 70er herrschte, denn auch in diesen ursprünglichen Vereinen kannte ja jeder irgendwann jeden ziemlich gut. Das Außergewöhnliche gegenüber herkömmlichen bürgerlichen Beziehungen war lediglich, dass man nicht nur die Liebe zum Grillen, Canastaspielen oder Motorradfahren teilte, sondern eben auch die zum Sex in wechselnden Konstallationen. Man tauschte Bumspartner wie Tanzpartner.

Am anderen Ende des Spektrums stehen wohl die Maskenbälle, die offiziellste und theatralischste Form der Anonymisierung. Es scheint eine uralte Tradition und ein ebenso altes Bedürfnis zu sein, sich Masken aufzusetzen, um eine Orgie zu erleben. Begonnen hat es mit dem Dienst an diversen Göttern, später manifestierte es sich im pragmatischen Verstecken der Identität bei Veranstaltungen, die die bürgerliche Moral durchbrachen – geschildert etwa in Schnitzlers *Traumnovelle* und ihrer Kubrick-Verfilmung *Eyes Wide Shut*. Der zentrale Angelpunkt dieser Geschichte ist ja eine geheime Orgie in einem geheimnisvollen Schloss, zu der man nur auf persönliche Einladung und mit Passwort Zutritt erhält. Die Hauptfigur der Novelle, ein Mann, der seine Frau des Betrugs verdächtigt und nun seinerseits einen nächtlichen Seitensprung wagen will, gerät durch einen Trick in diese Gesellschaft – wenn auch nur kurz, denn er wird rasch enttarnt. Entscheidend ist, dass sich in der Orgie seine Sehnsucht (und indirekt auch die Sehnsucht seiner Frau) nach dem Ausleben der Lust jenseits bürgerlicher Moralvorstellungen widerspiegelt. So sind die Festgäste in der *Traumnovelle* denn auch als Nonnen und Priester verkleidet – ein Hinweis darauf, dass die katholische Moral hier als bigott angeprangert wird.

Auch das maskierte Treiben auf den mitteleuropäischen Karnevalen hatte ursprünglich den Zweck, einmal im Jahr die Verhältnisse umzukehren. Der Narrenkönig bekam (und bekommt teilweise noch heute) den Schlüssel zur Stadt und wurde für die Zeit des Karnevals *Bürgermeister*. Die gesellschaftliche Ordnung wurde auf den Kopf gestellt, man durfte ungeschönt die Wahrheit sagen, ohne dafür zur Rechenschaft gezogen zu werden, und dergleichen mehr. Und immer schon hatte dieser Freibrief zur Folge, dass Menschen sich quer durch den Gemüsegarten vergnügten – mit oder auch ohne Masken.

Ich erinnere mich noch gut an einen Besuch beim Altausseer Kirtag im Salzkammergut. Dieses einmal jährlich stattfindende Volksfest hat, sobald die Touristen wieder weg sind – also am Montag nach dem Wochenende –, eine ähnliche Funktion. Die Einheimischen geben Gas, es fließt Alkohol ohne Ende, und ab einem gewissen Zeitpunkt sollte man nicht allzu pikiert sein, wenn man hinter den Zelten Menschen beim Geschlechtsakt entdeckt, von denen man weiß, dass sie nicht zueinander gehören. Am nächsten Tag redet niemand mehr darüber. Es ist eine Auszeit. Ähnlich wird es beim Karneval in Venedig, in Rio oder auch in Köln (oder überhaupt im Rheinland) sein, wenn ich dem Glauben schenken darf, was mir ein deutscher Drehbuchautor erzählt hat.

So gesehen swingen also etliche Menschen auch außerhalb von Swingerclubs, man nennt es nur nicht so und betreibt es nur zu einer bestimmten Zeit des Jahres, nach dem Motto: *Ich will ein Abenteuer, ich will wilden Sex, ich will eine Auszeit, und das Erlebte soll meinen Alltag tunlichst nicht beeinträchtigen, also ziehe ich das Ganze am besten anonym durch.*

Bernhard und ich haben uns schon oft gefragt, warum manche Menschen beim Thema Swingen so indigniert reagieren, obwohl sie selbst manchmal im Prinzip dasselbe treiben oder zumindest eine diffuse Sehnsucht danach haben. Wahrscheinlich möchten sie mit diesem Teil ihres Ichs im Alltag nicht konfrontiert werden. Sie wollen sich als brave, den Normen entsprechende Bürger sehen und verstecken ihre andere Seite in der »Das zählt nicht«-Schublade, in der auch alle Exzesse während eines Alkohol- oder Drogenrausches landen. Viele mögen auch neidisch oder missgünstig sein, wenn sie sehen, dass jemand ungeniert tut, wonach sie sich sehnen – weil sie genau wissen, dass sie nie den Mumm hätten, ihre Lüste so offen auszuleben.

Erlebnisse in Maskierung und Anonymität entsprechen also althergebrachten Sehnsüchten von Menschen. Swingerclubs kommen dem sehr entgegen, weil man ja seine potentiellen Sexualpartner dort kaum kennt und auch keinerlei tiefergehende Gefühle für sie entwickelt. Manchen, wie etwa Nina, ist schon eine Namensnennung zu viel. Andere dimmen einfach zu Beginn einer Orgie das Licht bis fast zur Dunkelheit oder schließen sogar durchgehend die Augen – was viele ja auch beim Sex mit dem Liebespartner machen, die meisten aus Hingabe, manche hingegen, weil dann der Tankwart von vorgestern oder die Empfangsdame vom Morgen leichter vor dem geistigen Auge erstehen kann. Die weniger anstrengende Variante ist, sich gleich die Augen verbinden und sich solchermaßen blind verwöhnen oder gebrauchen zu lassen. Und schließlich gibt es noch die echten Darkrooms – Räume, in denen absolute Dunkelheit herrscht. Völlige Anonymität herrscht auch in den Bereichen des Clubs, wo Löcher in der Wand zum Greifen und Durchstecken einladen.

Und dann gibt es auch in unserer Szene echte Maskenbälle. Sie scheinen allesamt von Kubricks Film inspiriert worden zu sein, denn sie finden zum überwiegenden Teil in tollen alten Schlössern statt, quer durch Europa. Die Besucherzahl ist streng limitiert; man muss sich anmelden und ein enormes Eintrittsgeld bezahlen, dann bekommt man ein Passwort. Am Eingang werden persönliche Gegenstände wie Handy und Geldbörse abgegeben, dann schlüpft man in eine meist venezianische Verkleidung und legt eine Maske an, die selbst beim wildesten Ritt auf dem Gesicht bleibt. Alles ist geheimnisvoll mit Fackeln und Kerzen beleuchtet, und natürlich wird die Exklusivität durch ein teures Buffet mit Garnelen und dergleichen unterstrichen. Wenn man nicht gerade jemanden an der Stimme, einem Muttermal oder einem Tattoo erkennt, weiß man wirklich nicht, mit wem man es treibt.

Diese Phantasie scheint so viele Menschen anzusprechen, dass solche Events mehrere Monate im Vornhinein ausverkauft sind, trotz der immensen Kosten, denn Eintritt, Übernachtung, Fahrt und Kostümverleih verschlingen mehrere Hundert Euro.

Auch in Wien fanden schon solche Partys statt. Zweimal haben wir danach die Afterparty ausgerichtet, also einen Rückzugsort für all jene geboten, die immer noch nicht genug Sex hatten. Der Vermummungszwang blieb auf Wunsch des Veranstalters aufrecht. Ich hatte mit Widerstand gerechnet, denn irgendwann muss einem so eine sperrige Verkleidung ja auf die Nerven gehen, doch die Menschen beharrten beinahe kindisch auf dem Tragen der Masken. Und so flanierten sie zwischen den Acts vollkommen nackt durch den Club, hatten aber die obere Gesichtshälfte verdeckt.

Einmal jemand anderer sein können, jemand, der zu sein man niemals wagen würde oder niemals fähig wäre, das ist die Triebfeder, warum Karneval oder Fasching nie aussterben wird. Wir müssen uns im Alltag ständig anpassen, umso mehr sehnen wir uns nach Auszeiten. Ein ganz großer Bereich unserer Persönlichkeit ist nun einmal die Sexualität, und manche wagen und lernen, das Spezielle ihres Ichs auszuleben – eben Swinger, Sadomasochisten, Exhibitionisten (nicht die Mantel-auf-Erschrecker, sondern Leute, die sich gern zusehen lassen) oder Travestieliebhaber.

Während ich mir ein Mineralwasser einschenke, wird mir klar, warum ich gerade an die sogenannten Transen gedacht habe: Franz alias Lolo ist gerade eingetroffen.

»Servus, meine Schöne«, flötet er mir beim Begrüßungsküsschen ins Ohr. »Ist ja die Hölle los heute.«

Er hat wie immer seine blonde Bubikopfperücke auf, denn er ist *normal* unterwegs. Nur bei ausgewiesenen Transentreffen stülpt er sich eine rote Mähne über und beklebt die Augen mit XX-Large-Wimpern. Heute trägt er ein enganliegendes rotes Sommerkleid mit schwingendem Rock und dazu elegante rote Lackpumps.

»Machst du heute auf Lady in Red?« Ich grinse ihn an.

»Gefällt es dir nicht?« Er mustert sich selbst von oben bis unten. »Zu aufdringlich?«

»Nein, gar nicht, steht dir gut. *Looking for a romance?*«, zitiere ich aus dem Song von Chris de Burgh.

Lolo lehnt sich an die Theke und präsentiert seine ausgestopfte Oberweite. »Immer, Sweetie. Du kennst mich doch, ich bin eine rettungslose Romantikerin.«

»Und deine Frau ist gar nicht beleidigt, dass du in fremden Gestaden naschst?« Ich kann mir nicht verkneifen, ihn zu necken.

»Au contraire, ma chérie, sie hat mit mir gemeinsam das Kleid ausgesucht.«

»Très chic. Wenn sie so viel Geschmack hat und offenbar eine elegante Frau ist, solltest du sie einmal mitnehmen.«

»Sie begehrt leider nur diesen Luxuskörper.« Lolo deutet auf sich. »Mach dir keine Hoffnungen, chérie.«

Es gehört zu unserem Ritual, dass ich ihn in regelmäßigen Abständen nach seiner Frau frage und so tue, als würde ich mich in Sehnsucht nach ihr verzehren. Ich weiß schon lange, dass Lolo und seine Frau eines der seltenen Paare sind, die sich allen Freiraum gönnen und einander dennoch innig lieben.

Meine Gedanken kehren zu den Masken zurück. Ich beuge mich zu Lolo. »Sag, Franz …« – sein männlicher Vorname ist unser Code für ein ernsthaftes Gespräch – »… ich hab dich das noch nie gefragt, aber hab gerade darüber nachgedacht: Warum ziehst du dir eigentlich Frauenkleider an?«

Er mustert mich. Hoffentlich glaubt er nicht, dass ich ihn mit dieser Frage auf den Arm nehmen oder gar anklagen will. Oder dass ich, Gott bewahre, plötzlich bigott geworden bin.

»Weil ich mich als Frau sexier fühle.« Franz lächelt und wird wieder zu Lolo.

So einfach ist also die Erklärung. Es gibt viele Mythen um Transen – nicht zu verwechseln übrigens mit Transsexuellen; das sind Menschen, die das Gefühl haben, im Körper des falschen

Geschlechts zu leben. Transen, oder auch »Cross-Dresser«, sind hingegen Menschen, die sich einfach nur gern in der Kleidung des anderen Geschlechts präsentieren. Am bekanntesten sind wohl die Travestiekünstler, auch wegen Filmen wie *Ein Käfig voller Narren* oder *Priscilla*. Federboas, quietschbunte Kostüme, überkandideltes Auftreten und schrille Stimmen kommen uns in den Sinn, wenn wir an als Frauen verkleidete Männer denken. Und wir glauben, dass alle Transen schwul sind – fälschlicherweise. Gerade aus der Swingerszene weiß ich, dass es enorm viele Heteros gibt, die, wie Franz, schlichtweg gern in Frauenkleidern ausgehen. Manche leben diese Neigung so offen aus wie er, andere nur versteckt, indem sie zum Beispiel Damenunterwäsche unterm Anzug tragen. Bei Cross-Dressern beiderlei Geschlechts trifft man jede sexuelle Orientierung: homo-, bi- oder heterosexuell.

Und sie finden relativ mühelos Spielpartner. Lolo, selbst knapp über fünfzig Jahre alt, ist bei Solofrauen ab Mitte vierzig sehr beliebt, wahrscheinlich, weil trotz seiner weiblichen Erscheinung die guten Manieren des Gentleman Franz durchschimmern – in seinem Zivilleben ist er im Finanzsektor tätig. Und es sind nicht unbedingt lesbisch angehauchte Heterofrauen, die nach seiner weiblichen Erscheinung schmachten, sondern vielmehr jene, die einen einfühlsamen und dennoch starken Liebhaber suchen. Wahrscheinlich nehmen sie an, dass Lolo auf Frauenkörper einzugehen weiß, wenn er sich schon selbst als Frau präsentiert, denn das impliziert ja, dass er das Weibliche mag. Recht haben sie. Noch keine hat sich beschwert, nein, alle haben vielmehr von ihm oder vielmehr *ihr* geschwärmt.

Außer Lolo kommt auch noch des Öfteren Inès zu uns. Er ist bisexuell und daher bei Pärchen mit bisexuellen Männern sehr beliebt. Andrea und Stefan waren einmal mit ihm zugange. Andrea meinte danach, sie fände es großartig, wenn die Grenzen verschwimmen. »Mann? Frau? Wurscht. Hauptsache, wir tun einander Gutes.«

Maria, ein anderer Stammgast, meinte dazu einmal, es sei für sie die unschuldigste Form von Sex, wenn es lauter bisexuelle Menschen in einem riesigen Kuddelmuddel miteinander trieben.

»Warum?«, fragte ich sie, denn das Wort »unschuldig« erschien mir im Zusammenhang mit einer Orgie doch etwas gewagt.

»Weil es dann keine Vorurteile mehr gibt, keine Ressentiments. Man nimmt die anderen an, wie sie sind.«

Ich kann ihr mittlerweile nur zustimmen. Doch normalerweise müssen Menschen erst *blind* werden – ganz harmlos, durch eine Augenbinde etwa –, damit sie diesen vorurteilsfreien Zustand erreichen und am anderen das Tolle und Gute erkennen, also gewissermaßen *sehend* werden. Das Kopfkino entscheidet bei vielen über die Lust, nicht das reine Empfinden.

Ich kann mich an einen Abend erinnern, als ich hier im *Schloss* noch Gast und nicht Chefin war. Eine andere Frau und ich fesselten einen Mann ans Andreaskreuz. Er wollte mit Augenbinde befingert und geblasen werden und verlangte das in schönster Machomanier. Das schrie nach einer kleinen Abreibung. Also erhöhten wir den Reiz durch ein paar sanfte Schläge mit der Peitsche, was sein Glied in Rekordgeschwindigkeit anschwellen ließ. Dann bliesen und massierten wir seinen Schwanz abwechselnd, beobachtet von mindestens einem Dutzend Menschen. Immer wieder lobte er uns als »geile Schlampen« und betonte, er habe schon gewusst, warum er sich ausgerechnet von uns habe anbinden lassen, denn unsere sanften Hände täten seinem Schwanz so gut. Das forderte mich heraus, und ich winkte einen bisexuellen Bekannten herbei. Der ließ sich das nicht zweimal sagen und massierte und blies den Macho nach allen Regeln der Kunst. Der stöhnte und jammerte und stöhnte und war kurz vor dem Kommen – als seine Augenbinde verrutschte und er erkannte, wer da bei ihm zugange war. Schlagartig wurde er fuchsteufelswild, geiferte etwas von »Betrug« und riss an den Ketten, während sein Penis auf Erbsengröße schrumpfte.

Lolo wedelt mit der Hand vor meinen Augen herum, und ich

kehre in die Realität zurück. Er küsst mich auf die Wange und startet mit schwingenden Hüften und Grüßchen in alle Richtungen seinen »Observationsgang« nach hinten, wie er es nennt. Auch ich sollte nun endlich meinen Kontrollgang fortsetzen.

Aus dem Leben einer Swingerin
Zwischenhoch

Nach meinem Puffbesuch begann mein Chef, mich so richtig zu lieben. Denn ich fühlte mich dem männlichen Geschlecht plötzlich ziemlich abhold und hatte nicht einmal Lust, auszugehen und mit irgendwelchen Typen zu flirten. Denn man wusste ja nie: War der nette Mann gegenüber vielleicht auch schon einmal Kunde der kleinen Rumänin gewesen? Umso intensiver widmete ich mich meiner Arbeit, ich raffte Rechercheaufträge, Analysen und Hintergrundberichte förmlich an mich. Und wenn ich wider Erwarten trotzdem Freizeit hatte, standen Abendessen bei Freunden, Kinobesuche, das Lesen von Büchern und stundenlanges Fernsehen auf dem Plan.

Da hatte ich also endlich im Swingerclub die Erfüllung meiner Teenagerträume erfahren – und mich gleich anschließend quasi selbst dem sexuellen Abenteuerleben entwöhnt, und dies nur, weil ich aufgrund meiner fast schon krankhaften Hinterfragerei den ganzen philosophischen, psychologischen und gesellschaftspolitischen Überbau von Sex verstehen wollte. Freier Sex widerte mich jetzt an. Im Gegenzug wurde meine Sehnsucht nach der reinen, großen, bedingungslosen und beschützenden Liebe beinahe übermächtig. Ich empfand mich, in Vertretung aller Frauen, plötzlich als arm, klein und ausgenützt, ohne dafür einen persönlichen Grund zu haben.

Nach ein paar Wochen spürte ich, dass sich in mir ein beängstigender Zynismus breitmachte, nach dem Muster: Wenn schon alle Männer Arschlöcher sind, dann muss man sie auch so behandeln. Es war dringend notwendig, dieses verschobene Weltbild wieder geradezurücken und mir klarzumachen, dass es auch gute Männer gab. Das ging nur mit Konfrontation und neuer Erfahrung. Mein Freund Alex unterstützte mich dabei. Und zwar nicht nur, weil er traurig war, seine kongeniale Partnerin für sexuelle Exzesse verloren zu haben. Er tat es vielmehr um meinetwillen, denn er verstand, dass ich nun einmal ein Mensch mit ausgeprägter Sinnlichkeit bin und unter meiner selbstauferlegten Abstinenz förmlich vertrocknete.

Alex überredete mich also zu einem neuerlichen Clubbesuch, auch wenn es dazu mehrerer Abende mit viel Bier bedurfte. Wieder betonte er, dass ich dort nichts tun müsse, was ich nicht wolle, denn ich sei die Königin, die den Weg vorgebe.

Wieder einmal begaben wir uns in den siebenten Bezirk, dieses Mal in den größten Club von Wien, der sogar einen Swimmingpool sein Eigen nennt. Trotzig ignorierte ich das einladende Nass, die dampfende Stimmung; ich wickelte mir nicht einmal ein Handtuch um, sondern ging in Jeans und T-Shirt durch die Räumlichkeiten. Sollten sie mich doch hinausschmeißen, ich würde mich jedenfalls nicht als Fickfleisch auf den Präsentierteller legen.

In diesem Club gab es auch einen langen Gang, wo im Schummerlicht gefummelt wurde, bevor es in den Räumen nebenan ernsthaft zur Sache ging. Schon schwirrten die Solomänner auf mich zu. Die ersten Hände, die mich betatschten, schob ich weg.

Alex hatte ich dummerweise bedeutet, er könne sich ohne mich vergnügen, weil ich ohnehin keine Aktion plante, und so war er bereits in den Tiefen des Clubs verschwunden. Ich positionierte mich neben einem kleinen, offenen Zimmer, das mehr einer Koje glich und in dem ein Paar vögelte. Das gab mir etwas Sicherheit – wahrscheinlich hoffte ich instinktiv, die beiden würden mich retten, falls ein Mann übergriffig werden sollte. Während ich diesem Paar beim Sex zusah, wurde ich, obwohl ich mich selbst dafür nicht leiden konnte, erregt. Der Mann machte es gut. Er studierte und streichelte die Klitoris der Frau wie eine seltene Rose, vergewisserte sich immer wieder, ob ihr gefiel, was er tat, und lächelte, wenn sie aufstöhnte.

Und manchmal macht das Leben doch alles richtig: Kurz darauf näherte sich mir ein Mann von hinten, schob meine Haare beiseite und kraulte mir den Nacken. Ich sah ihn nicht, drehte mich auch nicht zu ihm um, sondern genoss nur die zärtliche Berührung – bis ich irgendwann sogar die Augen schloss, obwohl die Emanze in mir verbittert schrie: *Bist du wahnsinnig?* Doch ein anderer Teil in mir hielt dagegen: *Du krepierst auf Dauer, wenn du jedem misstraust.*

Der Mann massierte mir den Kopf, den Nacken, schließlich das Rückgrat und den Busen. Andere Männer hielt er uns mit leisen Bemerkungen fern. Irgendwann aber fuhr mir eine fremde Hand über die Augenbrauen und verharrte über der Nasenwurzel – genau an der Stelle, die so empfindlich ist, dass man sie auch als »Drittes Auge« bezeichnet. Als ich aufstöhnte, fragte mich der Mann hinter mir, ob ich denn Berührungen von anderen Männern haben wolle.

Ich flüsterte ihm zu: »Aber nur, wenn ...« Ich wusste nicht weiter.

»Ich pass auf.«

Ich nickte. Ja, ich wollte mich wieder einmal fallenlassen, ich wollte nicht ständig auf der Hut vor irgendwelchen Egoisten sein, die mich nur benutzten und denen mein Wohlbefinden egal war.

Die Hände auf meinem Gesicht tauchten wieder auf. Dazu gesellte sich nach kurzer Zeit ein Mund, der mich auf den Hals küsste. Der Mann hinter mir konzentrierte sich auf meine Rückseite, dafür kamen an der Vorderseite noch ein paar Hände hinzu – ich konnte sie nicht mehr zählen. Irgendwann waren da nur mehr Berührungen, die mich in ein Bad von Zärtlichkeit und Lust tauchten – und dies alles, obwohl ich völlig bekleidet war! Als unbekannte Hände meine Muschi unter dem Jeansstoff streichelten, kam ich nach nur wenigen Sekunden.

Mein Lustschrei öffnete die Schleusen, die Männer wurden nun fordernder. Ein Teil von mir gestand ihnen das voll und ganz zu, der andere Teil jedoch bestand darauf, dass nun allein ich an der Reihe war, denn ich war schließlich die Königin. Und wenn mir nicht nach Ficken war, dann musste ich es auch nicht tun. Wahrscheinlich war ich auch neugierig darauf, ob sich die Männer tatsächlich an das eherne Clubgesetz halten würden, ein Nein ohne Wenn und Aber zu respektieren.

Ich öffnete die Augen, schob all die Männerhände mit einem lieben, aber bestimmten Lächeln zur Seite und sagte ruhig: »Später vielleicht.«

Sie wichen brav zurück und verschlangen mich nur noch mit Blicken, während sie an sich herumrieben – bis auf einen, der weitertatschte, aber von meinem Ritter im Rücken rasch zur Räson gebracht wurde. »Sie will jetzt nicht, hast du doch gehört.«

Ich wandte mich endlich zu ihm. Er hatte ein von Aknenarben verunstaltetes Gesicht und große Zähne, aber auch eine riesige Nase und eine hohe Denkerstirn. Außerdem war er ein Guter. Vielleicht sollte ich doch mit ihm ...?

Er nickte mir zu und schlenderte von mir weg den Gang entlang.

Ich folgte nun den Blicken der anderen Männer. Zum Pärchen in der Koje hatten sich inzwischen ein bärtiger älterer Mann und eine etwa dreißigjährige Frau gelegt, die mich faszinierte. Sie war sichtlich von Natur aus platinblond, mit glatten langen Haaren, hatte große Augen, einen bronzefarbenen, sehr schlanken Körper und eigenartig unpassende Hängebrüste, die wie Lappen an ihrem Brustkorb klebten. Plötzlich wollte ich nur mehr an diesen Brüsten nuckeln und sie in ihrer Einzigartigkeit genießen und ehren.

Mein Blick war offenbar so gierig, dass er der Frau auffiel, denn sie winkte mich in die Koje. Ich setzte mich auf den Rand des Bettes und begann, sie zu streicheln. Ihr Begleiter und das andere Pärchen lächelten mir zu. Alles fühlte sich vertraut und heimelig an. Hier waren Menschen, die Spaß am gegenseitigen Verwöhnen und am lustvollen Spiel hatten. Niemand wurde ausgenützt oder erniedrigt. Ich entspannte mich endgültig, und so nickte ich, als mich ein vor der Koje stehender Solomann fragte, ob auch er mich verwöhnen dürfe. Er zog mich aus und leckte mich, während ich noch immer mit der blonden Frau zugange war. Nach kurzer Zeit widmete sich ihr Begleiter meinen Brüsten, und unversehens waren wir ein stöhnender Knäuel mit zwanzig Gliedmaßen.

Alex meinte später spöttisch, ich habe meine Abscheu vor Männern ja überraschend schnell überwunden. Er war offensichtlich neidisch, denn bis auf ein bisschen Herumfummeln hatte sich bei ihm nichts ergeben.

»Sei doch froh, dass es mir wieder Spaß macht«, erwiderte ich.

»Ja, Hauptsache, du hast Spaß gehabt. Du hättest mich dazuholen können.«

»Ich dich holen? Wer ist denn sofort nach hinten abgerauscht und hat sich nicht mehr blicken lassen? Was wäre gewesen, wenn mich jemand blöd angemacht hätte?«

»He, he, he, wer hat denn gesagt, ich soll abschwirren?! Und außerdem – du wirst dich doch wehren können. Es wird dich kaum ein ganzes Rudel vergewaltigen.«

»Du bist ein rücksichtsloser Arsch.«

»Und du ein Egoschwein. Hauptsache, Mylady hat ihren Spaß, und alle tanzen nach ihrer Pfeife.«

»Du hast doch gesagt, dass wir Frauen im Club den Ton angeben.«

»Ja – wenn euch was nicht passt. Das heißt aber nicht, dass du nicht auch etwas für andere tun kannst.«

»Hab ich ja.«

»Ja, für die. Aber nicht für mich.«

»Du warst ja nicht da. Okay, ich hab gesagt, dass du nicht bei mir herumstehen musst. Aber du hast kein einziges Mal nach-geschaut, wie es mir geht.«

»Weil ich ein geile Session wollte und nicht deiner Motzerei zuhören. Aber das war ja eh alles nur ein Schmäh von dir.«

Wir versöhnten uns an diesem Abend nicht mehr. Es dauer-te ein paar Tage, bis wir die ganze Angelegenheit in Ruhe be-sprechen konnten. Dabei wurde uns klar, dass wir durch diesen Streit, bei dem wir beide recht und unrecht hatten, Regeln des Swingens gelernt hatten, die zwar klar waren, aber von uns noch nicht verinnerlicht. Erstens: Kläre vorab mit deinem Begleiter (egal, ob du mit ihm eine Beziehung führst oder er bloß ein Kumpel ist), wie viel und mit wem was erlaubt ist. Macht man alles nur gemeinsam, oder agiert jeder auch für sich alleine? Sind alle Praktiken erlaubt? Kommen wir nicht nur gemeinsam ins Lokal, sondern gehen wir auch gemeinsam? Zweitens: Küm-mere dich immer um deinen Partner. Frage ihn zum Beispiel, ob er sich wohl fühlt, und schau nach ihm, wenn er länger nicht auftaucht.

Auf Basis dieser Sorgsamkeit füreinander begann eine wun-derbare Zeit. Viele Clubabende in Folge bescherten mir eine Vielzahl intensiver Erlebnisse. Geblieben sind davon in meiner Erinnerung fast nur verschwommene Bilder. Und genau darum geht es ja: Kein Swinger will sich verlieben, sondern einzigartige Erlebnisse aufgrund von Begegnungen mit einzigartigen Men-schen erfahren. Denn jeder Mensch ist ein Individuum und der Sex mit ihm daher nicht austauschbar, sondern stets etwas an-deres als mit allen anderen Menschen. Das ist vergleichbar mit der zufälligen Begegnung zweier Reisender. Man tauscht sich aus, hat eine schöne Zeit miteinander, verabschiedet sich, wenn der gemeinsame Weg endet, denkt vielleicht noch eine Zeitlang aneinander, hat unter Umständen eine Erfahrung aus dieser Be-gegnung mitgenommen und vergisst diesen Menschen im Lauf der Jahre irgendwann. Zurück bleibt das Gefühl, etwas Ange-nehmes erlebt zu haben. Manchmal, wenn auch selten, tauscht man Visitenkarten aus, mailt sich hinterher wirklich und trifft sich sogar wieder. Das passiert auch beim Swingen.

Der Abend, an dem mir dies das erste Mal passierte, war ein Geschenk von Alex an mich. Ich sollte mich endlich einmal wirklich als Königin fühlen. Daher verband er mir die Augen, platzierte mich auf einem Barhocker und ließ Solomänner an mir vorbeidefilieren und mich lecken, und zwar genau so lang, bis ich die Qualität ihrer Bemühungen beurteilen konnte. Die für gut Befundenen durften dann mit mir auf die Spielwiese. Es blieben nur drei übrig. Ob die abgewiesenen Männer aus diesem Spiel etwas gelernt und ihre orale Technik verbessert haben ...?

Dies war auch aus anderer Sicht ein besonderer Abend, denn wir besuchten das erste Mal eine Swingerbar. Derartige Clubs besucht man edel bis sexy gekleidet, weil man im vorderen Teil, dem Barbereich, angezogen bleibt. Wenn sich dann Interesse an Sex ergibt, geht man in die hinteren Räumlichkeiten.

Auf einem Barhocker sitzend, hatte ich also die drei Männer ausgesucht und war mit ihnen nach hinten gegangen. Doch nur zwei vögelten mich. Mit dem dritten namens Rainer, einem zierlichen Mann mit großen blauen Augen und Anfang der dreißiger so wie ich, kam ich aus Neugier ins Gespräch. Er zog den Oralverkehr vor, weil er einfach kein Dauerrammler war. Zu spät, zu müde, zu gestresst – dann ging es halt nicht mehr. Mir gefiel seine offene Art, und auch Alex verstand sich mit ihm auf Anhieb prächtig. Es war der Beginn einer Freundschaft, die bis heute anhält.

Mit Rainer und einem Freund von ihm hatte ich dann auch meinen ersten Dreier mit zwei Männern außerhalb eines Clubs, und zwar in meiner Wohnung. Dieser Abend war etwas Besonderes, denn zum einen hatte dieser Freund noch nie Sex in einer solchen Konstellation gehabt, und seine Aufregung übertrug sich auf uns; zum anderen wurde mir klar, was mir an Entscheidendem im sexuellen Bereich noch fehlte. Denn der Freund meinte irgendwann, es wäre doch fein, noch eine Frau dabeizuhaben, woraufhin Rainer lachend sagte: »Das ist keine gute Idee. Wir schaffen Andrea zu zweit ja schon nicht. Wenn wir was brauchen, dann eher noch einen Mann.«

Da schrillte es in mir – mein alter Traum: von unübersichtlich vielen Männern befriedigt zu werden, und zwar so richtig. Wir Frauen sind bekanntlich wie VW-Käfer: Einmal gestartet, brummen und brummen wir und laufen immer runder, je länger die Fahrt dauert. Männer sind im Schnitt mehr wie Boliden, die mit vollem Karacho dahinbrausen, aber schon nach einem Rennen wegen Benzinmangels oder Überhitzungsgefahr stoppen müssen. Ein durchschnittlicher Mann schafft bei sehr großer Erregung zwei, maximal drei Orgasmen pro Nacht; eine Frau hingegen hört erst beim siebenten, achten Orgasmus zu zählen auf und schwimmt weiter auf der Welle – bis zum Einschlafen.

Genau das wollte ich einmal erleben.

Die Gelegenheit ergab sich nach einem Rockkonzert in einem Lokal am Donaukanal, das Alex und ich besucht hatten. Die Musik pulsierte noch in uns, und so streiften wir durch den nahe gelegenen zweiten Bezirk, um noch irgendwo bei einem Bier auszudampfen. Dabei kamen wir an einem Handtuchclub vorbei. Alex machte mich auf ihn aufmerksam, ich hatte ihn übersehen, denn sein Eingang an der Ecke eines großen Mietshauses war lediglich mit einer kleinen Tafel gekennzeichnet. Ein Verständigungsblick reichte, und wir stiegen ins Souterrain hinunter. Es war nicht viel los, genau genommen war außer mir nur eine andere Frau anwesend, dafür wimmelte es nur so von jungen Solomännern – als hätte man einer ganzen Kaserne Ausgang gewährt. Die Frau war Mitte zwanzig, trug die dunklen Haare stachelig kurz, hatte einen kleinen Busen und einen relativ großen, appetitlichen Hintern, was, wie ich wusste, Alex sehr antörnte. Sie war von unserem Auftauchen, respektive dem einer zweiten Frau, sehr beglückt, schnappte sich einen der Junghengste, und zu viert drehten wir eine wollüstige Runde. Danach fläzten wir uns im Barbereich auf ein Sofa und hatten ein sehr lustiges Gespräch. Alex und die Frau, deren Namen ich nie erfuhr, versicherten dabei einander, vollends befriedigt zu sein. Ich war es nicht. Ja, ich hatte einen Orgasmus gehabt, aber eben nur einen, in mir brummte noch alles. Ich sprang vom Sofa auf, um ein Getränk zu holen. Als ich an der Bar auf den unvermeidlichen Porno starrte, wurde mir fast schlecht vor Gier. Ich musste mich zumindest noch einmal selbst befriedigen.

Meine geplante Aktion war mir etwas peinlich, also schlich ich möglichst unauffällig nach hinten. Es war reiner Zufall, dass ich mir die größte Liegewiese für meine Masturbation aussuchte. Es dauerte nicht lange, bis der erste Soloknabe bei mir auftauchte. Brav hieß ich den Guten, dort auf mich zu warten, während ich zu Alex ging und ihn fragte, ob es für ihn o. k. wäre, wenn ich noch eine Runde absolvierte. Er flirtete inzwischen so intensiv mit der anderen Frau, dass er mir nur verträumt zunickte. Das war mir sehr recht, denn ausnahmsweise wollte ich kein ausgeklügeltes erotisches Spiel, sondern einfach nur bedient werden. Und dass diesem Junghengst der Sinn auch genau danach stand, war klar. Und nicht nur ihm. Zwei weitere, die ich im Barbereich aufgabelte, folgten mir wie einer läufigen Hündin.

Mit den beiden Burschen im Schlepptau kam ich zur Liegewiese zurück, wo mir nicht nur mein erster Galan entgegenstrahlte, sondern auch schon ein zweiter Mann wartete. Ich musste nicht mehr machen, als mich in die Mitte der Wiese zu legen – sofort saßen und lagen alle um mich herum und streichelten mich. Einer der Männer schob mir sogar behutsam ein Polster unter den Kopf. Ich gab mich schon meiner Erregung hin und freute mich auf einen ordentlichen Cunnilingus samt dazugehörigem Orgasmus, als sich bereits einer zwischen meinen Beinen positionierte. Ich schob ihn weg. »Nicht jetzt. Bitte ein bissel später. Ich will zuerst beim Schlecken kommen.«

Mein Herz klopfte vor Aufregung, denn es war das erste Mal, dass ich, und nur ich, die Choreographie vorgab. Der Mann fügte sich. Sein Kopf verschwand zwischen meinen Beinen. Ein anderer kniete neben meinem Kopf, während er meinen Bauch und die Brüste liebkoste. Sein erigierter Penis wackelte vor meinen Augen, ich saugte an ihm. Als ich irgendwann Luft holte, bemerkte ich, dass auf der anderen Seite meines Kopfes ein ebenso schöner Schwanz in der Gegend herumstand, und nahm auch diesen in den Mund. Dann saugte ich an beiden abwechselnd. Unterdessen leckte mich der Mann, der zwischen meinen Beinen kniete, bis zum Orgasmus. Strahlend wollte er nun endlich in mich eindringen. Ich aber bedeutete dem vierten Mann, der bislang untätig danebengekauert hatte, den Platz bei meiner Muschi zu übernehmen. Dafür holte ich den Typen, der mich soeben noch geleckt hatte, an meine Seite und blies nun seinen Schwanz.

Irgendwann war es ein harmonischer Reigen. Ich kam, wurde wieder geleckt, dazwischen gevögelt, kam, blies, kam, die Männer kamen, zwei weitere stießen dazu, und irgendwann surfte ich auf einer Woge der Lust. Der Höhepunkt war ein »Sandwich«, bei dem ich Schwänze in allen meinen Öffnungen hatte. Ich kam und kam und kam. Und die Männer mit mir. Es war der Himmel.

Und Alex freute sich mit mir.

Nach Sonnenaufgang ging ich nach Hause. Das warme Licht brachte den Backstein der Rossauer Kaserne zum Glühen. Kichernd stellte ich fest, dass ich kaum gehen konnte und sicher bald einen Muskelkater haben würde. Doch ich war rundum zufrieden und so glücklich, dass ich dachte, es müsse für den Rest meines Lebens reichen.

Ja, ich hatte definitiv in der Swingerszene mein erotisches Zuhause gefunden – das ich bald wieder verlieren sollte. Denn ich verliebte mich.

Ein perfekter Clubabend

Die Secondhand-Erotik der Klemmis

Der blondgelockte Florian und ein älterer Solomann, den ich insgeheim *Belmondo* nenne, weil er ebenso viele Stirnfalten hat wie der Schauspieler, lugen ins Séparée. Florian knabbert an seinen Lippen, Belmondo wichst. Beide sind harmlose, angenehme Solomänner, auch wenn das ständige Wichsen von Belmondo manche Leute anekelt. Wobei sich die Frage stellt, ob wirklich das hemmungslose Masturbieren an sich das Problem darstellt oder die Tatsache, dass wir einen gaffenden, wichsenden Mann irgendwie als etwas Armseliges ansehen. Erinnert er uns vielleicht daran, dass wir auch schon einmal übrig- (also ohne Sexpartner) geblieben sind?

Das ist sicher eines der Grundprobleme der Solomänner: Es umweht sie der Ruch der zu kurz Gekommenen. Was natürlich so nicht stimmt, denn dieses Vorurteil betrifft eigentlich nur eine spezielle Gruppe: die Klemmis. Sie gehen nicht in Clubs, um ihr Sexualleben zu ergänzen, sondern um es zu ersetzen.

Wenn ich Richtung Barbereich schaue, sehe ich genau so ein Exemplar: Andi. Er hat auf dem von Elena verwaisten Hocker Platz genommen und klammert sich an sein Bier. Neben ihm sitzt ein junges Pärchen, das sich mit einem Zweierspiel schon Gusto geholt hat und jetzt nach Spielpartnern Ausschau hält. Immer wieder linsen sie zu ihm hinüber, denn er ist ganz ansehnlich mit seiner durchtrainierten Figur und den halblangen dunklen Haaren. Er wirkt wie ein Draufgänger – und ist dennoch ein Klemmi. Nie im Leben wird er ihre Blicke erwidern, und sollte es die Frau wagen, ihn anzusprechen, wird er sich mit irgendeiner Ausrede aus der Affäre ziehen.

Andi ist nicht allein. Sicher ein Drittel der Solomänner gehört zur Kategorie der Klemmis. Sie sind das beste Abbild unserer Gesellschaft – beziehungsweise ihrer bedauernswerten Opfer. Ich habe schon viel über sie nachgedacht, Bernhard noch viel mehr, weil er Teile ihrer Erziehung und ihres Lebenswegs an sich erkennen kann. Er kommt aus einem sehr steifen, großbürgerlichen Elternhaus. Allerdings war er fähig, sich davon zu emanzipieren, und zwar durch Selbstanalyse und eben durchs Swingen – schon zu einem Großteil, als er noch Gast war, endgültig dann seit der Übernahme des *Schlosses.* Denn wie alle guten Wirte hören wir sehr viele Geschichten von anderen; wir vergleichen sie, relativieren dieses und jenes und setzen das Ganze in Zusammenhang. Und manche der dadurch gewonnenen Erkenntnisse helfen uns auch selbst.

Klemmis verkriechen sich nicht etwa deswegen in sich selbst, weil sie hässlich, unappetitlich oder unsympathische Mistkerle wären und deshalb keine Frauen abkriegten. Nein, sie wurden bloß asexuell und verklemmt erzogen. Körperlichkeit wurde ihnen als etwas Unanständiges vermittelt, mit dem man möglichst wenig zu tun haben sollte, und das bereits in der frühkindlichen Phase. Alles, was mit *dem da unten* zu tun hatte, war pfui. Später hörten sie dann vielleicht noch Sätze wie »Männer sind prinzipiell nicht schön« oder »Frauen nehmen sich Schönlinge als Liebhaber, die anderen heiraten sie wegen des Geldes« oder »Wer sollte schon auf dich abfahren? Du bist nichts, du hast nichts, wer soll schon auf dich stehen?« – und dergleichen Schwachsinn mehr. So wurden sie zu denen, die den anderen Männern dabei zusehen, wie sie reihenweise Frauen abschleppen, während sie selbst immer übrigbleiben.

Auch jetzt, als Erwachsene, haben viele von ihnen keine Beziehung, obwohl sie beruflich erfolgreich sowie meist ganz ansehnlich sind und bei Frauen sicher ankämen, wenn sie es bemerken, glauben und zulassen würden. Aber ihr Charme verbirgt sich fast zur Gänze, sobald sie einem weiblichen Wesen begegnen.

Nun gibt es zwar auch Frauen, die so verklemmt aufgezogen worden sind, aber diese ziehen sich meist auf ihre Hobbys, Jobs, Freundinnen und Haustiere zurück und sind, wenn auch nicht glücklich und oft einsam, so doch zumindest nicht ständig unter Druck. Bei den Männern ist das anders – was durchaus mit der gesellschaftlichen Bewertung von Sexualität zu tun hat. Denn jeder Mann lernt in der Pubertät, dass er einen höheren Status erreicht, wenn er Erfolg bei Frauen hat. So kommt es bei den ersten sexuellen Erlebnissen oft gar nicht aufs qualitative Erleben an, sondern darauf, dass die Kumpels die eigenen Aktivitäten mitbekommen – durch Erzählungen, denen man noch mehr Glaubwürdigkeit verleiht, indem man sich zum Beispiel beim Küssen »erwischen« lässt. Je mehr Triumphe bei Mädchen ein Bursche aufweisen kann, desto höher sein Rang im Wolfsrudel. Ähnlich wichtige Sprossen in der sozialen Hierarchie sind das erste Moped, das erste Auto, das erste neuwertige Auto, ein gutbezahlter Job, eine tolle Wohnung oder ein großes Haus.

Sein Image poliert noch mehr auf, wer es schafft, das allgemein begehrteste Mädchen zu bekommen. Wir kennen dieses Verhalten aus diversen US-Jugendfilmen wie *American Pie* und amüsieren uns vielleicht sogar über deren plumpen Wertekatalog – aber bei uns war und ist es im Prinzip nicht viel anders. Die Eroberung der Prinzessin ist wichtig. Das süße, aber unscheinbare Mädel, das einem jungen Mann vielleicht auch gefällt, zählt im Vergleich weniger, ebenso jene, die leicht zu bekommen ist – die schadet dem Image vielleicht sogar. Manchmal reicht es schon, wenn ein Mann dabei gesehen wird, wie er mit der Prinzessin ausgeht – er muss ja niemandem sagen, dass er sie vielleicht nicht einmal geküsst hat … Diese gesellschaftliche Prägung ergibt sonnenklar: Ein vollwertiger Mann ist nur, wer eine bedeutende sexuelle Rolle spielt. Doch schüchterne Männer haben große Probleme, einem solchen Bild gerecht zu werden.

Sie müssen sich also gewissermaßen sexuell erfinden, um endlich auch selbst den Kumpels von einem tollen Sexleben vorprah-

215

len zu können. Das Besuchen von Swingerclubs ist für Klemmis in dem Zusammenhang eine interessante Option. Dafür gibt es mehrere schlüssige Gründe. Allem voran ist die Chance gering, dass einer der Freunde ebenfalls in solchen Etablissements verkehrt, weil die bei weitem nicht so verbreitet sind wie Puffs und deren Besuch im Schnitt mehr Zeit erfordert als ein Bordell-Quickie. Außerdem wagen es die klassischen Disco- und Baraufreißer oft nicht, ihr vertrautes Pflaster gegen solch unsicheres Terrain zu tauschen.

Im Ranking bewundernswerter Sexerlebnisse steht eine Gruppenorgie in einem Club höher als der 08/15-Sex mit einer Prostituierten, den man sich überdies noch kaufen muss und der auf den Status des Fraueneroberers so gut wie nichts einzahlt; die Frauen in den Swingerclubs muss man immerhin mit seinem Charme und seiner Männlichkeit bezirzen. Man erweist sich also mit dem Bericht von solchen Sessions als lässiger Hengst, was bei den Kollegen und Kumpels Neid und Bewunderung hervorruft.

Für den Klemmi selber kommen Bordellbesuche übrigens deswegen nicht in Frage, weil er bei einer Prostituierten erstens seine Manneskraft beweisen muss (Ausnahmen, die nur wegen eines Gespräches zu einer Hure gehen, einmal ausgenommen) und weil er zweitens von einer »Liebespartnerin« schon auch irgendwie begehrt werden möchte – und zwar als er selbst, nicht seines Geldes wegen. In einem Swinger-Club kann er sich dieser Illusion hingeben.

In der Tat haben diese Männer in Swingerclubs dann sexuelle Erlebnisse – wenn auch überwiegend nur als Zuschauer. Denn sie sind ja mit sexwütigen Frauen in einem Raum und erleben wirklich geile Ficks, auch wenn sie nicht daran teilnehmen. Aber sie empfinden sich als Teil des Geschehens. Sie können sogar wahrheitsgetreu davon berichten, sie müssen nur ihre Nichtbeteiligung aussparen. Das geht bei vielen dieser Männer so weit, dass sie nach einem ereignisreichen Clubabend mit einem echten Glücksgefühl nach Hause gehen, als hätten sie selbst den Sex des Jahres erlebt.

Aufgrund des eigenen Unvermögens werden die Klemmis zwangsläufig zu Voyeuren, die nur ganz selten und nur in absoluter Anonymität körperlichen Kontakt aufnehmen. Sie sind auch jene, die bei Massenfummeleien höchstens aus der dritten Reihe durch drei Schenkelpaare hindurch einmal an die Muschi in der Mitte tapsen. Ihr seltener Höhepunkt ist es, bei einem Act *Frau mit vielen Männern* als einer von diesen auf die Frau abzuspritzen. Ein solcher Mann darf nicht angesprochen, nicht als Individuum wahrgenommen werden, denn nur anonym hat er die Möglichkeit, sich ohne Konsequenzen und Erklärung zurückzuziehen, wenn es mit dem Abspritzen nicht klappen sollte. Daraus folgt, dass es das Schlimmste für ihn ist, mit einer Frau allein im Zimmer zu sein, denn dann ist der Scheinwerfer auf ihn gerichtet. Wird er direkt zum Mitmachen aufgefordert, tischt er die unglaublichsten Ausreden auf, hauptsächlich aus Versagensangst.

Andrea war deswegen einmal schier verzweifelt. Sie war an einem normalen Wochentag bei uns, als wir wie immer mehr Solomänner als Pärchen im Club hatten. Und genau das wollte sie: es mit mehreren Männern in einem Zimmer treiben. Man sollte meinen, dieser Wunsch einer Frau sollte ohne Probleme zu verwirklichen sein. Doch sie hatte Pech: An diesem Abend war kein einziger Macho anwesend, und der einzige forsche Solomann war mit einer anderen Frau beschäftigt. Sie legte dennoch mit ihrem Partner Stefan los, in der Hoffnung, die Männer würden sich angesichts der offenen Kordel vor dem Raum zu ihnen gesellen – vergeblich. »Ich habe ihnen gewunken, sie angegrinst, neben mich aufs Bett geklopft – nichts! Das gibt's doch nicht!«, klagte sie nach einer halben Stunde sinnlosen Lockens. Nur drei Klemmis näherten sich, doch die beschränkten sich aufs Gaffen.

Die heute vier anwesenden Klemmis verschwinden in der

Masse der Gäste. Wenn sich der Abend weiter derart positiv entwickelt, werden sie morgen mit coolem Lächeln viel zu erzählen haben. Doch wenn ich mir Andi so ansehe, möchte ich ihn am liebsten an der Hand nehmen und sagen: »Vergiss doch einmal den ganzen Erziehungsquatsch. Du bist toll, du bist geil, und die ganze Sache ist nicht so ernst. Hab einfach Spaß daran!«

Diese Männer müssen sich klarmachen: Niemand ist perfekt. Jeder Mensch hat Aussetzer. Auch ich habe meine Phasen, in denen ich nicht so sehr auf Sex stehe, Bernhard hat sie, Andrea, Stefan, Lisbeth, Agnes und all die anderen haben sie. Männer können geil wie Lumpi sein und gleichzeitig keinen Ständer haben – und trotzdem kann man tollen Sex machen. Es kann sogar mittendrin vorbei sein – na und? Dann lass uns darüber lachen. Nicht auslachen ist die Devise, sondern miteinander darüber lachen, dass so etwas nun einmal vorkommt.

Ich weiß noch gut, wie ich einmal Schwierigkeiten hatte, einen Orgasmus zu bekommen. Bei den ersten Malen bekam ich ihn, ohne darüber nachzudenken. Dann hörte ich von anderen Frauen, dass sie noch nie gekommen seien, sosehr sie sich auch bemüht hätten, was bei mir erstaunlicherweise derartigen Druck auslöste, dass ich selbst nicht mehr konnte. Denn es *muss* ja gehen, und zwar immer – nicht wahr? Solcher Druck und Ernst zerstören die Leichtigkeit und damit die Hingabe beim Sex. Wer hingegen auch im Bett seinen Humor behält und nicht alles tragisch nimmt, was dort zuweilen nicht perfekt klappt, hat viel mehr Spaß daran.

Das alles würde ich gerne Andi sagen. Aber ich bin nicht seine Psychotherapeutin, und das *Schloss* ist keine Klinik. Ich beruhige mich mit dem Gedanken, dass er für sich offenbar eine Form der Sexualität gefunden hat, die ihn zumindest nicht verzweifeln lässt und ihm sogar manchmal echte Glücksmomente beschert, wenn ich die entsprechenden überschwänglichen und strahlenden Verabschiedungen richtig interpretiere. Außerdem: Wenn jeder, der zu uns kommt, dauerrammeln wollte, müssten wir die

Bar ohnehin auf die dreifache Größe ausbauen. So gesehen ist es schon gut, dass es Akteure *und* Zuschauer gibt.

Und die Akteure sind jetzt anscheinend alle munter geworden. Die Gäste drängen sich an mir vorbei in den Gang, der zu den hinteren Räumlichkeiten führt. Denn da startet offensichtlich eine Massenfummelei.

Aus dem Leben einer Swingerin

Zwischentief und Neustart

Es ist oft so: Gerade in den Phasen, in denen man nicht sucht, wird man gefunden. Ich war glücklich mit meiner Arbeit, mit meinen Freunden und mit meinem Sexualleben. Ich wollte gar keine Beziehung, denn kamen da nicht jedes Mal irgendwann nach der ersten Hochphase Probleme auf? Warum sollte ich mir die antun, wenn ich emotional, körperlich und seelisch ausgelastet war? Irgendwann dachte ich nicht einmal mehr daran.

Doch dann kam Hannes. Ich fiel im wahrsten Sinn des Wortes in seine sportlichen Arme, als mir jemand im überfüllten *Alt-Wien* die Tür ins Kreuz stieß. Ich ersetzte ihm das Bier, das in hohem Bogen aus dem Glas geschwappt war, er revanchierte sich – und kurze Zeit später zogen wir zusammen. Wir sprachen über gemeinsame Kinder und hatten guten Sex – nebst seiner Androhung, mich zu verlassen, falls ich jemals fremdgehen würde. Es ist mir im Nachhinein gänzlich unverständlich, dass ich dieser Bedingung zugestimmt habe, aber damals dachte ich, ich hätte ohnehin schon so viel in Sachen Sex erlebt, dass ich von nun an treu sein könne. Der Umstieg fiel mir nicht leicht, und nach dem Beginn unserer Beziehung ging ich sogar heimlich mit Alex noch drei-, viermal in einen Club, aber das schlechte Gewissen wurde übermächtig. Also unterließ ich diese Aktivitäten fortan und redete mir ein, dass es eigentlich auch für meinen Ruf als Journalistin gefährlich sei, wenn mich einmal jemand in einem Club erkennen sollte, denn mein Gesicht tauchte zu diesem Zeitpunkt bereits ab und zu in den Medien auf.

Doch eine Katze lässt das Mausen nicht. Ich war in meiner Partnerschaft mit Hannes nicht unglücklich, sondern sogar sehr glücklich. Aber meine sexuellen Vorlieben wie Exhibitionismus und Gruppensex blieben vollkommen auf der Strecke. Ich sah nur mehr meinem Lebensgefährten beim Orgasmus zu, fremde Haut ging mir ebenso ab wie das Erforschen und Ausprobieren.

Es dauerte nicht einmal ein Jahr, bis ich das erste Mal fremdging. Es war überhaupt kein Problem, unter meinen verheirateten Kollegen regelmäßig Spielpartner zu finden. Das erste Mal fand nach einem ausgeuferten Presseempfang mit einem Magazin-Kollegen in seinem Auto statt. Der Sex war zwar nicht sonderlich berauschend, doch ich fühlte mich unendlich befreit. Endlich wieder einmal ein anderer Geruch, andere Worte, andere, überraschende Berührungen, andere Geräusche. Mit der Zeit wurde mir die Nähe zu den Kollegen allerdings zu gefährlich, und so nutzte ich ab und zu das Fortgehen mit Freundinnen für kurze Intermezzi.

Ich begann keine Affäre, denn in meiner Beziehung ging es mir ja gut. Auch den Sex mit Hannes fand ich wieder besser, da ich nun weniger von ihm forderte. Irgendwann begannen wir sogar über Sexphantasien und unerfüllte Wünsche zu reden, aber wie die meisten Männer konnte Hannes sich zwar ein Date mit einer zusätzlichen Frau vorstellen, nicht jedoch mit einem zusätzlichen Mann. Niemand anderer sollte mich besteigen dürfen.

»Warum eigentlich nicht?«, wollte ich wissen.

»Der ist ja dann in dir.«

»Aha. Aber du bist ja dann auch in der anderen Frau.«

»Das ist was anderes.«

Er fügte dem keine weitere Erklärung an und zeigte auch keinerlei Bereitschaft, diese altbekannte Irrationalität zu hinterfragen. Es kam auch nicht zu einem Dreier mit zwei Frauen, weil er mir nicht glaubte, dass ich dabei keine Eifersucht verspüren würde. Das lag wohl auch daran, dass ich mich bezüglich meines Sexvorlebens einigermaßen bedeckt gehalten hatte. Hannes ahnte nicht, wie freidenkerisch und gruppensexerfahren ich in

Wirklichkeit war – zum Glück, denn so kam er nicht einmal im Ansatz auf die Idee, dass ich fremdgehen könnte.

Ich kuschelte mich in die Illusion, mit sporadischen Seitensprüngen mein Verlangen nach dem Swingerleben auslöschen und zufrieden in meiner Beziehung alt werden zu können. Nur manchmal blitzte in mir die Sehnsucht auf, vor allem, wenn Alex mir von seinen Abenteuern erzählte. Er hatte inzwischen ebenfalls eine stabile Beziehung, sogar mit zwei Kindern, schaffte es aber irgendwie, kein schlechtes Gewissen zu haben, wenn er heimlich Clubs besuchte. Es war ein eigenartiges Versprechen, das ich Hannes insgeheim gegeben hatte: Ab und zu fremdgehen ist wie ein intensiver geführtes Gespräch, sagte ich mir, das zählt nicht wirklich, aber der puren Lust des Swingens entsage ich. Diese Unterscheidung war natürlich Blödsinn, aber irgendwie musste ich mich ja vor mir selbst rechtfertigen.

Aus heroischem Dem-Swingen-Entsagen wurde irgendwann Ablehnung. »Ich weiß nicht, was du immer noch dran findest«, ätzte ich zu Alex. »Ist doch immer dasselbe.«

»Darum geht es doch. Ich geh ja nicht in den Club, um Kaninchen zu züchten.«

»Ja, aber es ist so geradlinig. Mir taugt es viel mehr, wenn ich wen erobern kann. Der Kick, ob's funktioniert oder nicht ...«

»Ja, eh, ist auch lässig, klar. Aber beim Swingen hat dir doch gerade das immer gefallen: dass nicht lang herumgefackelt wird, sondern alle wissen, was sie wollen. Dass es nach Sex stinkt, wie du gesagt hast.«

»Eben. Es stinkt. Es hat kein Niveau. Wie die Tiere. Ein bissel Geist gehört doch auch zum Sex.«

»Darf ich dich zitieren, meine liebe Andrea? ›Dumme Leute machen schlechten Sex, intelligente Leute guten.‹ Du hast viel guten Sex gehabt, weil viele intelligente Leute mit dir phantasievoll gespielt haben.«

»Das war Glück. Nein, es ist ... ach, vergiss es. Es ist einfach vorbei.«

»Glaub ich dir nicht.«

»Musst du aber. Da regt sich gar nichts mehr, wenn du davon erzählst.« Und dann erzählte ich ihm von der Journalistenreise, bei der ich mit zwei Kollegen gleichzeitig im Bett gelandet war. Er kannte die Geschichte schon, denn dieses letzte Abenteuer war mehr als ein halbes Jahr her. Seitdem übte ich mich wieder einmal in Abstinenz.

»Ja, aber der Stress nachher ...«, warf Alex ein.

»Pech für die Männer. Aber ist eh gut ausgegangen.« Ich feixte. »Ich kann nichts dafür, wenn Männer Sex immer gleich mit Liebe verwechseln.«

»Wenn du wieder mit mir in einen Club gehst, ersparst du dir das.«

»Du willst doch nur weniger Eintritt zahlen«, zog ich ihn auf.

»Wir können auch getrennt hingehen, dann zahlst du gar nichts.«

»Du bist ein wahrer Freund«, beendete ich seinen millionsten Versuch, mich zur Aufgabe meines eisernen Gelübdes zu bewegen.

So vergingen die Jahre. Irgendwann hatten Hannes und ich uns auseinandergelebt und gestanden uns das nach neun Jahren endlich ein. Es war eine schmerzvolle Trennung – es ist nie leicht, den Traum von der lebenslangen Zweisamkeit zu begraben. Es stellte sich außerdem heraus, dass Hannes von manchen meiner Abenteuer wusste, denn er hatte mir am Computer und am Handy nachspioniert, was ich unerträglich fand. Ich käme nie auf die Idee, die Sachen meines Partners zu durchwühlen, jeder hat ein Recht auf Privatsphäre, auch in einer Beziehung. Selbst in der Trennungsphase widerstand ich der Versuchung, in Hannes' Sachen nach Beweisen für meinen Verdacht zu suchen, dass es bereits länger eine andere Frau in seinem Leben gab. Lieber ließ ich mir seine Enttäuschung überstülpen und schimpfte mich selbst eine nymphomanische Schlampe, die die Liebe ihres Lebens vertrieben hatte. Dieses unreflektierte Selbstmitleid war in jener Phase der Trennung tatsächlich notwendig. Brav der Reihe nach durchlitt ich alles, was dazugehört: Fassungslosigkeit, Verzweiflung, Wut, Selbstmitleid, Selbstanklage, wiederum Wut. Die Tränen flossen, ich fühlte mich ausgenützt und im Stich gelassen, entsorgt wie Alteisen. Denn natürlich hatte Hannes sich längst eine jüngere Freundin gesucht – Männer verlassen eine Frau selten ohne das Sicherheitsnetz einer neuen Beziehung.

Nach dem ersten Schock drang jedoch langsam in mein Bewusstsein, dass Hannes und ich in vielen Bereichen nicht zusammengepasst hatten. Genau betrachtet, hätten wir uns schon Jahre früher trennen sollen, aber der Alltag, der gemeinsame Freundeskreis und wechselnde Krisen in Arbeit und Familie hatten solche Gedanken immer wieder verdrängt, ganz abgesehen von der Überzeugung, dass man nicht gleich die Flinte ins Korn werfen sollte, wenn es einmal ein bisschen schlechter läuft als gewohnt. Und so weinte ich jetzt nicht nur wegen der Trennung, sondern auch wegen vielleicht verlorener Jahre. Ich war mittlerweile knapp über vierzig.

Immerhin, nun war ich endlich wieder frei zu tun, was ich wollte. Ich hatte einen guten Job, liebe Freunde und das immense Glück, von einer Kollegin, die nach Hamburg übersiedelte, eine tolle Wohnung im 3. Bezirk nahe dem Prater übernehmen zu können. Was wollte ich also mehr? Okay, das mit der Familiengründung hatte nicht geklappt, umso einfacher hatte ich es jetzt, endlich wieder ausgiebig Spaß zu haben und das Privileg zu genießen, auf niemanden Rücksicht nehmen zu müssen. Endlich keine schiefen Blicke mehr, wenn ich spät nach Hause kam, kein schlechtes Gewissen, wenn ich mich mit jemand anderem der Lust hingab, keine Ausreden, keine Lügen.

Ich versuchte, mein altes Leben wieder aufzunehmen, indem ich in Lokalen auf Aufriss ging. Da saß ich dann – und langweilte mich. Lauter junge Burschen. Männer zwischen Mitte dreißig und fünfzig traf man eher bei gesellschaftlichen Anlässen an oder vielleicht bei einem kurzen Bier nach dem Fitness-studio, aber nicht mehr in der Szene der Nachtschwärmer. An sich hatte ich kein Problem, mit deutlich jüngeren Männern ins Bett zu gehen, und die Burschen warfen oft genug ein Auge auf mich, was mir durchaus schmeichelte, aber ich wusste partout nicht, was ich mit ihnen reden sollte. Wenn sie etwa von ihrem Studium erzählten und dabei herauskam, dass meine Professoren inzwischen emeritiert oder gar schon tot waren, kam ich mir vor wie eine Sugarmama. Noch schlimmer war es, wenn ich den Eindruck hatte, den jungen Mann in meinem Bett aus meinem Proseminar zu kennen; ich hatte nämlich inzwischen einen Lehrauftrag für Publizistik an der Uni Wien.

Das konnte in den Lokalen einfach nichts mehr werden. Und in den Nachtbars, wo ab und zu dann doch erwachsene Männer herumsaßen, fühlte ich mich auch nicht wohl, denn diese neigten zu verlogenem Liebesgesülze, das nur darüber hinwegtäuschen sollte, dass sie bloß meinen Körper wollten. Meine vorsichtigen Hinweise, dass man dies bei mir auch direkt ansprechen könne, wurden stets überhört, weil offensichtlich nicht sein kann, was nicht sein darf. Und allzu deutlich wollte ich nicht werden, weil mich die gerade verflossene Beziehung gelehrt hatte, dass promiskuitive Frauen als nicht liebenswert gelten. Ich wollte mir keine blöden Bemerkungen anhören müssen.

Und generell hatte ich bei Jung und Alt die leichte Panik, die Männer nach dem Geschlechtsakt nicht mehr loszuwerden oder an jemanden zu geraten, der mich schlecht behandelte. Bei einem Aufriss in einem Lokal kauft man immer die Katze im Sack.

Aber wahrscheinlich machten mir die Bar- und Clubgespräche mit den Männern auch deswegen keinen Spaß, weil ich nichts mehr von mir preisgab. Nach der Enttäuschung mit Hannes hüllte ich mich in einen dicken Panzer. Auch das Flirten mit Kollegen langweilte mich inzwischen, wahrscheinlich weil ich keinen Gegenpol zu Hannes mehr benötigte. Sie ihrerseits benahmen sich mir gegenüber außerdem auffallend vorsichtig, seit sie wussten, dass ich wieder solo war und somit eine potentielle Gefahr darstellte: Schließlich konnte es ja sein, dass ich mich in sie verlieben und ihrer Beziehung Stress bereiten würde. Es war mir zu mühsam, derartige Befürchtungen zu zerstreuen.

Ganz ohne Mann konnte es aber auch nicht weitergehen. Die ewige Selbstbefriedigung war nicht das Gelbe vom Ei, da halfen selbst die ausgeklügeltsten Vibratoren nichts – ich lechzte nach kräftigen Stößen und dem Geruch von Sex. Und ich kannte mich gut genug, um zu wissen, dass ein paar gute Orgasmen auch meinem Seelenhaushalt mehr Stabilität schenken würden. Sex ist meine Schokolade.

Und so kehrte der Wunsch nach dem Besuch eines Swingerclubs immer drängender zurück in mein Bewusstsein. Ich teilte es Alex mit, dem treusorgenden Familienvater, der darüber natürlich höchst erfreut war.

»Ich hab Angst«, gestand ich ihm. »Ich weiß nicht, ob mir das noch taugt.«

»Aber sicher. Radfahren verlernt man auch nicht.«

»Das meine ich nicht. Ein bisschen Sex hab ich die letzten Jahre ja gehabt. Ganz aus der Übung bin ich nicht.«

»Was ist es dann?«

»Ich weiß nicht ... Na, vielleicht, weil das lauter Fremde sind. Ich kann momentan nur mit Leuten, die ich kenne.«

Tatsächlich vermied ich zunehmend gesellschaftliche Ereignisse mit Small Talk, weil mich die beiläufigen Berichte von Ehepartnern, Kindern, Schulproblemen und gemeinsamen Urlauben immer knapp an den Tränenausbruch führten. Meine momentane Lebenslage vertrug sich nicht mit der heilen Welt anderer Leute.

»Du brauchst dort ja nicht reden.«

»Weiß ich eh.«

»Also?«

Ich gab mir einen Ruck. »Also ... du musst jedenfalls bei mir bleiben. Und wenn es mir schlechtgeht, bringst du mich dann gleich heim?«

»Selbstverständlich. Mach dir keine Sorgen.« Er umarmte mich fest.

An einem sonnigen Herbsttag, an dem es so weit sein sollte, war ich aufgeregt wie ein Teenager. Zum ersten Mal seit langer Zeit rasierte ich mir wieder den Intimbereich; eigentlich hatte ich meinen krausen Busch ja geliebt, aber aus meiner ersten Swingerphase wusste ich, dass es bei stundenlangem Sex mit vielen verschiedenen Menschen angenehmer ist, keine Schamhaare in den Mund zu bekommen ...

Nach einer ausgiebigen Körperpflege folgte ein langer Blick auf meine Garderobe, bis mir klarwurde, dass ich ja in einen Handtuchclub gehen würde. Ich musste mir also eigentlich nur nette Dessous, Strümpfe und hochhackige Schuhe anziehen, das Darüber war egal. Dennoch wählte ich etwas sehr Weibliches, denn ich hatte davor einen Geschäftstermin, und es machte mich an, zu wissen, dass ein Windstoß meinen Rock heben und meine Strümpfe zum Vorschein bringen könnte. Ich empfand mich endlich wieder als erotisches Wesen.

Natürlich fühlen sich die meisten Frauen keineswegs nur in sexy Kleidung erotisch. Das geht auch in Shorts, Jeans, sogar Wander- oder Radlerhosen. Manchmal aber braucht man dafür einfach ein paar Hilfsmittel wie Make-up und neckische Kleidung. Es schadet nichts, zuweilen optisch die eigenen Vorzüge hervorzuheben und sich ihrer intensiver bewusst zu sein.

Als ich dann am späten Nachmittag die Alser Straße entlangging, spürte ich meine nackte Haut oberhalb der Strümpfe, den engen Reifen des Spitzen-BH. Ich kam in Laune. Die Aufregung war mir wohl ins Gesicht geschrieben, denn mehr als einmal kam bei der anschließenden Podiumsdiskussion mit Buffet in der Nationalbank die Bemerkung, ich sähe phantastisch aus. Eben – Hannes war selber schuld, dass er mich verlassen hatte.

Mit jeder positiven Reaktion stöckelte ich ein bisschen weniger und fing stattdessen an, mich in den Hüften zu wiegen. Ich spürte meinen Unterleib wieder.

Auf ins Vergnügen, war die Devise – bis ich dann mit Alex vorm Club stand, einer seit Jahren etablierten Lokalität im 20. Bezirk, der jenseits des Donaukanals liegt und somit, obwohl unweit der inneren Bezirke, Vorstadtcharakter hat. Im Prinzip wird ja fast jeder Club von der gesamten Swinger-Community besucht, aber mir fiel wieder ein, wie eindeutig der Club eingerichtet war: mit Schenkeln und Penissen als Tischstützen, mit Lichterketten und anderem angeblich frivolen Krimskrams. Das war nicht ganz mein Geschmack. Und die Leute ...?

In den Jahren seit meinem Ausstieg aus der Szene hatte sich einiges geändert. Deutsche Privatsender hatten das Swingen mit primitiven Fernsehbeiträgen ins Bewusstsein der Öffentlichkeit gehoben. Dort sah man ungepflegte, dicke Menschen am Grill stehen, hörte sie geschmacklos vom »Rumvögeln« schwafeln und verfolgte, wie bierbäuchige Männer zwischen zwei Koteletts ihren Frauen zwischen die Beine griffen, während sie den Nachbarn mit »Gib's ihr« bei der Kopulation anfeuerten. Nein danke, ich war noch nie der Schrebergartentyp. Filme wie *Hundstage* von Ulrich Seidl zeigten in den entsprechenden Szenen Menschen, die wie Tiere ihrer Lust nachhechelten. Die Bilder transportieren nicht den Duft von Sex und Erotik, sondern den Gestank von Körperflüssigkeiten. Natürlich wusste ich, dass alles ganz anders sein konnte, aber wo gab es dafür eine Garantie? War Swingen zum primitiven, mit stierem Blick betriebenen Massensport für ungepflegte Leute verkommen, die mit dem Überschreiten der körperlichen Grenzen zugleich auch jede Form von Respekt und Höflichkeit hinter sich ließen? Ungewaschene, tumbe Dickbäuche, die Frauen auch im Alltag als »Schlampen« bezeichneten, und überschminkte, sonnenbettverbrannte Hungerhaken entsprachen nicht meinem Bild von idealen Sexpartnern.

Zumindest hatten wir uns für einen Pärchenabend entschieden, damit ich nicht von überhitzten Solomännern überfordert würde. Alex strich mir über die Wange. »Du musst nichts tun, das weißt du ja.«

»Und wir gehen, wenn ich nicht kann?«

»Natürlich.«

»Ich meine das ernst, Alex. Bitte lass mich da drin nicht allein.« Ich klang wie ein Schulmädchen.

»Natürlich nicht. Der Abend gehört nur dir.«

Also drückten wir die Türklingel, die glücklicherweise nicht mehr wie einst die Form einer Brust hatte, sondern ein normaler Messingknopf war. Ein junger Mann öffnete uns, gekleidet in Jeans und ein enges schwarzes T-Shirt. Diese Normalität beruhigte mich etwas. Es folgte das übliche Anmeldungsprozedere, und ich wurde wieder zu Babsi. Wir betraten den großen Barraum, in dem es vor Menschen wimmelte, und zwar in einem Alter zwischen zwanzig und gut erhaltenen fünfzig. Die Frauen liefen in den unterschiedlichsten Dessous von Palmers-Spitze bis Lackkleid umher, die Männer in enganliegenden Höschen, kein einziger indes in einem dieser schrecklichen Kimonos, die ich von früher kannte, oder nur in einem Handtuch. Sex lag in der Luft. *Ich bin daheim,* war mein erster Gedanke.

Viele der Leute aßen, denn in diesem Club gab es am Pärchenabend ein großartiges Buffet mit Lungenbraten, Spargelspitzen, Rohschinken, gefüllten Eiern und dergleichen mehr sowie einen Schokoladenbrunnen mit Obst. Viele begrüßten einander wie alte Bekannte.

Ich zog mich bis auf die Dessous aus und bediente mich mit Alex am Buffet, auf diese Weise hatten wir etwas zu tun. Da sich hier anscheinend die meisten Menschen kannten und in weiterer Folge enge, kleine Grüppchen bildeten, galt es nun, das Problem zu lösen, wie man trotzdem mit ihnen ins Gespräch kam. Die Umstehenden, die ich zuerst in Augenschein nahm, schienen sich samt und sonders verabredet zu haben. Aber es

musste doch auch Pärchen geben, die auf gut Glück hierherge-
kommen waren, oder ...? Die ersten interessierten Blicke fielen
auf uns, ich nahm Augenkontakt auf und erhielt manches Lächeln.

Alex und ich begutachteten auch das Styling der Personen.
Einige gefielen mir gut, verhielten sich allerdings extrem ar-
rogant und ignorierten jegliche Kontaktaufnahme – was mir
wieder einmal zeigte, dass man niemals in die Äußerlichkeits-
falle tappen darf. Ich versuchte, wie früher an den Augen der
Leute zu erkennen, wie viel Spaß man mit ihnen haben konnte.
Wenn sie Aufmerksamkeit, Neugier, Fröhlichkeit und Respekt
versprühten, waren das verheißungsvolle Zeichen.

So geschah es mit einem leicht rundlichen Pärchen am Nebentisch in unserem Alter. Beide schienen sehr gepflegt, das
türkisfarbene Mieder der Frau war von der teuren, edlen Sorte.
Ich kam mit ihr am Buffet ins Gespräch, und wir hatten sofort
einen Draht zueinander. Wie sich herausstellte, teilten wir alle
vier denselben Humor, und so entspannte ich mich langsam.
Die beiden waren es dann auch, die uns aufforderten, mit ihnen
nach unten auf die große Liegewiese zu gehen und sich in das
vielleicht schon begonnene Spiel einzumischen. Das klang viel-
versprechend.

Als wir in die hinteren Räume gingen, verstärkte sich das
alte, vertraute Gefühl. Erinnerungsfetzen an eine Session im
Fernsehraum und im Spiegelzimmer tauchten auf. Ich wusste plötzlich wieder, dass die Toilette mit einem Schlauch aus-
gestattet war, um sich waschen zu können. Wir gingen in den
Keller. Überall schlichen Menschen herum, und in der kleinen
dunklen Kammer hatten sich schon zwei Pärchen eingesperrt –
leider. Immerhin konnte man ihnen zusehen. Am liebsten hätte
ich sofort mitgemacht.

Auf der großen Wiese, die mindestens zehn Pärchen Platz
bot, war noch nichts los. Unsere Begleiter forderten uns auf,
mit ihnen den Anfang zu machen, aber ich hatte plötzlich das

Gefühl, nicht mehr zu wissen, was ich eigentlich mit ihnen tun sollte. Vielleicht war es eine Art Scham, denn immerhin machte ich ja nach wie vor meine übermäßige Lust für das Scheitern meiner Beziehung verantwortlich und war mit diesem Teil meines Selbst noch nicht im Reinen. Vielleicht war es auch Angst, weil ich von früher wusste, dass ich ausufernd wurde, wenn ich erst einmal begonnen hatte. Und ich war mir auch noch nicht ganz sicher, ob ich dieses Swingerleben wirklich wiederaufnehmen sollte und wollte. Es würde einer etwaigen neuen Beziehung sehr wahrscheinlich im Weg stehen.

Über dieses und Ähnliches sinnierte ich, während ich einer Gruppenfummelei im Fernsehraum zusah und mich Alex zwischen den Schenkeln streichelte, was richtig guttat. Ja, das hier war doch meine Welt, oder? Ich wollte doch gar keine neue Beziehung. Und wenn ich jemals wieder eine wollen sollte, würde ich nie mehr diese Seite von mir verheimlichen, denn das brachte nichts. Ich beschnitt mich damit nur selbst und verletzte zugleich den anderen, wenn ich ihn dann dennoch betrog.

Ich gab mich Alex' Hand hin und ließ es auch zu, dass mich ein weiterer Mann streichelte. Kurz darauf kam ich. Und weinte – vor Glück.

Jetzt wollte ich es wissen. Wir gingen wieder ins Untergeschoss. Inzwischen herrschte auf der großen Wiese Remmidemmi. Ein Mann, eingekeilt zwischen einer Frau und zwei Männern, sah mich und winkte mich zu sich. Ich zog mir das Höschen aus – und die restliche Nacht nicht mehr an.

Als ich Stunden später daheim in meinem Bett lag, spürte ich, dass ich auf dem Weg zurück zu mir selbst war. Meine Überlegung verfestigte sich zur Gewissheit: Nie wieder würde ich diese meine Leidenschaft verleugnen. Und die Angelegenheit mit der Beziehung war ohnehin kein aktuelles Thema. Mit gut vierzig ist man ein Mensch mit Ecken und Kanten. Ich wusste, was ich wollte und nicht wollte, und meine Kriterien waren, wie bei jedem in diesem Alter, anspruchsvoll. Es war höchst unwahrscheinlich, dass ich einen Mann finden würde, mit dem ich meine vielfältigen Hobbys und Interessen teilen konnte und der noch dazu ein eifersuchtsfreier Swinger war wie ich.

Ich stellte mich auf eine lange Singlezeit ein – und das stimmte mich sogar freudig. Denn von Problemen hatte ich definitiv genug. Ich würde Tante bei Alex' Kindern spielen, damit hätte ich ein bisschen »Familienleben«, und ansonsten meine Freiheit genießen. Noch immer konnte ich mir nicht vorstellen, jemals geborgen und frei zugleich sein zu können. Aber ich hatte noch nicht ausgelernt.

Ein perfekter Clubabend

Massenfummelei

Bereits vor zwei Stunden habe ich die Lampen im Gang zwischen den Zimmern ausgeschaltet. Nur mehr das gedimmte Licht aus den Zimmern dringt heraus. Es ist also schummrig, fast nacht-schwarz, und somit herrscht das ideale Ambiente, um einander zwanglos näherzukommen. Es tummeln sich etwa sechs Pärchen und noch einmal so viele Solomänner im Gang. Da wir dort kei-ne Lautsprecherboxen installiert haben, dringt nur vom Barraum Musik herüber. Dadurch ist es beinahe gespenstisch ruhig. Man hört hauptsächlich das Rascheln von Kleidung, wenn sie an den Wänden und an anderen Kleidungsstücken reibt, sowie leichtes Stöhnen und Schmatzen.

Weiter hinten kann ich die Silhouette einer Frau ausmachen, die vor einem Mann in die Hocke gegangen ist und seinen Schwanz lutscht. Dicht daneben presst sich ein anderes Pärchen an die Wand und fummelt aneinander herum. Der Mann versucht im-mer wieder, die Schulter der hockenden Frau zu betatschen. Sein Gegenpart ist bei seiner Partnerin, die neben ihm steht, erfolg-reicher. Er hat ihr mit der Linken den Rock hochgeschoben und massiert gerade ihre Arschfalte – nehme ich jedenfalls an, denn was soll seine Hand sonst an ihrem Hintern machen? An diese Frau pirscht sich nun auch ein Solomann heran. Er greift an ihre Brust, sie reckt sich ihm entgegen, gibt ihm also die Erlaubnis weiterzumachen. Am Ende des Ganges steht ein Viererteam, die sich in einer einzigen Umarmung verknotet haben. Ein weiteres Pärchen pirscht sich an sie heran und verharrt so, dass es so-wohl die Vierergruppe als auch Elena beobachten kann, die noch immer mit ihren Jungmännern im vorletzten Raum zugange ist.

233

Inzwischen gesellt sich ein weiterer Solomann zu der blasenden und der danebenstehenden Frau. Der Partner der Stehenden überlässt ihm seinen Platz und hockt sich hinter die andere Frau, um ihre Brüste von hinten zu massieren. Sie greift blind nach seinem Schwanz, den er bereits aus der Hose geholt hat, und massiert ihn. Unterdessen hat sich der Solomann vor die stehende Frau gekniet und leckt sie. Der Busenmasseur nuckelt inzwischen an den Spitzen ihrer Brüste, die er aus dem Schalen-BH geschält hat.

Das sich anpirschende Pärchen hat sich inzwischen von Elenas Anblick losgerissen und die Vierergruppe erreicht. Die Neuankömmlinge reiben sich an den Rücken der anderen. Die beiden sind spät dran, denn drei der Gruppe sind bereits schwer damit beschäftigt, eine der Frauen zum Höhepunkt zu streicheln. Sie ist klitschnass, das Schmatzen ihrer Vagina kann ich bis zu mir hören.

Das Gestöhne wird lauter, die einzelnen Stimmen haben sich zu einem Klangteppich verwoben, es riecht nach Schweiß und bereits leicht nach Sperma, obwohl noch keiner der Männer gekommen ist. Außerdem ist es plötzlich wahnsinnig heiß, obwohl die Klimaanlage auf kühle 22 Grad eingestellt ist.

Ein weiteres Pärchen mischt sich dazu. Ich kenne sie, Gisbert und Magda. Sie reden nie mit jemandem, sie interagieren auch mit niemandem, sondern schauen nur und lassen sich zuschauen. In der Regel holen sie sich Appetit, und dann vögelt er sie in einer ruhigen Ecke, damit sie ja nicht in Verlegenheit kommen, jemanden abweisen zu müssen; anscheinend wollen sie keinen Partnertausch. Sie beugt sich dann meist vornüber, und er fickt sie von hinten – im Stehen am Gang oder im Knien auf einer Matratze, je nach Situation. Das macht er dann wie ein Roboter: rein – raus – rein – raus … Stundenlang, wenn rund um sie Action herrscht. Und dabei sieht er sich ständig um. Anfangs hielt ich ihn für einen eitlen Gockel, der bewundert werden möchte, weil er so ausdauernd ist. Doch mit der Zeit und nach Gesprächen mit meinem Lebensgefährten und den Bardamen sind wir zu dem Schluss gekommen, dass er sich wohl als Pornodarsteller sieht, und zwar in seinem eigenen Film. Einfach Teil dieser Massensauerei zu sein reicht den beiden schon. Sie sind, indem sie daneben mitmachen, genauso hemmungslos wie die anderen und Teil des riesigen Pornos, der gerade stattfindet.

Und dieser läuft eben richtig an. Die stehende Frau hat sich umgedreht und lässt sich gerade mit an die Wand gestützten Händen von hinten ficken. Die Solomänner haben sie eingekreist, und alle wichsen sie, weil sie wissen, dass sie noch drankommen, und nicht wollen, dass ihr gutes Stück schlappmacht. Außerdem achten sie darauf, dass immer zwei ihre Brüste, ihren Hals und ihren Rücken streicheln – die Frau muss schließlich bei Laune gehalten werden. Einer quetscht sich jetzt unter sie und leckt ihre Klit, während sie gestoßen wird. Sie versperren komplett den Gang. Eigentlich sollten sie in ein Zimmer gehen.

Der Begleiter der Frau, die sich von hinten vögeln lässt, steht nun neben dem Geblasenen an der Wand. Die kniende Frau lutscht sie abwechselnd.

Die Sechsergruppe am Ende des Ganges ist in der Zwischenzeit um zwei weitere Personen angewachsen, was nun zu einer Spaltung führt. Zwei Pärchen gehen ins Spiegelzimmer, darunter ein Schwarzer. Sie lassen die Kordel offen, aber es wird sich höchstens noch eine Person zu ihnen gesellen, denn das Spiegelzimmer ist sehr klein, man gerät darin schnell außer Atem. Schlagartig werde ich sentimental, denn in genau so einem Zimmer, in dem an den Wänden und an der Decke Spiegel montiert waren, habe ich das erste Mal mit einem Schwarzen gevögelt. Abgesehen von der dem Klischee durchaus entsprechenden Schwanzgröße ist mir vor allem der Anblick unserer verknoteten Körper nach dem Geschlechtsakt in Erinnerung geblieben, allesamt entspannt und mit zärtlich verhakten Fingern. Wir waren zu fünft gewesen, vier Hellhäutige mit weißer bis olivbrauner Tönung und eben er. Ich sah an die Spiegeldecke

235

und zugleich in den Himmel: Völker aller Nationen, vereinigt euch …

Die anderen vier ziehen sich in einen Raum zurück, der durch eine Greifwand vom Gang getrennt ist – also durch eine Wand, in der sich auf verschiedener Höhe Löcher befinden. Sie sind gut, um Voyeurismus und Exhibitionismus auszuleben (das Schauen durch eine Luke hat den Reiz des Heimlichen, anders als das durch ein Panoramafenster), aber auch für das anonyme Berühren von Geschlechtsteilen. Einer der Solomänner im Gang bemerkt das und stellt sich an die Wand. Ein paar Minuten noch wartet er, bis es sich die beiden Pärchen drinnen gemütlich gemacht haben und in Aktion sind, dann wird er seinen Schwanz durch eines der Löcher stecken und wahrscheinlich geblasen werden.

Für die an der Wand Stehende reichen die verbliebenen zwei Solomänner allemal, noch dazu, wo sich jetzt ein weiteres Pärchen in den Gang gesellt hat. Es stellt sich sofort neben die Frau, die jedoch vor allem an ihrer Geschlechtsgenossin Gefallen findet. Sie richtet sich auf und nuckelt an deren Brüsten, zugleich hebt sie ein Bein, um sich weiter vögeln zu lassen. Das animiert den Partner der Neuen, diese ebenfalls zu beglücken. Der nun vernachlässigte Solomann stellt sich neben die Neue, die sofort seinen Schwanz massiert – eine sogenannte »Bihänderin«, denn gleichzeitig reibt sie die Muschi der Frau.

Aus dem Fernsehraum dringt ein Lustschrei. Ist Nina gekommen? Oder ihre Freundin Laura? Die Stimme ebbt ab und schwillt erneut an – klingt nach einem Dauerorgasmus. Als wäre das das Startsignal gewesen, schreit jetzt auch eine der Frauen im Spiegelzimmer, zugleich werden die anderen Stöhngeräusche lauter und heftiger. Das lockt weitere Personen aus dem Barraum heran: Andrea und Stefan mit ihren burgenländischen Freunden Karin und Chris sowie Thomas. Andrea, Karin und Chris sehen sich lächelnd um, schieben sich an mir vorbei und genießen den Anblick. Stefan und Thomas holen unterdessen Handtücher aus dem Schrank und belegen damit die große Spielwiese, die erstaunlicherweise noch frei ist. Sie sind gerade fertig, als die anderen drei wieder zu ihnen stoßen, sich rasch ihrer Kleidung entledigen, sie achtlos am Eingang zum Zimmer fallen lassen und sich auf die Matratze fläzen. Sofort ist Thomas mit seinem Kopf zwischen Karins Beinen; Andrea widmet sich ihren Brüsten, Chris macht sich an ihrer Muschi zu schaffen, und Stefan kniet sich über Karin, die sofort seinen Schwanz lutscht.

Jemand umarmt mich von hinten. Ich erkenne am Nagellack, dass es Sylvia ist. Sie und Martin sind offensichtlich ebenfalls neugierig geworden. Die beiden lächeln mir zu, und Martin schiebt Sylvia an den Hüften durch den Gang, wobei er sie sanft in den Nacken beißt. Die anwesenden Männer begutachten Sylvia sofort. Ihr auf Größe D aufgeblasener Busen, der aus der engen Korsage quillt, und die schmalen Hüften im Ledermini wirken aufreizend. Geschickt weicht sie den tastenden Händen aus. Gemeinsam mit Martin lehnt sie sich an ein noch freies Stück Wand. Die beiden streicheln einander, während sie die Gruppe mit den beiden Frauen, die im Stehen gevögelt werden, beobachten.

Da fällt mir ein: Wo sind eigentlich Lilli und Jo, das Widerstandspärchen? Die sind doch vor geraumer Zeit sehr erhitzt nach hinten verschwunden? Ich luge durchs Fenster in den noch einzigen freien Raum und sehe nichts. Doch die Tür ist verschlossen. Ich recke mich, presse mich ans Fensterglas und erahne eine Fußspitze. Wenn ich sie nicht draußen übersehen habe, müssen sie das sein. Sie haben sich also aneinander abreagiert. Ob sie noch am großen Spiel teilnehmen werden?

Noch ein Solomann sowie die Neulinge Caroline und Patrick kommen in den Gang. Jetzt wird es hier langsam wirklich eng. Der Solomann klebt mit seinem Blick an Carolines Hintern, der in dem schwingenden kniekurzen Rock wirklich entzückend aussieht. Das Pärchen bleibt am Beginn des Ganges stehen, Caroline eng an Patrick gelehnt und von seinen Armen umschlungen. Ihre Blicke wandern ruhelos von den Szenen im

Gang zu jenen im Fernsehraum und auf der großen Spielwiese, die man aufgrund von glaslosen Fenstern gut beobachten kann. Dabei leuchten ihre Gesichter, als sähen sie Sternschnuppen und ein Feuerwerk zugleich. Carolines Hand löst sich aus der Umklammerung und wandert zur Beule in Patricks Hose. Seine Hände schlüpfen unter ihre halbdurchsichtige Bluse und holen die Nippel aus dem Spitzen-BH. Caroline lehnt ihren Kopf an seine Schulter und schließt die Augen. Ich habe das Gefühl, ihr Phantasieporno nimmt gerade reale Gestalt an; es fehlt nur noch – der Solomann, der wie auf Befehl gerade jetzt mit dem Handrücken über Carolines nun freie rechte Brust streift, denn Patricks Hand ist zu ihrer Muschi gewandert.

Caroline öffnet sofort die Augen. Sie hat wohl mitbekommen, dass die Hände zu viele sind, um allein zu Patrick zu gehören. Mit verschwommenem Blick entdeckt sie Solomann Mike. Ihre Brust hebt und senkt sich schneller, ein Lächeln stiehlt sich von ihr zu Mike. Plötzlich wird sie ernst. Sie beugt sich zu Patrick und flüstert ihm etwas ins Ohr. Der entdeckt nun seinerseits den neuen Mitspieler. Er flüstert Caroline etwas zu, sie antwortet ihm vehement, er sagt ihr noch etwas, sie schüttelt den Kopf und lächelt Patrick an. Daraufhin nickt er. Caroline schaut wieder zu Mike und lächelt ihm aufmunternd zu. Ihr Partner bestätigt die Entscheidung, dass der Fremde mitspielen darf, mit einem knappen Nicken.

Ich bin erstaunt, dass die beiden sich gleich heute so weit vorwagen. Genau genommen bin ich erstaunt, dass Patrick es zulässt, denn Caroline ist ja schon seit der Führung durch den Club auf dem Trip. Patrick widmet sich nun mit noch mehr Inbrunst Carolines Muschi, während Mike dazu übergeht, an ihren Brüsten zu nuckeln.

In diesem Augenblick öffnet sich die Tür des verschließbaren Raums, und es kommen tatsächlich Lilli und Jo heraus. Sie halten mitten in der Bewegung inne und schauen sich mit offenen Mündern um. Ist es Schock, oder sind sie einfach nur gebannt von der Szene, die sich ihnen bietet? Es ist wohl Zweiteres, denn Jo zieht Lilli an sich und gibt ihr einen Kuss auf den Hals, doch er zeigt keinerlei Ansatz zur Flucht. Sein fragender Blick erwischt mich. *Ja, mein Lieber, jetzt kannst du dich inspirieren lassen,* signalisiere ich ihm. Doch da wird er von etwas hinter mir abgelenkt.

Lolo torkelt in enger Umarmung mit Kathrin zu uns. Ich habe weder mitbekommen, dass Lolo wieder im Barraum war, noch, dass Kathrin in den Club gekommen ist – heute im perfekten Dominastil, der ihrer jüngst entdeckten Neigung entspricht, die sie in der einschlägigen Szene, aber manchmal auch bei uns im *Schloss* auslebt. Sie nickt mir grinsend zu und sieht sich um. Da kommt auch schon der blondgelockte Florian um die Ecke. Kathrin gibt ihm einen Klaps auf den Hintern und scheucht ihn durch die Menge zum Andreaskreuz. Jedes Mal, wenn er stehen bleibt und eine Frau betatschen oder auch nur näher begutachten will, gibt's einen neuerlichen Rüffel in Form eines sanften Schlags. Lolo zaubert indessen eine türkisblaue Augenbinde hervor und streicht damit über sein rotes Kleid. Die kräftigen Farben leuchten im Dämmerlicht. Die beiden Frauen fesseln Florian mit den Händen ans Kreuz und verbinden ihm die Augen. Spielerisch zieht ihm Lolo die Hosen hinunter. Ein paar der anderen Gäste schauen ihnen zu, halb bei ihrer eigenen Action, halb neugierig auf das, was nun kommt. Und Lilli und Jo, die bislang stets Distanz gewahrt haben, stehen bereits in der ersten Reihe.

Da zaubert Kathrin aus ihrem langen schwarzen Chiffonmantel eine Gerte hervor und streicht damit über Florians Hoden. Ein wadenlanges Lackkleid und elegante Lackpumps komplettieren ihr Outfit. Lady in Red, Black Domina und blonder Jüngling – das perfekte Bild könnte einen vermuten lassen, die drei hätten sich abgesprochen. Doch das ist äußerst unwahrscheinlich, denn Florian hat bislang noch nie masochistische Neigungen gezeigt, und auch die beiden Damen waren bislang nicht gemeinsam im

Einsatz. Es wird vielmehr Kathrins Styling gewesen sein, das die beiden anderen zu dem nun folgenden Spiel animiert hat. Ich kenne es bereits – und ziehe mich in den Barraum zurück.

Aus dem Leben einer Swingerin
Die Erfüllung

Nach meinem ersten Clubbesuch in der neuen Phase traf ich Lisa, eine gute Bekannte. Sie war, wie viele andere, überrascht, dass ich nach der Trennung so strahlend aussah.

»Hast einen Lover?«, fragte sie.

Ich schüttelte den Kopf und grinste zurück.

»Geh, kannst es mir doch sagen. Ist eh okay.«

Okay? Ich war erheitert. Anscheinend besteht die allgemeine Meinung, man müsse nach einer Trennung eine demonstrative Trauerphase einhalten wie nach einem Todesfall.

»Da ist niemand. Ich hab nur geilen Sex.« Ich hatte es ausgesprochen, bevor ich darüber nachgedacht hatte.

Sie spannte sich an und blickte nicht pikiert, sondern neugierig. »Aha?«

»Ja.« Jetzt war es so weit. Stand ich zu dem Versprechen, das ich mir selbst gegeben hatte, nie wieder meine Veranlagung zu verleugnen? Lisa war sehr alternativ und freigeistig, ich wusste über mehr als eine ihrer Affären Bescheid. Selbst wenn sie mein Hobby nicht für gut befand, würde sie das Geheimnis vermutlich nicht weitertratschen.

Ich sah sie geradeheraus an. »Ich geh wieder in Swingerclubs.«

Sie grinste. »Hab ich's mir doch gedacht.«

»Warum?« Jetzt war ich ehrlich erstaunt. Ich hatte immer gedacht, mein Sexualleben gut vertuscht zu haben.

Sie zuckte mit den Schultern. »Na, wenn wir über Sex geredet haben und über deine Einstellungen zu Eifersucht und als du gesagt hast, ich solle das damals mit meinem Lover als Turnübung betrachten ... da hab ich immer das Gefühl gehabt, dass du weißt, wovon du redest. Und wie du dich damals über den Film vom Seidl aufgeregt hast. Du hast zwar einfach nur gemeint, es sei grundsätzlich schlecht, Figuren so eindimensional zu zeigen. Aber irgendwie hat man gespürt, du kennst dich damit aus.«

Sofort scannte ich meine Erinnerung nach vergleichbar verräterischen Gesprächen mit anderen Personen – und verdammte mich im nächsten Moment dafür. Die Heimlichtuerei war doch zu Ende! Ich wollte den Menschen, die ich mochte, nichts mehr vormachen.

Aber was, wenn es auch meine Eltern mitbekommen hatten? Nun ja, dann war es auch egal. Ich war verdammt noch einmal erwachsen, ich musste mich vor ihnen nicht mehr rechtfertigen. Ich liebte sie und wollte sie gar nicht belügen – jedenfalls im Prinzip ...

Und Lisa war nun ein ideales Übungsobjekt. »Interessant, was dir alles aufgefallen ist. Ja, ich war da früher, und jetzt geh ich wieder hin.«

»Und wie ist das so?«

»Total lässig. Wieso? Willst du auch?«

»Ich hab mir das schon einmal überlegt. Mein Goldschatz daheim hat mich seit über einem halben Jahr nicht mehr angegriffen. Midlife-Crisis. Oder vorsenile Impotenz. Oder einfach nur Desinteresse. Was weiß ich. Ich halt es jedenfalls nicht mehr aus, so ganz ohne Sex.«

Ich lachte, kannte ich das Gefühl doch allzu gut. In aller Kürze erzählte ich Lisa von den Clubs und ihren Regeln. Der wichtigste Punkt für sie war die Frage, ob eine Frau dort auch wirklich das Sagen hat. Hier war sie wieder, die klassische weibliche Angst, etwas tun zu müssen, was man nicht will, nur um geliebt oder gemocht zu werden. Wie viele Frauen schlafen mit ihren Männern, bloß damit der Mann sie wieder anstrahlt und der Haussegen wiederhergestellt ist, während sie sich insgeheim nach Verwöhntwerden sehnen und nicht nach ständigem Verwöhnen. Wie viele stimmen Analsex zu, nur weil der Mann es will, der zugleich aber nicht fähig oder willens ist, die Frau für diese Spielart richtig zu stimulieren? Wie viele Frauen ertragen irgendwelche Pseudo-SM-Handlungen, weil der Mann sich dann wie ein Mann fühlt, obwohl sie eigentlich selbst die geborenen Dominas wären? Wie viele seufzen im abgedunkelten Zimmer vor sich hin, obwohl sie sich auf einem Badestrand die Seele aus dem Leib brüllen wollen? Wie viele machen den mädchenhaften Augenaufschlag, nur weil sexuell aktive Frauen noch immer als Bedrohung gesehen werden? Zugleich sehnen sich viele Männer nach einer wilden, tabulosen Frau – es sollte aber eben nie die eigene sein! Es gibt nur Heilige oder Huren. Beides geht für die meisten Männer nicht – nach wie vor.

»Du *musst* beim Swingen gar nichts«, versicherte ich ihr. »Die Frau ist die Königin im Club. Du kannst bestimmen, was läuft, und du kannst abbrechen, wann immer du willst.«

»Und die Männer? Ich mein – schauen die halbwegs aus?«

»Unterschiedlich.«

»Wenn mir einer nicht gefällt, könnte ich nicht.«

»O doch, nämlich dann, wenn er dich angreift und du eine Gänsehaut bekommst.« Ich dachte kurz an meinen Exlover Gerald und unsere erste Nummer am Donauufer.

Sie atmete tief durch. »Na, schauen wir einmal.«

»Sagst es halt, wenn du einmal mitwillst. Dann gehen wir zusammen. Es ist immer besser, wenn jemand dabei ist, der sich auskennt. Ich kann dir dort alles erklären.«

Lisa beugte sich zu mir und legte die Hand auf meinen Arm. »Und übrigens ... du brauchst dir keine Sorgen zu machen. Ich erzähl es eh niemandem.«

Jetzt hing alles von meiner Antwort ab. Wenn ich einfach nur »Danke« sagte, geriet ich wieder in altes Fahrwasser. Ganz egal war mir jedoch auch nicht, wer von meinen Neigungen erfuhr. Gerade in meinem beruflichen Umfeld musste ich trotz aller Selbstbestimmung Vorsicht walten lassen.

Ja, wäre ich eine Schauspielerin oder irgendeine andere Künstlerin ... Ich aber führe mit Politikern harte Gespräche und analysiere die Wirtschaftslage für eine sehr bekannte Zeitung, und eh ich mich's versehe, schaufle ich mir mit meinem Swingerbekenntnis mein eigenes Grab. Meine Zunft ist zu konservativ, als dass gerade ich in dieser Sache als Galionsfigur vorpreschen wollte.

»Wäre mir lieber, du würdest das nicht zu sehr rumerzählen«, sagte ich daher. »Ich will es prinzipiell nicht mehr verheimlichen, aber ich möchte selbst entscheiden, wem ich es sage.«

Diese Klarheit fühlte sich gut an. Und solchermaßen gerüstet, beschloss ich ein paar Tage später, den letzten Rest an Abhängigkeit abzustreifen. Denn mir war bewusst geworden, dass ich noch nie ohne Alex in einen Club gegangen war. Doch schließlich hatte ich anderen gegenüber oft genug betont, dass Frauen in Clubs nichts zu fürchten hätten. Nun war es an der Zeit, endlich den Worten Taten folgen zu lassen ...

Nach einem netten Abend mit Freundinnen in diversen Innenstadtlokalen war es so weit: Auf dem Heimweg kam ich zufällig an einer der beiden Wiener Swingerbars vorbei. Die Orgasmen vom letzten Clubbesuch schwangen noch in mir nach und verlangten nach Auffrischung. Eine Swingerbar – das war genau das Richtige für den ersten Solobesuch. Meine Alltagskleidung, ein Rock nebst engem T-Shirt, würde einen gewissen Schutzschild bilden. Ich konnte mich an die Bar stellen, ein Glas Wein trinken und sofort wieder verschwinden, wenn es mich ankotzte. Und ich musste nicht einmal dafür zahlen, denn Solofrauen haben in allen Clubs Gratiseintritt.

Ich betrat das Lokal – und prallte beinahe zurück, nicht nur wegen der Rauch- und Geruchswolke, sondern weil sich die Menschen bis in den Eingangsbereich tummelten, so voll war es. Es handle sich um einen Themenabend mit gemischtem Publikum, klärte mich die Kellnerin auf. Nur ein einziger Sitzplatz war noch frei, direkt an der Bar. Ich setzte mich und sah mich um. Aufgrund der fortgeschrittenen Stunde wurde bereits auf den Bänken im Barbereich heftig gefummelt und geschmust. Es war animierend, aber ich wusste nicht, wie ich mich einbringen sollte. Zu zweit kommt man halt doch leichter ins Gespräch mit anderen.

Aber ich musste mir keine allzu großen Sorgen machen, denn auf meinem nachfolgenden Rundgang durch die hinteren Räumlichkeiten entging nicht einem einzigen Mann meine Ankunft – sei es, weil ich so keck strahlte, sei es, weil Solofrauen grundsätzlich begehrt sind. Ich gab mich ein paar Grapschereien hin und zog mich dann an die Bar zurück.

Und da sahen wir einander in die Augen.

Ich fühlte mich zu Stefan sofort hingezogen. Man kann unsere Begegnung natürlich im Nachhinein wunderbar als Liebe auf den ersten Blick romantisieren – was ja auch der Fall war –, doch das Erste, was ich spürte, war ein vorbehaltloses Vertrauen. Und natürlich fanden wir einander äußerst attraktiv. Nach nur wenigen Worten verschwanden wir in den hinteren Räumen, und danach redeten wir die ganze Nacht durch. Zwischendurch vergnügten wir uns immer wieder einmal mit anderen – aber stets gemeinsam. Von diesen sexuellen Begegnungen sind mir nur bunte Schlieren in Erinnerung, von den Gesprächen mit Stefan hingegen viele Sätze und Blicke. Wir entdeckten schon in dieser Nacht jede Menge gemeinsame Interessen und Hobbys, die uns einander näherbrachten.

Es brauchte nicht lange, und wir waren ein Paar. Nun kann und darf eine Beziehung natürlich nicht nur auf gemeinsamen sexuellen Interessen aufbauen, und wir hatten ja zum Glück auch viele sonstige Gemeinsamkeiten. Aber zu wissen, dass man dem anderen so etwas Elementares wie das Swingen nicht verheimlichen muss, hilft schon ungemein, sonst sind Probleme vorprogrammiert. Ich kenne das von leidenschaftlichen SM-Freunden: Der Mann einer Bekannten zum Beispiel hat ihr bis weit nach der Hochzeit verschwiegen, dass er die wahre

Erfüllung nur findet, wenn er von einer strengen Herrin niedergerungen wird. Er schämte sich für diese Veranlagung und sprach deswegen nicht darüber, konnte aber ohne ihre Befriedigung nicht glücklich sein. Das ging so weit, dass er auf die übliche Weise mit seiner Frau kaum mehr sexuell verkehren konnte. Sie versuchte ein paarmal, seinen Phantasien zu entsprechen, kam sich dabei jedoch vor wie eine schlechte Schauspielerin – das Ganze löste bei ihr nicht Lust, sondern Lachen aus.

Das Ende vom Lied: Das Sexualleben der beiden tröpfelt bis heute dahin, insgeheim denken sie übers Fremdgehen nach, zugleich ist freilich jeder der beiden sehr eifersüchtig.

Wenn die Partner einen so essentiellen Teil des Lebens nicht teilen, treibt sie das in den allermeisten Fällen auseinander. Der Kitt der Partnerschaft besteht dann oft nur noch in den Kindern, den Raten fürs Haus oder der puren Angst vorm Alleinsein und einem Neustart.

Bei Stefan und mir hingegen war von Beginn an alles klar, nachdem wir uns ja unter eindeutigen Umständen kennengelernt hatten. Und trotzdem war es nicht selbstverständlich, dass es gut mit uns weiterging – dass wir tatsächlich beide und miteinander unseren Gelüsten frönen konnten. Wir kennen mehr als ein Paar, das sich zwar in einem Club kennengelernt hat, bei dem aber dann einer der beiden aus der Swingerei aussteigen wollte. Hemmungsloser Sex ist so lange gut, wie man solo ist, aber in einer Beziehung bevorzugen viele die traute Zweisamkeit. Müßig hinzuzufügen, dass sich diese Paare entweder wieder getrennt haben oder einer von ihnen das Swingen geheim weiterbetrieben hat – egal, ob es sich um den Mann oder die Frau handelte.

Letztlich zeigt sich an der Swingerproblematik nur etwas Altbekanntes: dass nämlich absolutes Vertrauen und größtmögliche Ehrlichkeit und Offenheit für eine gute Beziehung unabdingbar sind. Man muss die Sicherheit spüren, dass man für den anderen die Nummer eins ist, dass einem der andere nur Gutes will.

Klar, Stefan und ich hatten unsere Scharmützel, aber gerade durch die haben wir immer exakter festlegen können, was sein muss und was nicht sein darf, damit wir uns beide wohl fühlen – es handelt sich dabei um die im Prinzip selben Regeln, die ich auch schon mit Alex erarbeitet hatte: Respekt, Umsicht, Achtsamkeit, Loyalität. Im Ergebnis sind wir heute ein Paar, das sich sexuell tabu- und hemmungslos im Spiel mit anderen hingeben kann.

Eines haben wir allerdings auch entdeckt: Das Swingen darf nicht überhandnehmen – in unserem Fall haben wir uns auf nicht mehr als ein- bis zweimal pro Monat geeinigt. Und das hat nichts mit Eifersucht oder Beeinträchtigung der Arbeit oder dergleichen zu tun, sondern mit Energie – genau genommen der zwischenmenschlichen Energie. Denn jede Begegnung mit einem unbekannten Menschen, egal in welchem Kontext, bedeutet auch Stress. Schließlich weiß ich nicht, wie er tickt, was er von mir will, wie er mich sieht. Auch erfordern Gespräche mit Unbekannten viel Konzentration, denn das sind alles neue Daten, die erst einmal eingeordnet werden müssen, ebenso wie wir in einer Gruppe erst die Hackordnung analysieren und uns selbst einordnen. Es gibt Menschen, die gehen mit so etwas routiniert um; andere indes versuchen, sich einem solchen Stress möglichst gar nicht auszusetzen.

Beim Sex kommt hinzu, dass man ein Gespür dafür entwickeln muss, was der andere will. Ich sage bewusst *Gespür*, denn in leidenschaftlichen Momenten ist es unsexy, alles zu zerreden. Außerdem gibt man bei freiem Sex viel von sich preis und muss selbst fremden Menschen vertrauen können. Manchmal gilt es auch achtsam zu sein gegenüber Männern, die sich nicht benehmen können, aber auch auf Menschen Rücksicht zu nehmen, die nicht viel Erfahrung haben und unsicher sind in dem, was sie zulassen wollen und was nicht.

In diesen Situationen fließt zwischen den Menschen also viel Unausgesprochenes hin und her. Das strengt an, kostet Energie. Und wenn man auch höchst befriedigt aus diesen Swingerbegegnungen hervorgeht, so ist es doch sinnvoll, danach wieder zu sich zu kommen und sich dem eigenen Partner zuzuwenden.

Wenn einem all das irgendwann klargeworden ist, dann kann man das Swingen so richtig genießen, schöne und lustige Situationen erleben und sogar Freunde finden. Wie Stefan und ich es getan haben.

Ein perfekter Clubabend

Streit und Irritationen

Der Tisch, den das Quartett freigegeben hat, ist erstaunlicherweise noch immer leer, keiner der Thekenlehner hat ihn in Beschlag genommen. Ich setze mich auf die Bank am Tisch, streife die Pumps von den Füßen und lagere die Beine hoch. Es ist inzwischen zwei Uhr nachts, und das kann und will ich mir jetzt leisten, denn dafür, dass immer noch rund fünfzig Gäste im Club sind, ist es hier im Barraum erholsam ruhig.

Claudia bringt mir unaufgefordert ein Mineralwasser, das ich beinahe in einem Zug leere. Ja, es ist heiß, nicht nur im erotischen Sinn. Sie setzt sich mit einer Zigarette zu mir. »Geht ab hinten, gell?«

Ich bestätige die Frage mit einem Nicken.

Ein paar Gäste befinden sich immer noch im Barraum, es herrscht eine entspannte Atmosphäre. Lisbeth am großen Tisch dürfte gerade besonders entspannt sein, denn sie liegt mit gespreizten Schenkeln auf der Bank und hat die Augen geschlossen. Ein seliges Lächeln umspielt ihren Mund. Ihre Beine lagern auf dem Schoß von Fred, dem begabten Solomann, der ihre Füße streichelt. Goatee, der andere Solomann von äußerst schlanker Statur, ist in ein Gespräch mit Harald vertieft, der ihm mit der Gestik eines Grandseigneurs etwas erklärt. Agnes und Jan plaudern mit Richard, dem Beobachter, während sie nebeneinander an der Bank lehnen und immer wieder die Blicke durchs Lokal schweifen lassen. Agnes' weinrotes Lackkleid ist wieder geschlossen. Nichts verrät, ob sie zu ihrer Befriedigung gekommen ist. Doch vielleicht ist das für sie gar nicht das entscheidende Kriterium für einen schönen Abend.

Claudia seufzt. »Jimmy hat angerufen und gefragt, ob was los ist.«

»Und?«

»Er kommt so in einer Stunde vorbei.«

»Gerade richtig für die nächste Runde.«

Claudia zieht nur eine Augenbraue hoch. Sie kann Jimmy nicht leiden, obwohl er ihr immer massenhaft Trinkgeld gibt. Denn Claudia hat prinzipiell eine Aversion gegen Machos, und zu denen zählt Jimmy nun einmal, daran gibt es nichts zu deuten. Außerdem versucht er jedes Mal, ihr an den Busen zu grapschen, obwohl sie ihm immer auf die Finger schlägt.

Jimmy ist groß, hinlänglich attraktiv (eher der kantige Typ), durchtrainiert und mit einem auffallend lässigen Gang gesegnet, als habe er diesen in einer Modelschule trainiert. Bei jedem Schritt lässt er seinen kleinen Hintern in den engen Jeans wie einen Apfel vor einem hertanzen – das ist diese Art von Gang, der das Gemächt zwar ständig präsentiert, aber nicht aufdrängt wie bei breitbeinigen Polterern.

Jimmy ist Croupier im Casino auf der mondänen Kärntner Straße in der Innenstadt, hat deshalb eine Basis an Umgangsformen und immer erst spät in der Nacht Zeit, auf die Jagd zu gehen. Denn Jagd ist das, was alle Machos eint, wie unterschiedlich sie auch aussehen oder sich darstellen mögen. Sie jagen nicht nur im Club, sondern auch im alltäglichen Leben. Jimmy etwa sucht sich am Roulettetisch im Casino regelmäßig eine gelangweilte Begleiterin aus der Menge der Besucher, die er aufreizt, und zwar nicht unbedingt auf die charmante, zuvorkommende Art; ich durfte seine Masche beobachten, als ich selbst ein paarmal die gelangweilte Begleiterin eines spielsüchtigen Kurzzeit-Lovers war.

Zuerst signalisiert er der Frau, dass er ihre Langeweile versteht. Dann gibt er ihr zu verstehen, dass sie ein ziemlicher Trampel ist, wenn sie noch länger auf die Aufmerksamkeit ihres spielenden Begleiters hofft – anstatt sich von Jimmy ein paar schöne Minuten schenken zu lassen. Dieses lässige *Selber schuld* bringt

die meisten dazu, mit ihm auf eine »Rauchpause« im Stiegen-
haus oder in einer Abstellkammer zu verschwinden oder ihm
zumindest ihre Telefonnummer zu geben. Eigentlich wäre Jimmy
damit schon zufrieden, denn er hat wieder einmal gesiegt und
eine neue Frauentrophäe in seiner Vitrine. Aber seine männliche
Ehre verlangt natürlich die Vollendung der Jagd, und daher kennt
er sehr viele Wohnungen der Stadt von innen.

Sosehr ein Macho im Leben draußen auf das Erlegen von Beu-
te erpicht ist, sosehr mutiert er hier im Club zum Pascha, der sich
verwöhnen lassen will, und zwar von Mündern und Muschis,
die einfach zur Verfügung zu stehen haben. Er erscheint, sieht
sich um und runzelt erstaunt die Stirn, wenn sich nicht sofort
alle Frauen vor ihm hinwerfen und »Bitte nimm mich!« fle-
hen – schließlich müssten doch alle förmlich riechen, was für ein
Hengst er ist! Denn die Frauen, die so einen Club besuchen, sind
ja sowieso Schlampen und sehnen sich nach einem wie ihm, der
es ihnen so richtig besorgt – oder etwa nicht?

Geradezu eine Karikatur des Machos ist jener Typ Mann, der
sich mit erigiertem Schwanz und hinter dem Kopf verschränkten
Armen auf den Rücken legt, eine Frau drauf rumreiten lässt, bis
sie nach Luft japst, und sie danach noch fragt, ob er gut gewesen
sei … was für ihn natürlich eine rein rhetorische Frage ist.

Maria, die gern mit mehreren Männern Spaß hat, ist einmal
an einen unserer Machos geraten. Sie ist selbstbewusst und erwartet, auch selbst auf ihre Kosten zu kommen, etwa, indem sie
ein Mann mit Spielereien verwöhnt. Doch dieser Typ lag nur da
und ließ sie machen, grinste sie dabei selbstgefällig an; es fehlte
nur noch, dass er währenddessen per Smartphone im Netz ge-
surft hätte – auch diesen Gipfel der Respektlosigkeit haben wir
schon erlebt, einer der Gründe, weswegen Handys bei uns unerwünscht sind.

Maria tat also ihr Bestes, doch es kam keine Reaktion. Das
Gegenüber nahm die Bälle nicht auf. Mittendrin stoppte sie und
stieg von ihm herunter.

»Was ist?«, fragte er knapp und ungehalten. »Hast keine Kondition?«

Maria hätte ihm wohl am liebsten eine geknallt oder ihn ausgelacht. Doch sie beherrschte sich und schüttelte mit leichtem Lächeln den Kopf, während sie nach ihrem BH tastete. »Nein. Wieso?«

»Na, weil … weil du aufhörst.«

Sie sah ihn geradeheraus an. »Weil ich mich langweile. So macht mir das keinen Spaß.« Sie kramte nach ihrem Höschen.

»Was heißt, du langweilst dich? Wie meinst du das?« Jetzt stützte sich der Mann immerhin schon auf – sie hatte ein Minimum seiner Aufmerksamkeit erheischt.

Maria zog sich weiter an. »Ich hab dir doch angedeutet, dass ich es gern hätte, wenn du mich streicheln und lecken würdest, oder irgendetwas anderes mit ein bisschen Phantasie machst. Ich hab es sogar ganz explizit gesagt. Aber du willst das offensichtlich nicht, und mir ist das Herumgehopse auf deinem Schwanz zu wenig.«

Jetzt setzte sich der Typ auf. »Den anderen reicht's.«

»Fein.« Sie schaute ihn nicht an, sondern nur den Reißverschluss ihres Rockes, der sich verhakt hatte.

»Ich check dich nicht. He, was passt dir nicht?«

Maria war fertig angekleidet und wandte sich ab. »Wenn ich mir eine kalte Stange in die Muschi stecken will, dann schnapp ich mir einen Vibrator. Den kann ich wenigstens auf verschiedene Stufen einstellen. Nix für ungut, viel Spaß noch.«

Sie kam zu uns an die Theke und erzählte mir wenig später diese kleine Episode. »Und weißt du, was mich am meisten ärgert?«, fragte sie zum Abschluss. »Dass ich auf den reingefallen bin. Ich kenn ihn doch, ich hab ihn doch schon oft genug beobachtet. Und ich kenn die Machos. Aber sein Arsch sah heute einfach so knackig aus …«

»Sag ihm das nie«, kicherte ich. Denn was Machos überhaupt nicht vertragen, sind Frauen, die sie als Lustobjekt betrachten.

Marias »Knackarsch« war quasi die noch ungeübte junge Variante von Jimmy, der als Meister aller Machos im Alter von ungefähr vierzig schon einen gewissen Schmäh besitzt und vor allem Verständnis dafür hat, dass auch eine »Stute« gut behandelt werden muss. Daher sind einige Frauen durchaus angetan, wenn er auftaucht, denn sie wollen einen formidablen Rammler. Und solange er ein einigermaßen höfliches und respektvolles Benehmen an den Tag legt, habe auch ich nichts gegen Jimmy.

Ganz im Gegensatz zu einer Untergruppe der Machos: den *Puffgehern*. Ich empfehle jedem Mann, der mich augenzwinkernd fragt: »Habt's ihr nicht eine Frau für mich, wisst's eh, so eine, die nicht rumzickt«, er möge ein Bordell aufsuchen. Clubverbot müssen wir für solche Männer allerdings selten aussprechen, denn sie langweilen sich bei uns ohnehin, wenn sie nicht sofort und unkompliziert zum Stich kommen. Meist sehen wir sie nie wieder.

Jetzt stupst mich Claudia an. »Da, schau.«

Sieh an: Patrick von unserem Neulingspärchen steht mit in die Hüften gestemmten Armen im Gang, der zu den hinteren Räumlichkeiten führt. Er starrt ins Nichts und atmet heftig. Weit und breit keine Spur von Caroline. Da dürfte etwas schiefgelaufen sein.

Mit hängenden Schultern und zusammengepressten Lippen trabt er nun zum Ecktisch und stürzt die Reste aus den beiden noch immer dort stehenden Sektgläsern hinunter. Dann schnauzt er Claudia um einen weiteren Prosecco an. Als sie schon hinter der Theke ist, korrigiert er sich: »Bring mir einen Whiskey!« O ja, da ist etwas gewaltig schiefgelaufen.

Ich kann mir schon denken, was passiert ist: Caroline wird in Hitze geraten sein und sich gerade bereitwillig von Mike ficken lassen. Etwas in der Art war seit Stunden vorauszusehen, denn die beiden hatten schon heftig miteinander geflirtet. Ich kann ihr heftiges Kopfschütteln, das ich vorher beobachtet habe, sowie Patricks jetzige miese Stimmung nur dahingehend interpretieren, dass sie ihm ursprünglich zugesagt hat, sich mit Mike auf nichts Ernsthaftes einzulassen, sondern sich von ihm nur streicheln zu lassen.

Ihr Mann könnte jetzt seelische Unterstützung gebrauchen, ich bin mir meiner Pflicht wohl bewusst, aber ich kann mich einfach nicht aufraffen; viel lieber würde ich mich jetzt neben Bernhard ins Bett kuscheln. Die vielen Plaudereien, die Neueinführung von Patrick und Caroline, das ernsthafte Gespräch mit dem Widerstandspärchen und die Rettung der Situation mit den jungen Leuten im Fernsehraum haben mich etwas ausgelaugt. Bernhard und ich teilen uns zwar den Dienst im Club, denn kein Mensch, der einen Alltagsjob hat, kann fast jede Nacht bis zum Morgen in einem Gastronomiebetrieb durchmachen; aber vergangenen Sonntag hatten wir zusätzlich ein Specialevent, und am Montag, eigentlich unserem Schließtag, fand eine Privatvermietung der Räume statt, die ich ebenfalls betreut habe. Die vielen Stunden außerhalb der Zeit verlangen ihren Tribut. Und ich kann mich auch einfach nicht um jeden Beziehungskonflikt kümmern – die Leute sind schließlich erwachsen und wissen, wo sie hier sind.

In solchen Momenten denke ich oft an eine Bekannte, die als Domina arbeitet. Ihr Einstieg in die Szene resultierte aus dem Wunsch, ihre Lust mit ihrem Partner ein bisschen abwechslungsreicher und ausgefeilter zu gestalten. Sie stellte sich als Talent heraus und begann, professionell als hochbezahlte Domina zu arbeiten. Ab diesem Zeitpunkt begegneten ihr neben den »gewöhnlichen« Aufträgen auch jede Menge eigenartiger Schicksale. Vielen Menschen konnte sie helfen, durch das Ausleben ihrer Fetische mit sich selbst ins Reine zu kommen, einige kämpften jedoch weiterhin mit ihren Dämonen, obwohl sie mit ihr eine Erotik jenseits des Mainstreams ausleben konnten. Im Grunde hatten sie psychische Probleme, die einer professionellen Behandlung bedurft hätten.

Nach ein paar Jahren musste sich die Domina eine Auszeit

nehmen, um sich von den »Therapien«, die sie abgehalten hatte, zu erholen. Im Grunde hätte sie eine Supervision gebraucht oder zumindest eine Freundin, bei der sie alles hätte abladen können, was sie so mitbekam.

Nun gut, bei mir ist es nicht so schlimm. Ich werde mich also wieder in meine Pumps begeben. In diesem Moment gesellt sich Harald, der Mann von Agnes, zu Patrick. Das ist die ideale Lösung. Dieser mit einer sexuell aktiven Frau erfahrene Grandseigneur kann dem Swingerneuling sicher helfen. »Die Warterei ist manchmal mühsam, ich kenn das«, höre ich ihn sagen. »Stört es dich, wenn ich mich ein bissel zu dir setze?«

Patrick zögert, nickt dann aber. Unauffällig lehne ich mich in die Richtung der beiden Männer.

»Und? War's schön?«, fragt Harald.

Patrick zuckt mit den Schultern und nimmt einen großen Schluck von seinem Whiskey.

»Da ist heute hinten ja mächtig was los.«

Patrick brummt.

»Ich mag das Herumgefummle im Gang ja nicht so. Weißt, ich steh nicht so gern dabei.« Harald lacht.

Patrick quält sich ein Lächeln ab.

Harald setzt weiter nach: »Du anscheinend auch nicht. Deine Frau aber schon, oder?« Er lehnt sich sinnierend zurück. »Ja, Frauen wollen so was. Sie möchten oft gar nicht sehen, wer an ihnen herumfingert.« Er sieht Patrick wieder an. »Und dann bekomm ich bei den Massen hier auch regelmäßig Platzangst. Ist es dir etwa auch zu eng geworden?«

Patrick zuckt wieder mit den Schultern. »Ich bin nicht mehr gebraucht worden.«

Tja, der König spürt seine Krone wackeln. Aber ich halte still. In ein Gespräch von Mann zu Mann mische ich mich nicht ein.

Harald beugt sich zu Patrick. »Fickt sie mit einem anderen?«, fragt er leise.

Patrick schafft nur ein einzelnes Nicken. Er ist kurz vor einem

Tränenausbruch, was sich für einen Mann natürlich gar nicht schickt – denken zumindest Männer.

»Und ihr habt was anderes ausgemacht?«, hakt Harald nach.

»Nein … na ja, schon. Ich weiß nicht. Ich mein, wir sind halt in einem Swingerclub …« Eine weise Erkenntnis.

Harald lächelt ihn an, geradezu väterlich. »Und sie hat sich auf einmal nur mehr um den anderen gekümmert, wie?«

»Ja! Ich mein, soll er halt mitmachen, wenn sie das unbedingt will. Aber – na, ich bin ja auch noch da!«, bricht es aus Patrick heraus. »Wo bleib ich?«

»Suchst dir halt auch jemanden.«

Patrick wendet sich mit einem Schnaufen ab. Klar interessiert ihn das momentan nicht, er ist ja in seiner Eitelkeit gekränkt. Mit einem Ruck beugt er sich dann wieder zu Harald. »Wir sind heute das erste Mal da, und diese … sie hat nichts anderes im Kopf, als mit dem Erstbesten herumzuvögeln.«

»Das ist halt die Gefahr, wenn wir Männer ein bissel Spaß haben wollen. Auf der anderen Seite muss es ja auch Frauen geben, die Spaß haben wollen, sonst geht sich das Spiel nicht aus, gell?«

Patrick beißt sich auf die Lippen. »Sie hat nicht einmal mitbekommen, wie ich gegangen bin.«

»Sie hat es sicher mitbekommen. Aber sie wollte weitermachen. Weißt du, Sex ist immer auch ein bisschen egoistisch …«

Fast will ich ihm ins Wort fallen, denn guter Sex ist mit Egoismus eigentlich nicht kompatibel.

»… vor allem, wenn man schon richtig in Fahrt ist, kurz bevor man kommt. Das kann nur intensiv sein, wenn man ganz bei sich ist«, fährt er fort.

Jetzt kann ich Harald recht geben.

»Komm, geh zu ihr«, raunt er nun. »Sie wird dich brauchen, wenn sie von ihrer Welle wieder runterkommt.«

Da erscheint wie aufs Stichwort Caroline im Barraum. Sie sieht sich mit Tränen in den Augen um und starrt dann Patrick an. Ihre

Haltung und ihre Mimik sind die pure Verzweiflung und der blanke Vorwurf.

Harald stupst Patrick an. »Geh hin zu ihr, schnell! Und das nächste Mal macht ihr vorher genau aus, was drin ist und was nicht.«

Patrick springt auf und läuft zu Caroline, die ihn erst mal anzischt und sich erst beim vierten Versuch von ihm in die Arme nehmen lässt. Die beiden verkriechen sich in die hinterste Ecke des Barraums und stecken die Köpfe zusammen.

Das ist noch einmal halbwegs gutgegangen, ich habe schon ganz andere Dramen erlebt. Und Harald werde ich am besten als psychotherapeutischen Berater einstellen.

Selbstbestimmung

Die Begegnung mit Stefan war ein Glücksfall und ein zweiter Schritt in die richtige Richtung. Aber immer noch war ich *Babsi*. Dass der falsche Name keine Sicherheit bieten würde, wenn mich jemand an meinem Gesicht erkannte, verdrängte ich geflissentlich.

Virulent wurde das Problem des Inkognito für mich, als wir eines Tages nach dem Sex mit einem Solomann an der Bar landeten. Stefan war so entspannt, dass er mich mit »Andrea« ansprach, woraufhin ich unwillkürlich ebenfalls seinen richtigen Namen verwendete.

Da wandte sich der Solomann zu mir: »Du heißt nicht Babsi?«

Mir wurde heiß. Der Typ deutete freilich durch nichts an, dass er mich als Journalistin erkannt hatte, also entspannte ich mich gleich ein wenig. »Nein. Machen ja viele. Einen falschen Namen angeben. Ich heiß Andrea. Servus.« Und ich streckte ihm nochmals, wie zu Beginn des Abends, grinsend die Hand entgegen.

Er verbeugte sich und meinte: »Ja, eh, aber verstanden hab ich's noch nie.«

»Na, nicht für jeden ist es okay, wenn bekannt wird, dass er Swinger ist.«

»Wieso soll das bekannt werden?«

»Na, wenn ich erkannt werde ...?« Ich wusste selbst nicht, wieso ich das plötzlich aussprach, und hätte mir auf die Zunge beißen können.

Er zwinkerte mir zu. »Selbst wenn ich jetzt wüsste, wer du bist, würde ich mich hüten, es herumzuposaunen, denn dann würdest du wohl nichts mehr mit mir anstellen – und das hät-

te ich schon gern, so eine Wiederholung. Ich hoffe, du auch.«
Beim letzten Satz knabberte er an meinem Ohrläppchen.

Während ich mich seinen Liebkosungen hingab und Stefan
die Augen scherzhaft verdrehte, weil ich wieder einmal meinem
Ruf, nicht genug zu bekommen, gerecht wurde, ließ ich mir den
Gedanken durch den Kopf gehen. Gerade hier im *Schloss*, der
Swingerbar, in der wir uns gerade befanden, verkehrten viele
Menschen, die in ihren Berufen zumindest exponiert, wenn
nicht sogar bekannt waren. Man erfuhr so einiges während der
diversen Plaudereien vor, nach oder anstatt dem Sex. Ich wusste
von Konzernchefs, Medienleuten, Künstlern, Freiberuflern und
auch Politikern – Letztere allerdings waren aus dem Ausland;
inländische Volksvertreter vergnügten sich lieber auf Privatpartys, bei denen die Gäste handverlesen und absolut vertrauens-
würdig waren. Selbst Personen aus dem mittleren Management
hatten einiges zu verlieren, falls bekannt wurde, was sie so in
ihrer Freizeit treiben. Nicht umsonst war grundsätzlich der Gebrauch von Handys im Club verboten, damit niemand Fotos
machen und auf Facebook stellen konnte.

Immerhin, ich kannte die Namen der meisten. Hatten die alle
keine Angst, geoutet zu werden?

Ich musste mir die Frage andersherum stellen. Warum kam
ich nicht auf die Idee, irgendetwas mit meinem Wissen an-
zufangen? Antwort: weil wir eine verschworene Truppe waren.
Sollte ich etwas verraten, würde nie wieder jemand mit mir spielen. Und falls einmal ein Redaktionskollege von mir hier auftauchte, war das ja nicht nur für mich, sondern ebenso für ihn
peinlich. Der falsche Name würde in dem Fall gar nichts nützen.
Blieb also nur noch die Gefahr, dass sich jemand einschlich und
die ganze Szene auffliegen ließ. Das konnte natürlich immer
passieren, aber ich beschloss, mit diesem Risiko zu leben.

Und so gab ich ab dem nächsten Clubbesuch meinen richtigen Namen an. Mir klopfte dabei das Herz. Gleichzeitig war der
Sex nun noch einmal schöner, weil ich ihn als *ich selbst* erlebte –

ein kleiner psychologischer Effekt mit großer Wirkung. Irgendwann fühlte ich mich ganz ruhig, und ich fragte mich, warum ich all die Jahre solch eine Angst vor der Offenlegung meiner Identität gehabt hatte.

Bis zu einem weiteren Abend im *Schloss*. Nach einer genussvollen Runde mit einem Pärchen fragte mich die Kellnerin lauthals nach meiner nächsten Bestellung. Dabei fiel mein echter Name. Plötzlich schlich sich eine Frau Mitte zwanzig, die mich schon länger beobachtet hatte, an mich heran.

Sie beugte sich zu mir und flüsterte mit hochrotem Kopf: »Garibaldi? Sind Sie *die* Andrea Garibaldi?«

O Gott – das durfte nicht wahr sein! Kaum hatte ich meine Angst verloren, wurde die Befürchtung Realität: Ich wurde erkannt. Ich wusste nicht, ob ich lachen oder mich ärgern sollte. Jedenfalls musste ich Größe beweisen und ehrlich sein.

»Ja. Kennen wir uns?«

Diese förmliche Art der Konversation mag irritieren – und ich war selber irritiert. Man ist in Clubs in 99 Prozent der Fälle per du, aber die Frau schlug einen offiziellen Ton an. Aus ihrer Sicht nur logisch, denn ...

»Nein, nein.« Sie schüttelte den Kopf und schlug die Augen nieder. »Nur ich kenne Sie ... Das heißt, ich kenne Ihre Arbeit. Ich finde sie toll.« Und dann hauchte sie: »Ich bin auch Journalistin.«

»Eine Kollegin!« Ich versuchte mit einem Grinsen die beiderseitige Verlegenheit zu überspielen.

Sie hob die Handflächen. »Nein, nein. Also ... ich mein, natürlich schon. Irgendwie. Aber Sie sind ...«

»Älter«, scherzte ich. Mir ist es immer peinlich, wenn jemand bewundernd zu mir aufsieht, weil ich sofort das Gefühl habe, alt geworden zu sein. In letzter Zeit passierte mir das öfter. Ich musste wohl der Realität ins Auge schauen.

Jetzt sah sie mich geradeheraus an. »Cool, dass Sie auch in Clubs gehen.«

Na, ich bin wahrscheinlich schon in Clubs gegangen, als sie noch nicht einmal entjungfert war, dachte ich bei mir. »Und wie lange sind Sie schon in der Szene?«, fragte ich sie.

Jetzt lächelte sie wie ein kleines Mädchen. »Erst zum zweiten Mal. Mein Freund ...« Sie zuckte mit den Schultern.

»Und? Gefällt es Ihnen nicht?«

»Oh doch, aber ich hab mir gedacht, dass es schon irgendwie crazy ... und für mich als Journalistin ... aber jetzt, wo ich weiß, dass Sie auch ... echt cool.« Sie strahlte.

So schnell wird man in den verschiedensten Lebensbereichen für jemand Vorbild.

»Sie brauchen keine Angst zu haben«, hörte ich mich sagen. »Oder würden Sie jemandem verraten, dass Sie mich hier gesehen haben?« Sie schüttelte ganz schnell den Kopf. »Na, eben. Niemand tut das. Man schneidet sich doch nur ins eigene Fleisch damit.« Ich war begeistert von mir und meiner neuen Lässigkeit, die sich bei dieser ersten Feuerprobe bewährte.

Seit diesem Erlebnis haben sich durch meine frischgewonnene Souveränität viele neue Bekanntschaften und auch Freundschaften ergeben, die ihren Weg vom Club hinaus ins Alltagsleben gefunden haben. Mit einem Pärchen sind Stefan und ich so gut befreundet, dass wir regelmäßig zu viert etwas unternehmen – (fast) gänzlich ohne Sex. Mit einem Wissenschaftler arbeite ich an einem Sachbuchprojekt. Ein Solomann hat bei uns den Parkettboden renoviert. Und der Freizeitclub einer Bekannten hat Stefan und mir schon einige interessante Exkursionen beschert.

Wir beide haben das Swingen in unseren Alltag integriert. Es ist jetzt Teil unseres Lebens, meist befriedigend, manchmal auch ärgerlich oder langweilig, großteils lustig und inspirierend.

Doch wir spüren, dass eine Veränderung vor sich geht. In Swingerbars war die Atmosphäre immer schon etwas subtiler als in den sogenannten Handtuchclubs; aber selbst hierhin kamen, bei aller eleganten und stilvollen Art der Anmache, Menschen, die wussten, was sie wollten. Ich kann mich an Gruppenfummeleien im Gang des *Schlosses* erinnern, an denen mehr als ein Dutzend Menschen beteiligt waren. Oder man fand irgendwie zusammen und machte es sich auf einer Liegestatt bequem. Ich kann mich auch erinnern, dass sich in einer anderen Wiener Swingerbar wildfremde Pärchen einfach angesprochen haben und bei Sympathie ohne Umschweife zur Sache gegangen sind. Fremde haben im Barraum miteinander gescherzt und über Lehnen hinweg mit der körperlichen Annäherung begonnen. Bettelnde Solomänner wurden an Kreuze gebunden und von einer zusammengewürfelten Gruppe von Menschen behandelt. Frauen konnten Männern zuzwinkern und sicher sein, dass sie baldigst zu ihrem Recht kamen.

Jetzt ist es mir und anderen Frauen schon des Öfteren passiert, dass Männer nicht über den Begrüßungstalk hinauszugehen wagen und sich lieber an ihrem Bierglas festhalten. Stefan und ich landeten im vollbesetzten Lokal bei einem Pärchen am Tisch, das unsere Avancen mit einem verhaltenen »So schnell wollen wir nicht, man muss sich schon öfters treffen« konterte – und es lag offensichtlich nicht daran, dass wir ihnen unsympathisch waren. Wir haben außerdem zwei junge Pärchen beobachtet, die sich im Barbereich als Sexmaniacs präsentierten und sich dann brav mit dem Handtuch über der Schulter anstellten, um in das verschließbare Zimmer zu kommen, in dem man sogar den Vorhang vors Fenster ziehen kann. Stefan und ich sind auch eines Abends mit sämtlichen anwesenden fünf Pärchen in Blickkontakt getreten, haben dann selbst auf der Liegewiese mit Action gestartet und die Kordel offen gelassen – ein deutliches Signal an die anderen, sich hinzuzugesellen – und ernteten nur verschlossene Mienen von Männern und Frauen, die uns aus sicherem Abstand beobachteten.

Natürlich haben Menschen das Recht, in einem Club nichts zu unternehmen. Aber sie sollten nicht in der Überzahl sein, sonst wird das Prinzip des Swingens ad absurdum geführt. Dann könnte man gleich eine Nachtbar aufmachen, in der Pornos laufen und sich niemand aufregt, wenn einmal ein Rock hochgeschoben und das Strumpfband sichtbar wird. Das wäre billiger – keine Räumlichkeiten im hinteren Bereich, keine Waschgelegenheiten, keine Schmutzwäsche. Denn das scheinen die meisten Leute momentan zu suchen: eine leicht erotische Atmosphäre, an der ich mich aufgeile und mit deren Schwung ich dann daheim brav meinen partnerschaftlichen Sex haben kann.

In Frankreich, Belgien und den Niederlanden ist das anders. Da wird in den Etablissements nicht lange gefackelt, sondern man nimmt höflich Kontakt auf und landet schwuppdiwupp in der wunderbarsten Gruppenorgie. Denn dazu geht man ja in einen Swingerclub: um mit fremden Menschen tabulosen, schönen Sex zu haben.

Es ist mir unverständlich, warum sich die Situation in Österreich – und auch in Deutschland – so geändert hat. Liegt es daran, dass das Swingen noch stärker ins Bewusstsein der Öffentlichkeit gelangt ist, etwa dadurch, dass mittlerweile Partnertausch auf so mancher Erotikseite in Frauenzeitschriften als Starthilfe für stotternde Beziehungen genannt wird? Vielleicht liegt es, was Wien betrifft, auch an Folgendem: In der Wiener Secession, dem Jugendstilgebäude, das sonst Ausstellungen der Hochkultur beherbergt, hat Anfang 2010 einer der Clubs mit einem Schweizer Künstler gemeinsam einen Swingerclub installiert. Für einige Wochen herrschte jeden Abend in der Secession Betrieb. In- und auch ausländische Medien empörten sich darüber, zugleich kamen viele Menschen zum Gaffen. In dieser Zeit waren die anderen Clubs brechend voll, weil sich echte Swinger natürlich nicht wie Affen im Zoo betrachten lassen wollten. Das Ergebnis des Ganzen war, so scheint mir, dass zwar neues Publikum gewonnen wurde, sich dieses aber nun dachte, das Ganze sei ohnehin nicht allzu drastisch (die Veranstaltungen in der Secession waren relativ harmlos) und man könne da ruhig nach dem Theater auf ein Glas Wein hingehen, ein bisschen bei den anderen zuschauen und *eventuell* als Paar in ein Zimmer gehen. Mit einer solchen Einstellung schauen dann bald alle nur noch zu – und dann gibt es irgendwann nichts mehr zum Zuschauen.

Das hat dazu geführt, dass sich in letzter Zeit viele Privatpartys gebildet haben, wo nun die Leute zusammenkommen, die wissen, was sie wollen. Es herrscht dort natürlich kein Druck, sondern es wird sehr wohl auch da gegessen, getrunken und gescherzt – aber es ist so klar wie bei einem konventionellen Spieleabend oder einer Kinoverabredung, wohin die Sache läuft. Der zweite, häufig gewählte Alternativweg ist, ein Pärchen (oder eine Soloperson) über eine einschlägig bekannte Plattform zu kontaktieren und sich dann privat in einer Wohnung zu treffen. Stefan und ich machen das auch, selbst wenn ich nach wie vor nicht sonderlich scharf darauf bin zu wissen, welche CD-Sammlung, Badezimmereinrichtung oder Kinderwiege mein vorübergehender Sexpartner hat. Ich will im Normalfall keine lebenslange Freundschaft mit ihm eingehen; man will ja auch nicht die gesamte Gästeschar einer Disco privat kennenlernen, nur weil man mit ihnen die Leidenschaft fürs Tanzen teilt.

Dieses Buch ist dennoch kein Abgesang auf das Swingen. Nein, es soll eine Aufforderung sein an alle echten Swinger und an jene, die es noch werden wollen, sich den halböffentlichen Raum der Swinger-Locations zurückzuerobern. Swingen ist, sofern man die Veranlagung dazu bei sich persönlich entdeckt hat, eine Lebenseinstellung. Sie ermöglicht, auf gehobenem Niveau und in einem respektvollen Umfeld tabulos körperliche Promiskuität auszuleben. Sie führt einen zu sich selbst und zu einem Leben ohne Selbst- und Fremdbetrug. Zu einem Leben also, das Freude macht.

Ein perfekter Clubabend

Zwischen Nacht
und Morgen

Es ist jetzt halb drei Uhr früh. Der Barraum ist wieder gedroschen voll, denn alle sind von ihren Aktivitäten im hinteren Bereich zurückgekehrt. Bald freilich werden wir wieder Luft zum Atmen haben, denn einige sind in der letzten, großen Runde sehr zufriedengestellt worden und bereits im Zahlen begriffen. Ich nehme Getränkewünsche auf, um Claudia zu entlasten, die zwischen Addieren, Kassieren, Taxi rufen, Tür öffnen und Verabschiedungsküsschen verteilen hin- und hergerissen ist – und gerate selbst etwas ins Schleudern, weil natürlich auch ich viele der Gäste mit Umarmung in die Nacht entlasse.

Auch Harald und Agnes, Sylvia und Martin sowie Patrick und Caroline verlassen unsere gastliche Stätte. Richard hat nun endlich die Gelegenheit ergriffen, mit Karin aus dem Burgenland ins Gespräch zu kommen. Mehr wird es nicht werden, denn sie wirkt zufrieden, und er unternimmt ja prinzipiell nichts. Andrea, Stefan und Chris haben den nun verwaisten großen Tisch in Beschlag genommen. Eines der drei Pärchen, die am Ende des Ganges bei der Massenfummelei miteinander zugange waren, hat sich zu ihnen gesellt. Ich erkenne sie jetzt: Sie sind aus Oberösterreich und verbinden Theaterabende in Wien stets mit Besuchen bei uns. Da scheint sich zwischen den fünfen bereits wieder etwas anzubahnen, denn ich kenne Stefans und Andreas Körpersprache. Er zupft an seinem Ohrläppchen, was bedeutet, dass er mit den beiden Neuen einverstanden wäre. Es ist übrigens gar nicht so selten, dass Pärchen untereinander Codes ausmachen, um sich nonverbal über Anwärter zum gemeinsamen Vergnügen zu verständigen. Es ist auch praktischer und unauffäl-

 265

liger, als die Köpfe zusammenzustecken oder gemeinsam aufs Klo zu gehen, um sich zu beraten.

Lolo kümmert sich um eine eben neu angekommene Dame. Er kennt sie noch nicht, und ich hätte ihn vor ihr warnen sollen. Denn Sigrun, so ihr Name, ist eine jener Frustrierten, die nur in den Club kommen, um ihre schlechte Meinung über Männer bestätigt zu finden. Sie strahlt so viel Frust aus, dass kein noch so sexy Kleid die negative Wirkung kompensieren könnte. Sigrun findet ihr Leben furchtbar, will sich hier eine Auszeit gönnen, so ihre offizielle Variante, tatsächlich aber will sie nur ihren Kummer abladen. Eigentlich könnte sie eine Therapie oder zumindest eine gute Freundin gebrauchen, aber nachdem sie ohnehin alle Menschen für schlecht und alle Maßnahmen für sinnlos befindet, landet sie bei uns, mangels Alternative, wie mir scheint. Aber vielleicht ist Lolo mit seinem Charme ja genau der Richtige für Sigrun, und sie geht endlich einmal nicht ganz so unglücklich nach Hause.

Es ist etwas Ruhe eingekehrt. Ich setze mich zum Quartett an den Tisch. Karin hat das Gespräch mit Richard unterbrochen, sie und Chris umarmen einander innig. Ich glaube, es gibt nichts, was die beiden noch nicht ausprobiert haben. Chris ist vernarrt in seine Frau, da passt kein Blatt Löschpapier zwischen die beiden. Das ist auch so ein Phänomen: Wenn ein aufgeklärter Mann auf eine Frau trifft, die mit ihm alle *schmutzigen* Phantasien auslebt, dann verfällt er ihr. Das kann sogar so weit gehen, dass er gewisse Bereiche gar nicht mehr ausleben möchte oder muss und nur mehr auf seine Frau fixiert ist. Die alte Wahrheit, dass guter Sex Frauen unendliche Macht verleiht, hat schon ihre Berechtigung. Nicht umsonst gab es in der Vergangenheit so viele Mätressen, die in die Weltpolitik eingegriffen haben.

Es klingelt. Ich öffne die Tür und erblicke einen meiner Lieblingssolomänner: Sven aus Deutschland, ein Politiker, der oft in Wien zu tun hat, für mich der Idealtypus eines Solomannes – nicht beziehungsgestört, sexuell erfahren (man glaubt kaum, wie viele Männer von Tuten und Blasen keine Ahnung haben, weil es ihnen nie jemand beigebracht hat), nicht aufdringlich, kommunikativ, charmant und ausdauernd. Zudem sucht Sven stets das anspruchsvolle Erlebnis. Er springt nur auf Frauen an, deren Erotik tief aus ihrem Inneren kommt und sich mit ihrer Intelligenz verbindet.

Sven kennt auch die anderen Stammgäste und unterhält sich gleich mit Thomas über die neuesten Formel-1-Ergebnisse, während er Andrea und Karin zuzwinkert. Wenn er mit den beiden und ihren Männern spielt, rollt immer eine wuchtige Welle der Wollust durchs Lokal.

Kathrin gesellt sich ebenfalls zu uns. Sie hat heute ihren kleinen »Notfallkoffer« dabei. Er enthält SM-Spielzeug, das Andrea und Karin sofort neugierig beäugen. Scherzhaft versuchen sie, Richard damit zu locken. Als Antwort deutet er auf Lilli vom Widerstandspärchen. Sie und Jo wirken wie ausgewechselt; heute ist keine Rede davon, dass sie zu einer noch vernünftigen Zeit nach Hause gehen. Sie haben volle Weißweingläser und unterhalten sich angeregt mit anderen Pärchen, die an der Massenfummelei beteiligt waren.

Kathrin begutachtet Lilli und verzieht den Mund. »Also, ich weiß nicht … die sieht mir noch sehr …« Sie zuckt mit den Schultern.

Richard schüttelt den Kopf. »Bei eurer Session mit dem Florian ist sie in der ersten Reihe geklebt.«

»Ja, das hab ich schon gesehen, aber das heißt ja noch nichts.«

»Sie hat euch mit offenem Mund angestarrt und kaum Luft bekommen.«

Kathrin grinst und beäugt Lilli nun genauer. Dann steht sie auf, und zwar ohne Köfferchen: »Ich werde die Lage einmal sondieren.« Damit schlendert sie zu den Pärchen und stellt sich lässig neben Lilli. Mir scheint, als würde diese erröten. Da könnte sich tatsächlich noch etwas entwickeln – und wenn heute nicht, dann sicherlich bald.

Eine Frau aus derselben Gruppe deutet Tanzbewegungen zur Musik der *Scissor Sisters* an, die gerade läuft. Nina hat ihre Gruppe allein nach Hause gehen lassen und unterhält sich mit Wolfgang. Er lebt sichtlich auf, junge Frauen sind sein Lebenselixier. Elena hat sich mit zwei Solomännern an den Ecktisch zurückgezogen, sie fummeln beiläufig aneinander herum und lachen viel.

Egal, wen ich anblicke, ich sehe zufriedene, entspannte Gesichter, ohne Scheu vor dem eigenen oder einem fremden Körper. Nach dieser Verschnaufpause werden bald die Ersten mit einer neuen Runde beginnen. Und dann vergessen wir alle die Zeit.

Ich ordere bei Claudia sicherheitshalber noch einen großen Espresso.

Andrea rückt zu mir. »Toll heute.«

Ich nicke. Wir betrachten, nebeneinander lehnend, die Gäste.

Andrea seufzt. »War schon lang nicht mehr so spannend.«

Ich nicke wieder.

»Ist es so, dass die Erinnerung eh alles verklärt, oder war es früher wirklich besser?«

Ich sehe sie an. »Kommt darauf an, was man als besser empfindet.«

»Ja, ich weiß, dass ihr enorm viel Besuch habt in letzter Zeit. Aber da sind halt so viele Gaffer dabei, und ich hab ehrlich gesagt keine Lust, ständig die Anheizerin zu spielen. Ich möchte auch einmal animiert werden. Früher war meistens was los, wenn wir hereingekommen sind. Das meine ich mit ›besser‹.«

»Aber wenn die Leute nicht wollen … Das ist ja die wichtigste Grundregel bei uns: dass sich niemand gezwungen fühlen soll.«

Andrea nimmt einen Schluck von ihrem Weißwein. Nach einer kurzen Pause setzt sie fort: »Ja, das ist ja auch gut so. Und die reinen Zuschauer hat es ja immer gegeben. Die sind mitgelaufen. Aber wenn irgendwann einmal nur mehr die Zuschauer da sind und niemand mehr was Sexuelles tut, ist das wie ein Theater ohne Schauspieler.«

»Sie tun ja was«, fühle ich mich bemüßigt meine Gäste zu verteidigen. »Halt nicht so offen und nicht jedes Mal.«

Andrea zündet sich eine Zigarette an und sieht dem Rauchkringel sinnierend nach. »Leute gehen fort, kommen in erotische Stimmung, aber alles ist noch unsicher, sie kehren zur Überbrückung auf ein weiteres Getränk ein, es überkommt sie, sie ficken – üblicherweise in Autos, Hinterhöfen, Parkanlagen, Stundenhotels oder in der Wohnung von einem der beiden. Das ist in Ordnung so. Mir scheint es, dass genau diese Leute Swingerbars entdeckt haben, weil sie hier beim Überbrückungsgetränk schon einmal durch die, wie sie meinen, verruchte Atmosphäre besser und schneller in die finale Stimmung kommen.« Sie lacht. »Ich fürchte nur, ihr müsst mehr Zimmer versperrbar machen, wenn das so weitergeht. Denn zuschauen wollen die sich alle nicht lassen, und mischen mit anderen tun sie sich nur, wenn sie besoffen sind.«

»Die werden schon noch auf den Geschmack kommen. Und wie gesagt, es ist ihr gutes Recht.«

Andrea nickt. »Aber die anderen Swinger, die ernsthaft auf sexuelle Begegnungen aus sind, langweilen sich. Warum, glaubst du, läuft so viel privat ab? Was glaubst du denn, warum Privatpartys so boomen?«

Das ist freilich eine unleugbare Tatsache, da muss ich ihr zustimmen. »Dann dürfen Leute wie du und Stefan oder Karin und Chris halt nicht aufgeben. Vorbildwirkung.« Ich grinse sie an.

»Es ist nicht meine Aufgabe, andere zu erziehen«, erwidert Andrea. »Jeder soll machen, wie er will.«

»Eben, und deswegen verstehe ich nicht, was du für ein Problem hast. Du kommst ja auch hierher und machst einfach, was dir gefällt.«

»Aber manchmal hab ich das Gefühl, ich werde von diesen reinen Zuschauern pikiert betrachtet, wenn ich einmal schon im Barraum meine Brüste auspacke. Ich will mich nicht plötzlich schämen müssen, wenn ich öffentlich lasziv werde. Das ist, als würde in der Swingerszene ein Biedermeier ausbrechen.«

Ich muss an das Widerstandspärchen und seine Blicke angesichts von Elenas Hingabe denken. Bernhard hat kürzlich Ähnliches angemerkt. »Tja, und was hast du vor?«

Andrea betrachtet ihre Zigarette und dann die anderen Gäste. »Einen neuen Club gründen, wo Leute wie ich sich wieder wohl fühlen.« Sie lacht und sieht mich an. »Entschuldige, ich übertreib, das mein ich natürlich nicht ernst. Ich bin nur ein bisschen sentimental, weil es heute wieder einmal sehr schön ist. So harmonisch und offen.«

Nun ja, die diversen Zwischenfälle hat Andrea wohl nicht so genau mitbekommen. Aber im Großen und Ganzen ist die Nacht ja wirklich gelungen – und viel besser, als wenn alle beim zigsten Getränk herumsitzen und ihre Nackenmuskeln noch immer nicht entspannt haben. Heute werden die meisten Gäste glücklich nach Hause gehen, und so soll es sein. Sie werden von dem wunderbaren, ressentimentfreien Miteinander hier erzählen und es wieder suchen.

»Weißt du, Andrea, vielleicht liegt es daran, dass Swingen zwar gesellschaftsfähig geworden ist, aber kaum jemand sich Gedanken darüber macht, was es wirklich bedeutet. Nämlich nicht einfach nur die Möglichkeit, legal fremdzugehen, oder den Kick, einmal mit dem Partner in einer erotischen Umgebung zu schlafen, sondern … mehr.«

»Ja, mehr.« Sie lächelt in sich hinein. »Es ist ein Weg zu mehr Freiheit des Ichs. Nur wenn wir nicht geknebelt sind, können wir lieben.«

Ich betrachte sie von der Seite. »Du bist doch Journalistin, schreib ein Buch darüber.«

Andrea lacht auf. »Geh, du hast doch viel mehr Ahnung von dem Ganzen als ich.«

Wir beobachten beide, wie Kathrin langsam und genüsslich Lilli einen Strumpf auszieht und ihr damit die Augen verbindet.

Andrea deutet zu den beiden hinüber. »Eine Frau auf dem Weg zu sich selbst.«

Ich setze mich um, damit ich ihr direkt in die Augen schauen kann. »Wir könnten das Buch natürlich gemeinsam schreiben.«

Sie dämpft die Zigarette aus und grinst mich an. »Ja, das könnten wir.«

Wir schlagen ein und küssen uns.